Ten Lectures on the Frontiers of Ethnological Research

罗彩娟 ● 主编

民族学研究前沿十讲

● 探索当代中国情感民族志 …… 王 杰

● 中国宗族研究的新范式：迈向实践的人类学考察 …… 杜 靖

● 遭遇人类世：人类学何为？ …… 付广华

● 源流：人类学研究的理论转向 …… 郝国强

● 应用古DNA追溯人类起源、迁徙和演化的历史 …… 王传超

● 弗里德里克·巴特的伊朗游牧文化研究 …… 张经纬

● 期望家园：欧洲苗族社群的田野调查侧写 …… 石 甜

● 历史链条论：建构中华民族史的新思路 …… 徐杰舜

● 从文化转型看民族关系 …… 赵旭东

● 从《汉民族史记》到「链性论」：「多元一体格局」的理论新定位与路径再思考 …… 李 菲

中国社会科学出版社

图书在版编目（CIP）数据

民族学研究前沿十讲／罗彩娟主编． — 北京：中国社会科学出版
社，2024.3（2025.7重印）
ISBN 978 - 7 - 5227 - 3024 - 0

Ⅰ.①民…　Ⅱ.①罗…　Ⅲ.①民族学—研究—中国　Ⅳ.①K28

中国国家版本馆 CIP 数据核字（2024）第 035268 号

出 版 人	季为民
责任编辑	王莎莎
责任校对	张爱华
责任印制	张雪娇

出　　版	中国社会科学出版社
社　　址	北京鼓楼西大街甲 158 号
邮　　编	100720
网　　址	http://www.csspw.cn
发 行 部	010 - 84083685
门 市 部	010 - 84029450
经　　销	新华书店及其他书店

印刷装订	北京君升印刷有限公司
版　　次	2024 年 3 月第 1 版
印　　次	2025 年 7 月第 2 次印刷

开　　本	710×1000　1/16
印　　张	16.75
插　　页	2
字　　数	329 千字
定　　价	99.00 元

目　录

前　言

对于学术前沿的把握是每个学者或是正在就读的研究生的必修课，我们在进行课题申报、毕业论文写作时都免不了要对相关领域的研究动态进行梳理和评述。随着时代和学科的不断发展、多学科的不断交叉，民族学的研究也有了许多新的成果涌现，新的领域实现了突破。2020 年 9 月，我临时接到了一个任务，那就是给 2019 级博士生开设一门"民族学研究前沿"的课程。我在几次讲课之后，感觉仅仅由我主讲的效果不是特别理想，必须进行一定的改革。于是我就产生了开展"民族学研究前沿系列讲座"的念头，把其中 10 次课拿出来以邀请专家进行讲座的形式穿插到课堂中，学院也鼓励我邀请校外的专家学者来讲学，因此，在 2020 年 10 月至 12 月举办了 10 场由我主持的"百川交汇"主题学术论坛"民族学研究前沿系列讲座"，讲座主要面向的对象是广西民族大学 2019 级民族学博士研究生，同时面向全校师生，甚至对校外的同行开放。涉及情感民族志、海外民族研究、古 DNA 人类学、人类世研究、宗族研究新范式以及中华民族共同体研究［由《汉民族史记（九卷本）》延伸展开的 3 场讲座］等民族学、人类学研究主题。涵盖了近年来学术界关注的前沿研究领域，既涉及民族学、人类学的几个主要研究转向，也涉及跨学科的研究前沿成果，尤其是利用古 DNA 追溯人类起源、迁徙和演化的历史和对人类世的关注这两场讲座，反映了学科发展的最新动态。主讲嘉宾有著名的民族学、人类学家徐杰舜、王杰教授、赵旭东教授、杜靖教授等，以及正在学术界崭露头角的新生代人类学家及中青年学者王传超、张经纬、李菲、付广华、郝国强、石甜等。这 10 场讲座内容与时俱进，反映学科发展的最新动态。同时由于疫情原因，每一场讲座都以线上线下结合的方式进行，除了本校师生参加，还有众多的外校民族学、人类学的师生在线上聆听和互动。反响热烈，受益面广，效果显著。

如今把这 10 场讲座内容结集出版，呈现讲座的原貌，加强了学术交流。这既是对民族学研究前沿的生动展示，又是对广西民族大学民族学"广西一流学科"和"国家级一流本科专业建设点"的建设与发展的莫大推动。为广西民族大学民族学一流学科建设夯实基础。

本书收录了这 10 期讲座的演讲实录。主要涉及以下 3 个领域的民族学研究前沿动态，主讲嘉宾们围绕这些主题进行了扎实的理论与实践准备工作，在此基础上完成了质量较高的专业讲座。

一是民族学、人类学转型研究，共 4 场讲座。王杰教授的"**探索当代中国情感民族志**"围绕当代中国情感民族志研究，主要从情感机构研究和情感民族志、当代中国的文化需求、当代中国电影的情感民族志研究三个内容展开，他以丰富的研究经验，介绍了情感民族志、当代中国的文化需求、中国当代艺术中的审美现代性等问题，指出通过人类学和民族学的方法研究当代中国社会的情感机构在理论和实践上的可行性，同时还详细分享了他本人做研究的基本方法和理论预设。杜靖教授的"**中国宗族研究的新范式：迈向实践的人类学考察**"从研究缘起出发，介绍百年中国宗族研究的主要范式、要素主义的理解、人类学与历史学学科间的差异，就燕京学派宗族研究共同体情况展开论述，对实践论宗族观的基本理论内涵与要点进行阐述，以中国儒学的发源地及重要表达地区为中心，分析五服制度的历史渊源及其蕴含的亲属关系、儒家伦理及文化习俗，认为宗族是一种场域，在向世界表达"我是谁"的符号，呈现为亲属制度、帝国的礼仪制度。付广华研究员的"**遭遇人类世：人类学何为？**"以"人类世"相关短片开场，分别讲述了人类世及其起始诸说，人类学的人类世遭遇、拆分与解读：多样的人类世，质疑与批判：真理还是政治，介入与合作：建构新的可能，未来将走向何方等六个方面的内容，列举了国际上不同研究学者对人类世的看法，从多个角度分析和解读了"人类世"。郝国强教授的"**源流：人类学研究的理论转向**"通过介绍英国、法国、德国、美国的人类学研究理论，讲述了人类学经历摇椅上的人类学、简单社会文化人类学、四大分支、复杂本土社会四个演化阶段。从人类学转向的角度切入，阐述人类学的转向应该是本体论的转向、积极人类学转向、迈向人民的人类学的转向。

　　二是人类迁徙与族群互动研究，共 3 场讲座。王传超教授的"**应用古 DNA 追溯人类起源、迁徙和演化的历史**"以不同的学科视角分别介绍了如何利用古 DNA 分析来探寻现代人的起源、演化、发展的历史过程，欧洲的史前历史等重大科研问题，从古 DNA 分析研究、语言学、考古学、计算语言学等多学科的角度加以阐释说明，提出现代人非洲起源附带杂交、汉藏同源等学术观点，并提出人类社会科学的研究亟须引入自然科学的实证分析，在做人文社科的研究时需要将定性研究与定量研究相结合，利用多学科的理论与方法去研究问题。张经纬副研究员的"**弗里德里克·巴特的伊朗游牧文化研究**"通过自己的调查经历，对"游牧社会"等相关知识点进行讲解分析，从多个角度阐述关于游牧的资料，从巴涉利人的基本生计与食物、家庭的内部结构、婚姻关系、"预先继承"习俗、政治组织、定居化过程和维持游牧社会的动态机制等方面分享关于游牧文化研究内容，认为巴特的伊朗游牧文化研究对民族史研究有一定启发，以社会结构的整体性解读这一游牧文化，通过举例"中国古代有关财产继承的原则"，解释游牧社会的结构关系。石甜博士的"**期望家园：欧洲苗族社群的田野调查侧写**"介绍了苗族难民在欧洲的基本概况，从多个角度评价欧洲的移民与融合政策，并从自身的欧洲田野经历出发，分享了田野过程中所见的欧洲苗族的日常生活习俗以及一些宗教活动，就苗族社群如何保持族群认同以及如何与其他族群进行交往提出了自己的见解和看法。

　　三是中华民族共同体建设研究，共 3 场讲座。徐杰舜教授的"**历史链条论：建构中华民族史的新思路**"以众多生动有趣的例子阐释中华民族共同体建设与铸牢中华民族共同体意识的相关过程，对中国民族研究的战略前沿和大方向进行了说明。赵旭东教授的"**从文化转型看民族关系——从徐杰舜教授主编《汉民族史记》九卷本谈起**"以费孝通的中华民族多元一体格局理论和《汉民族史记》九卷本等为例，指出我们当前的生活已进入一个世界性的文化转型期，世界文化格局在变，需重新思考文化的变异和多样性，中国语境的人类学理论应回归人类学"一"和"多"的基本问题和作为一体的中国意识以及作为多元的地方性差异，民族关系应注重对多元与一体的辩证。李菲副教授的"**从《汉民族史记》到'链性论'：多元一体格局的理论新定位与路径再思考**"讲题主要围绕着领域深耕、理论对话、问题意识、学术创新这四个方面进行展开，从徐杰舜先生的整个研究脉络来看其如何从汉民族研究的深耕领域与费孝通先生进行学术对话，并形成"链性论"的新思考。

因为疫情，这10场讲座的专家采取了线上讲座、线下讲座以及线上与线下相结合讲座的形式，为广西民族大学师生和众多网友进行了精彩的学术讲座，在这里，对这些专家学者不辞辛劳的付出表示感谢。另外，这10场讲座得以顺利举办，主要是得到了广西民族大学民族学广西一流学科经费资助；这本论文集的出版也得到了广西民族大学"广西本科高校特色专业及实验实训教学中心（基地）建设项目——民族学"的经费资助；同时得到学院领导和10个主讲嘉宾的大力支持，2020级民族学硕士研究生林泽为本论文集的编辑做了前期汇编的相关工作。石甜博士与广西民族大学2019级民族学博士生潘能梅、黄丽娜、严珉、牛超、马君红、梁妍、曹晗、王美和硕士生蓝尉铭等为讲座录音整理付出了艰辛劳动。另外，我指导的2021级民族学博士生黄爱坤、2020级民族学硕士生林泽为本论文集的编辑排版做出了贡献。我借此机会对学院领导、主讲嘉宾学者与学生的支持及辛勤付出表示诚挚感谢。

罗彩娟

2021年9月25日

探索当代中国情感民族志

主讲人：王　杰（浙江大学　教授）

主持人：罗彩娟（广西民族大学　教授）

时间：2020 年 10 月 7 日

罗彩娟：尊敬的王杰教授，我们在座的同学，我们文学院的范秀娟教授，还有石甜博士，以及线上的各位老师、同学，我们今天的这场讲座是博士生的一门课，叫"民族学研究前沿"，今天我们请来重量级的王杰教授给我们开讲，这也是民族学研究前沿的第一讲。我先做一个介绍，王杰教授是教育部长江学者特聘教授，担任浙江大学人文学部副主任、浙江大学当代马克思主义美学研究中心主任、浙江大学传媒与国际文化学院教授委员会主任、中华美学会副会长、中国艺术人类学学会副会长，是《马克思主义美学研究》主编，主持国家社科基金重大项目"当代美学的基本问题与批评形态研究"。出版的主要著作有《寻找乌托邦：现代美学的危机与重构》《审美幻象研究》等，还主编了《美学》《人类学与时尚研究》《当我们在谈电影时，我们在谈什么？》等著作。王杰教授在美学、艺术人类学、审美人类学方面都有很多成果。

今天，王教授给我们带来的是在民族学或者说情感人类学研究方面前沿讲座，就是探索当代中国情感民族志。我们这个讲座也将以线上线下结合的方式，让更多的老师、同行、同学参与进来。下面我们掌声欢迎王教授给我们做讲座。

王杰：尊敬的罗彩娟教授、范秀娟教授、石甜博士，我们广西民族大学的老师、同学，大家下午好。很高兴，也很感谢我们广西民族大学民族学系邀请我来做这个讲座，大概几年前我也来这里做过一场讲座，所以到基地楼还是感到蛮亲切的。我现在受聘于广西民族大学，担任广西民族大学相思湖讲座教授，所以我们也等于是同一个单位的人了，今后我们在学术上可以共同探讨，做一些学术合作。今天我讲这个题目，是我最近在思考和探索的一些不太成熟的想法。

我想从国庆节前在南京大学参加的一个学术会议讲起。由南京大学美学研究所和厦门大学中文系举办了"首届当代中国美学战略高峰论坛"学术研讨会。在这次研讨会上，我的发言题目为"当代艺术的文化品质"。在圆桌讨论时，我简单介绍了我们团队正在做的当代中国情感民族志，以及我们下一步的打算。

收到罗教授的邀请后，我比较仓促地把我的思路又整理了一下，跟大家一起来讨论。我主要从四个方面来讲一下我对这个问题的看法和思考。大家可能都知道，我最近几年带领一个团队在做"当代美学的基本问题与批评形态研究"这个国家社科基金重大项目，研究当代美学以及当代的审美现象。这个研究的缘起就在于这个国家社科基金重大项目。对中国或者说对国际美学有一定了解的学者都知道，当代是一个众说纷纭的时代，应该说所有关于当代美学的问题，到现在都没有定论，它是一个生机勃勃、充满着活力，又非常重要的领域。

我和团队里的石然副教授合作撰写了《中国文艺政策史》。在研究这个课题和写这本书的时候，我就意识到，我们中国学术界、文化管理部门和文化政策制定部门，对我们中国社会的情感结构、当代社会的情感结构的了解是不够的。在我看来，对中国当代社会的情感结构认识不够，没有很系统、很深入的认识，导致了我们的文艺创作、文艺政策制定的某种不足，或者说不能跟上时代的步伐。

今天，我想从以下几个方面来跟大家分享一下我的初步想法：第一，讲一讲情感结构和情感民族志在理论上的关系。第二，谈一谈关于当代中国的文化需求。

第一，我认为通过当代电影开展的民族志研究，可能是一种研究路径，也是一种了解当代中国社会的情感结构，对中国当代社会的文化建设能够做出一些比较自觉的努力。我们先讲一下情感结构和情感民族志研究。我们大家都是学民族学的，应该对情感民族志比较熟悉，学美学的老师和同学对情感结构的研究也比较熟悉。这两个领域原来联系不大，但在我看来，我们今天有必要对这个联系进行认真研究。

情感结构理论来自雷蒙德·威廉斯，是在他的《漫长的革命》等重要著作中提出来的，这是一个研究文学艺术的、很重要的理论方法，也是当代美学的重要方法。我们都知道，当代美学有一个很重要的理论转向，叫作情感论转向，情感结构的方法在当代美学研究和艺术批评研究方面应该说非常重要。这个方法跟马克思主义的理论方法有着很密切的关系。几年前，我在上海交通大学工作的时候，请了世界顶级的文化研究学者格罗斯·伯格讲学，他是 *New Keywords* 的两个主编之一。格罗斯·伯格到上海交通大学讲学时说到，今天的文化研究面临一个很重要的困境，就是我们处在一个多重文化语境叠合的现实中，所以我们要把握住这一个时代真实的情感结构，就变得非常困难。格罗斯·伯格认为，文化研究就陷入这种困境中。他的这个观点给了我很深的印象。我认为，情感民族志就是在当代社会和学术语境中，在多重语境叠合中，在各种话语喧闹的学术条件下，努力去把握真实的情感结构，一个时代的、真实的情感结构。

格罗斯·伯格还讲了马克思主义美学一个很重要的观点。大家可能也关注到，我们团队这几年经常使用的一个概念叫"审美的革命"，这是马克思主义美学在当代的重要方法。"审美的革命"理论的一个基本设想就是，通过对情感结构的研究，再通过对美学和艺术的批评，找到具有新的情感结构的艺术。

我们要理解情感结构理论，一定要理解马克思的意识形态理论。我相信我们在座的各位都应该理解，一种新的情感结构是代表着未来的、代表着社会的进步方向。通过对表征着新的情感结构的那一种先锋派艺术进行批评和分析，我们就能够改变当代人的情感结构；通过改变当代人的情感结构，我们就能够改变世界。所以在今天，在马克思主义这个重要的理论研究领域里，情感结构的改变，也就是说审美的革命，是一个非常重要的理论问题。在我看来，要使我们的理论能够很清晰、很准确地把握住当代社会的情感结构，然后再把握住当代社会表征着未来的情感结构，一定要用情感民族志方法来对当代社会的情感结构问题或者说情感问题做深入的、具体的和系统的研究。因此，在我看来，当代美学、情感结构研究和情感民族志的研究，是十分密切地联系在一起的。这既是美学的生长点，也是民族学研究的一个重要的理论生长点。

前两天我来到广西民族大学以后，拜访了我们广西民大一位著名的人类学学者——徐杰舜教授，请教他对当下中国学术界的看法。他说道，在他看来，如果说中国人类学界现存某种问题的话，一个是学术研究碎片化的现象很严重，还有一个就是民族学研究也好，人类学研究也好，湮没在大量的个案中，没有通过对这些个案进行深入的、当代重要理论问题的研究和思考。在我看来，情感结构的研究是从美学和文学艺术批评发展起来的；情感民族志是从人类学和民族学的角度发展起来的，它们各自有优点，我们也要清醒地意识到它的不足。从民族学和人类学的角度来研究当代问题，可能缺乏的是哲学人类学的维度，即过分重视田野。

我主编的《马克思主义美学研究》于前两年发表了两篇在国际人文学界具有重要影响的重量顶级学者的争论文章，一个是齐泽克，另一个是哈佛大学语言学家雅克布森。他们争论一个什么问题？——田野的方法、实证的方法是不是有限的。雅克布森认为，它是可以解决所有的问题。齐泽克认为，它不能解决所有的问题。我建议我们在座的民族学和人类学学者读一下这两篇文章。今天的学者要做优秀的研究，一定要认真思考理论方法。在我看来，哲学人类学所提出来的问题，可能是我们今天这个时代很重要的问题，即我们人与人之间还有没有可能相互信任？我们人与人之间还有没有可能形成共同的信仰？

从美学的角度看，情感结构理论也有两个很致命的缺陷：主观性很强，它可以达到某种情感和对社会认知的某种深度。但是它不太具有客观性，或者说这很难从学理上去充分地论证，很难在群体上去证明，因为这是你的感觉，是你的审美认知，你有什么权力说你的审美认知就是所有人的审美认知？

所以，我认为情感结构的这种美学研究方法和情感民族志这种人类学和民族学的研究方法，结合起来，就可能是我们学术进一步发展的一个重要方法。在今天，仅仅有主观性的真理，是很难说服人的。但是，仅仅有客观性的知识碎片，也是不足以支撑起这一时代的学术研究。这个时代最大的问题是什么？2008 年，产生了一个至今仍然影响世界历史的重要现象，就是美国次贷危机所引发的全球经济危机。按照马克思主义的观点，到目前为止，我们整个人类还没有从这次次贷危机走出来。当时，台湾"中央研究院"的院士许倬云先生说，其实次贷危机最重要的根源、最大的问题是信任问题。次贷危机实际上是在银行贷款的一种机制，这种机制本来是建立在信用基础上的，但是被商家、银行家或者房地产家过分利用之后，就不可信了，就造成了次贷危机。所以说当代社会最大的危机不是什么生态危机，那些都是外在的；最大的问题在我看来是人与人之间的信任危机，而大量的艺术作品恰好表达了这种危机。

我想讲一下，作为当代美学研究方法的情感民族志，它有几个理论上的优点，其中之一是通过对一个共性的情感对象进行研究。具体来说，我这几年做的就是研究当代中国电影这样一个有着最大共同性的文化形式。认真想一下，哪一种文化形式具有艺术那么大的共同性？理论家阿兰·巴迪欧讲过：人类有四种认识真理的形式，哲学、艺术、宗教，还有一个，就是爱。爱实际上是一种哲学人类学意义上的、人的本质。巴迪欧有一本书叫《爱的哲学》，他说这四种形式中，宗教、哲学已经基本失效。那么在今天只有艺术，以及具有人类学意义上的爱是可以被把握住的，因此我们选择艺术、选择通过对艺术的情感反应这个具有最大共同性的对象来进行研究。

我们做情感民族志不一定通过研究电影，通过民歌或其他形式也可以的，但是我现在做的是电影。首先它具有共同性，而且是最大程度的共同性。今天，艺术毫无疑问是一种共同心理语言。这次疫情使我发现了一个很重要的现象：科技的发展可以让全世界上千位艺术家在世界的不同地方同时进行演奏。比如说谭盾创作的音乐作品《武汉十二锣》，这在过去是不可能，音乐要求的音准是很高的，稍微有一点点的细微差别，都会影响它的效果，但是现在就可以做到在全球不同地方同时演奏。现在一个电影甚至可以全球同步上演。所以这个共同性已经不容置疑，而且随着社会的技术发展和文化进步，这种共同性会越来越强。但是同时又出现一个非常有意思的现象，那就是中国当代电影出来之后，都会形成巨大的争论，这就是我们研究的切入口。

我们团队早期讨论过陈凯歌的《赵氏孤儿》、刁一男的《白日焰火》、张艺谋的《长城》，还有冯小刚的《芳华》。现在，电影《八佰》上映之后，迅速引起激烈的争论，而且似乎是不可调和的争论，我觉得这是一个很有意思的现象。也就是说，中国当代电影不仅仅是一个艺术作品，也折射出当代中国人的情感结构。按照雷蒙德·威廉斯的观点，任何文化都同时具有三种文化：一是剩余文化，二是主流文化，三是未来文化。从意识形态角度讲，它可以分成三种，但其实还有不同的亚文化，当然还有不同的民族文化。实际上任何时代都是多重文化叠合的。我觉得当代艺术现象中这种不同的声音，是一种很有意思的现象。很多学者在这里找不到统一性。在今天的美学、社会学甚至宗教学、心理学研究中，我们都可以看到这种不同的价值观。

在这种情况下，人类有没有未来？人类有没有可能走出这种价值冲突的陷阱？我们现在确实处在一种价值冲突的状态中，这种价值冲突其实对人类自身伤害是非常大的。马克思主义美学研究的几个重要的领域——阶级、种族、性别，这三个领域都在当代社会中充满冲突。

第二，我认为，不管是情感结构的研究，还是我们做田野调查，在今天都需要做纵深研究，因为持续性的研究是非常重要的。今天，我们陷入多重语境叠合的这种文化迷雾中，怎样才能把握住真实世界？这也是今天的马克思主义美学的最大难题；如果把握不住，我们就无从把握住这个时代真正的真理性、最根本的东西、最重要的矛盾关系，那么我们不可能有未来。我们对未来的所有追求和所有关于未来的想象，都可能是一种幻象。所以在今天，我们重提这种历史主义，重新重视连续性的研究。

从马克思主义角度讲，重新强调具体性也很重要。我们现在的文化都是漂浮型的。我们现在这个时代叫作什么？文化经济时代，也就是符号经济时代，大量的现象都是符号化的。我也研究过时尚，时尚实际上就是高度的符号化，一个商品有多种价值，那么时尚或者说品牌的价值就是它的交换价值。这个交换价值是被社会塑造出来的，所以我们大多数的人都是生活在符号系统中，它离真实世界是有隔膜的。文学艺术是一种想象性的文化系统，在今天马克思主义美学看来，文学艺术并不能直接达到艺术真实。以前的美学都说，文学艺术能够达到艺术真实，艺术真实就是这个时代的真理性。其实在今天，文学艺术也可能是幻象，或者说大量的文学艺术就是一种幻象。

首先，我想讲一下方法论。美学和文学研究的最大困难，就是确定性和不确定性的矛盾。因为审美就是和情感、想象相联系的。也就是说它的存在状态是不确定的。那么审美有没有确定性？我们当代情感民族志研究的重要问题，就是情感有没有确定性和本质属性。有一部分情感人类学的学者认为，情感就是不确定的，在不确定性中去研究它的相对确定性。

我作为一名马克思主义者，也作为一名哲学本质主义者，在我看来，如果这一个时代人与人之间、人与社会之间打交道不再具有确定性，所有的东西都不具有确定性，那么，人与人之间的信任、一种文化要建立信仰，都将是不可能的，我们这个时代用得非常广泛的一句话，来自马克思的《共产党宣言》，就是"一切神圣的东西，一切坚固的东西都烟消云散了"。在这个所有确定性、所有神圣性的东西都被解构、都烟消云散的时代，寻找确定性、寻找某种本质属性可能又显得重要了。

我认为，从哲学人类学的角度去提出问题、去研究问题，是很重要的。我自己的做法就是通过对中国当代电影这么一个动态的情感结构文本进行研究。电影是一个巨大的文本，而且两端都是流动的，一端是导演、演员的情感。我们知道一部好电影，导演和演员都要有一定的即兴发挥能力，那才是最好的。完全按照脚本来拍的，不可能拍到精神和情感的那种最微妙的状态。这一端，它是流动的。而另一端的受众像汪洋大海一样流动。今天，我们借助大数据可以对受众进行一种相对归纳。现在任何一个电影出来，例如《八佰》上映到现在，应该已经有了数据，什么样的人群喜欢看，性别结构、年龄结构，包括城市都是有差别的。我在研究电影《战狼2》时发现，对《战狼》的喜欢度，一线城市和三线城市的人群是不同的。

这个基本的理论方法是重要的。一个是做结构研究，另一个就是按民族志研究它的动态轨迹。如果我们把握住这两点，方法论上足够客观和丰富，就有可能把握住当代社会非常复杂的情感结构。

我建议大家看我们文章里的图示，我们发表了一篇文章叫"新科技时代的审美革命"。这两个图示，一个是阿兰·巴迪欧关于当代社会的哲学认知；另一个是情感结构的基本维度。在我看来，这是我们把握住当代社会情感结构的一个理论方法。这个图我就不讲了，我建议大家读一下巴迪欧的著作，最近他的著作陆续被翻译进国内，基本是关于世界哲学以及新的现代性。他的一系列研究在学术界是非常重要的，而且巴迪欧是少数知识分子里强调共产主义是完全有可能实现的。2018 年是《共产党宣言》发表 150 周年，我和巴迪欧就共同策划了一个会议"共产主义观念及其在当代艺术中的表征"，这个会议在浙江大学和延安两地召开，但是很遗憾，巴迪欧因为身体原因没来中国。他是在今天有世界影响力的一位哲学家，如果说要研究当今时代的本体论问题和研究政治真理性的问题，还有包括研究当今时代和未来相关联的批评、艺术中所呈现的真理性问题的思考，巴迪欧是一个绕不开的学者。我把他的当代世界图示做了一个中国化改造，改成了现代悲剧人文主义。

我昨天在文学院的讲座里面也讲到，在我看来，悲剧人文主义，或者说通过悲剧性的艺术作品所激发出的人的那种精神上的崇高感，所获得的精神和情感的净化和升华，可能是我们这一时代最重要的一种文化品格，也是最重要的一种文化资源。

另外，我想讲一下我们面对的问题。在我看来，当代中华民族文化应该说处在很深的危机之中。这个危机有来自外部的，有来自内部的。来自外部到目前为止，绝大部分的美学理论都是从西方借来的理论框架来思考和研究当代艺术和当代美学问题。现在非常需要的是，根据中国文化自身延续中华文化传统，又直面当代的社会问题的人文科学和社会科学的研究。这个外部的问题，这几年讲得比较多，大家都意识得比较明确。在我看来，我们还有一个内部的问题，就是中华民族的文化在甲午中日战争之后，有一种断崖式的断裂。

我昨天也谈到一个电影个案。侯孝贤几乎可以说是亚洲公认的最好导演之一，他花了 14 年的时间，把自己的房子都卖了，拍了一部电影叫《刺客聂隐娘》。当时电影上映以后，中国观众一头雾水，说看不懂。然后我组织了一些美学家，有年长的，有中年的，也有青年的一起讨论。大家众说纷纭，很难达成共识。因为我们对电影的解读，是碎片化的，我们无法因为电影是艺术家情感性的一种表达，而把它还原到我们对当代社会的反省。刺客聂隐娘是一个古代的题材——唐传奇里的故事，展现了一种侠客文化。实际上我们都知道，所有的艺术都是关照当代的，所有优秀的艺术家都是想通过艺术作品表达出他对当代社会的看法。我认为，侯孝贤是有这样的想法的，但是我们从他的作品中解读不出来，或者说每个人对此都有自己的解读。这个在我看来，或许是我们中国文化间歇性断裂的一个征候。从甲午中日战争开始、到五四运动，再到"文化大革命"，终到改革开放，走向市场化的社会运作模式。从 2005 年到现在，当时的文化体制改革把所有的文化机构全部推向市场，付出了惨重的代价，造成了中国文化的断裂，造成了包括话语断裂、情感模式断裂。徐杰舜老师讲的那个碎片化存在，不仅仅是人类学和民族学作为一个学科的样态，在我看来，也是我们当代中国人的一种生存的形态，是我们的一种文化。每个人都可以是个体化的，但是所有人的文化的基础部分都应该是完整的。所以在唐朝，也有战争，也有流离失所，也有"少小离家老大回，儿童相见不相识"，也有人生的漂泊，但是整个社会传达出来的东西是安详的。

我昨天在讲座里面讲，我非常喜欢王夫之的诗，"君家何处住，妾住在横塘。停船暂借问，或恐是同乡。"就是在讲两个人，一男一女，在行船相遇，他们完全不认识，却能够很信任地、很自然地打招呼，又很自然地交流。这种自然的交流，在现代社会不存在了。整个社会现代化，首先的问题就是文化的切断。它把人的意识和潜意识、理性和非理性切断。现在中国社会还不断地在切断，还把它变成不同的群体、不同的社会共同体，以阶级的形态存在，就是阶级斗争；以民族的形态存在，就是民族的争论和民族认同的困难。我们就陷入这种阶级之战、民族之战、性别之战、文化之战等众多战争同时进行的一种社会样态中。我们现在的社会是一个充满悲剧、充满悲情的时代，如果说有一种社会需求，那么急需对这种需求的自觉的意识，而且有一种有效的超越它的努力。

以下这几个判断，我想我们大家都熟悉了。撒切尔夫人关于中国的文化的判断，在她看来，中国文化一直没有真正站起来。撒切尔夫人作为一名英国政治家，她的这个判断还是有一定效力的。中国从甲午中日战争到现在，文化软实力还没有真正建立起来，艺术创作是不能够照着别人学的。韩国电影《寄生虫》确实很好，我写了一个短评，说这部电影是韩国电影界和学术界对当代社会的一种观察。马克思在写《资本论》的那个时代，寄生虫现象还没有出现，它是一种当代现象。你如果再照着拍，那肯定是不会再得奖了，哪怕是改造过后的翻拍，也不可能得奖。

这是我们还没有足够的文化高峰的一个标志。有一次我在微信上看到，我们有很多城市雕塑是克隆别人的，仅稍微改造了一下。这就说明，我们的文化高峰还没有到来，这不是艺术家的艺术技巧和个人修养提高，就能提高。我觉得，还是需要整个民族的文化提升。像汤显祖、曹雪芹，都不是偶然的出现，你了解他所处的那个时代，你就知道他是一种现象。

珠穆朗玛峰不是一个个山峰立在那里，它是一大片山脉。我们需要认认真真地去研究中国的情感结构，然后通过情感民族志的方式书写出来。

我把这本书寄给我们广西很有影响力的一位老学者——徐敏琪，他是《诗刊》的编辑，他看了以后就给我打电话，说我在做一件很重要的事情，他作为一名诗人，感觉到这个工作确实很重要，就是通过文化现象研究其他艺术形式。我认为，从田野调查或者从实证研究的角度上来看，电影可能更具有这种大众性、更具有广泛性。现在电影的争论是最表面化也最容易收集到的。现在去搜索电影《八佰》，各种各样的争论有很多。所以，我的基本判断就是，当代中国电影是通过民族志方法来研究当代美学的一个很重要的方法论。

在我看来，情感民族志，第一强调实证研究，第二强调对一个可观察的对象进行连续观察。它还有一个很重要的理论品质，就是有某种理论的预期，也就是说，好的情感民族志的研究，希望通过对一个客观对象连续的多角度研究，然后把握住这个对象的本质性的存在。我认为，一种抽象的、永恒不变的本质，在今天是不存在的，它们被解构主义解构了。比如说抽象的人，抽象的中国，抽象的女性美，都不再存在了。但是这个具体的真理性、具体的真实，就是马克思主义美学。马克思主义经济学里面最重要的概念不是剩余价值。一般人认为，从政治经济学的角度，从阶级分析和批判理论的角度，马克思主义经济学最重要的概念是剩余价值。但是在我看来，马克思的政治经济学里面最重要的概念是使用价值，就是任何一个艺术品、任何一种人与人之间的交流，都有可以是符号层面的交流，也可以是具体的、丰富的、真实的交流。

伊格顿说了一个很重要的观点：马克思的政治经济学概念，都可以当作美学概念来理解。在我看来，要研究符号学，我建议先研究一下马克思的货币理论。2018年我们举办了"共产主义观念及其在当代艺术中的表征"会议，英国卡迪夫大学的两位教授做了很重要的发言，说他们现在研究了人类正在创造出一种取代货币的东西。我就问他们是什么？他们不告诉我，说以后看他们的著作就知道了。我现在感觉好像真的是这样，人类可能今后会有一种新的交流媒介，货币应该说是一种到目前为止人类最具有共同性的交流媒介，可以交换一切。按照马克思的观点，货币甚至可以买到爱情。其实按照巴迪欧的观点，它是买不到的，可以买到婚姻但买不到爱情。但是从社会学的角度讲，好像，它是买到了，两个人很幸福地结婚了，在别人看来就是买到了爱情。实际上从哲学人类学的角度讲，其实有些东西是买不到的。这就是我刚才讲到的，民族学理论很重要，它有一个理论的预期。我们对于中国审美现代性的问题，这几个角度是我觉得思考它的时候需要的理论坐标。如果没有理论坐标，我们处理一堆混沌的、茫然的材料时，就会迷失在材料里面。

现代社会处在一种全面的危机中，最根本的征兆就是人与人之间难以获得信任，这确实是一种深刻的带有悲剧性的现象。所以，这几年我很强调对悲剧的研究，昨天我在讲座里都讲了，还有我这几年也都写了文章，今天在此就不再赘言了。

另外，我觉得，其实我跟徐老师是英雄所见略同。他跟我讲，他对汉民族的历史发展有一个新观点，叫作链条性、线性化发展。我们知道马克思晚年的思想有很大的变化，就是他放弃了对资本论手稿的整理，他已经写完了资本论，第一卷的出版获得很大的成功，但是马克思不去整理，第二卷、第三卷转向人类学，即转向一种非欧洲的，就是印度、中国、俄罗斯、印度尼西亚等这些非欧洲的社会发展研究。通过线性的研究，徐老师讲中国是链条式的。人类学家张光直提过一个很重要的观点，就是中国的文化是断裂性和连续性的统一，中国的历史从来没有彻底地中断过，一直是断裂和连续的统一。但是从甲午战争到改革开放，中国的文化确实出现了一种很深刻的断裂，在我看来，这种断裂又没有彻底地断裂；不像西方，西方经历了两次轴心时代，文化都是彻底的断裂。西方的大部分哲学和美学都是建立在二元对立思维的基础上的。但中国文化一直没有陷入简单的二元对立这种思想范式中去。中国的文化一直是强调对立统一的，强调其是可以转换的。

我认为中国学者对这点很清楚了，那么接下来的就是，我们要思考两个轴心时代。很多学者已经讨论了第一个轴心时代，就是孔子、印度佛教诞生和基督教诞生的时代。第二个轴心时代就是西方的文艺复兴和工业革命——大工业兴起、社会化生产，导致了整个社会结构的一种全面变化。在第二个轴心上，也出现了文化高峰，莎士比亚以及与莎士比亚同时代的、持续一百多年的一个文化峰。我们现在面临的理论困境就是，我们是第一个轴心时代和第二个轴心时代交错在一起的。中国到现在为止，第一个、第二个轴心时代也没有真正完成。现代中国在社会形态上处于第二个轴心时代；但是我们的情感和理论又处在第三个轴心时代。中国问题的复杂就复杂在这里，因此西方的理论套用到我们中国来就容易出问题。

今天中国面对的问题就是，我们的工业化进程、城市化进程到现在仍然没有最终完成，而且是在很短的时间内进行的。所以我建议大家选研究个案，最好是选城乡接合部；包括艺术现象，也是这种表征城乡接合部的那种情感的，比如说路遥的小说。有人评价说，路遥就是一个"农村人怎么样想变成城市人"的一种历程。实际上，路遥是不被评论家看好的，一直到他得奖、到他去世后的很长一段时间，中国的评论家都不关注路遥，因为他的思想用西方的理论解释不了。在他们看来，路遥是很落后的。在浙江大学，我让学生去了解一下古今中外的文学作品，在浙江大学的学生里，借阅得最多的文学作品仍然是路遥的《平凡的世界》。这确实是我们这一代人的情感困惑。我们在座的很多人可能也是从农村出来的吧？我们在走向城市的过程中碰到过很多很多问题，对吧？其实任何学术都是从边缘走向中心的，凯文·安德森写了一本《边缘的力量》，副标题就是"马克思晚年的民族学和人类学研究"，当代话语理论已经证明这个边缘是最具有活力、最具有力量、最具有生长性的。

第三个轴心时代就是马克思讲的，从技术的角度讲，是新技术革命，包括神经科学、生命科学和脑科学，甚至是神经科学、脑科学和计算机科学的结合。那么在其他领域就是现在的一种科技革命，我在《文艺研究》上发表的《新科技革命时代的美学革命》一文就讲了第三个轴心时代，讲了第三个轴心时代的科学技术基础。

从社会学基础来看，这次在新冠疫情的冲击中非常明显的就是呼唤共同体。习近平总书记一再强调，我们人类在今天是一个利益命运的共同体，虽然我们在一个高度碎片化的时代，但是我们同在狂风暴雨下的一艘漂泊的船上。只有大家共同努力，我们才能够度过这种社会危机。这是社会学的研究。在我看来，从人类学研究和马克思主义角度讲，或者说从历史唯物主义的角度讲，这个关于未来的思考很重要，我们有没有一个美好的未来？现在又重提冷战了，在我看来，冷战的胜利是一种很重要的理念的胜利，就是敌托邦。敌托邦是以美国为代表的西方阵营的一个很重要的意识形态武器，认为未来就是恐惧的。这个敌托邦思想对当代年轻人产生了非常深刻的影响。现在有很多年轻人正在走向绝路，对生活是以绝望为基础的，他们只是打发自己的生命，对于和其他人建立起稳定和谐的关系是绝望的。

马克思在讨论拉萨尔的悲剧里提出了一个很重要的观点，就是你如果把悲剧作品写好，按照莎士比亚那样去写，就能够用简单朴素的形式表达出最现代的思想。在我看来，这个最现代的思想就是关于未来的思想、关于未来社会的可能的思想，也就是说关于共产主义、关于社会主义的合理性和必然性的思想，实际上马克思用他的政治经济学去做了证明。在马克思看来，摩尔根的人类学研究也可以在一定程度上证明这种合理性和必然性思想。"二战"之后有大量的西方学者提出了大量的例证，证明其是不充分的。很多知识分子受到西方学者的影响，现在还是持有这样的观点。但是这种最现代的思想，确实到目前为止，仍然充满着争议。因为未来是什么，确实是很难证实的，我们只能证实发生过的事情，我们怎么去证实未来？人类社会又是一个不同于物理世界的一个社会，而且当代的美学、社会学、人类学，包括政治学都证明了，当代很多重要的社会变化具有很大程度的偶然性，是受情感所支配的。我们团队翻译了一本书叫《政治学中的审美转向》，它在导论里面写道，像今天你要参加一个政治学的国际会议，如果不懂美学，你是没有资格参加的。今天的政治家的很多重要决策，很多商人在展开商战的时候，都是受一定程度的情感影响的。这个应该说已经是一个不争的事实。所以，社会的未来是一个很难确证的问题，因为情感是一个漂浮不定的东西。就是在这一种所有的东西都飘忽不定的情况下，这个世界有没有坚固的东西？有没有某种确定性的东西？在我看来是有的。在悲剧性的艺术作品中，就是悲剧人文主义，而它从古到今都有。

我们团队也有学者分析鲁迅的悲剧人文主义的，我觉得还可以用它来分析古诗19首，分析唐诗宋词里面的很多作品，分析汤显祖，等等。它确确实实是在一个价值冲突的时代，产生出来的一种精神和情感的信念，它不是一种简单地对人的讴歌，简单地对人美好的赞美，而是一种可以达到类似于宗教境界的那种精神存在。

在我看来，悲剧人文主义有一个很重要的意义，如果今天这个时代要重建价值，不是重新阐发佛教，也不是像新儒家所说的，去研究和阐发儒教，让儒教现代化。我觉得是要在当代艺术和中国的古代艺术中去研究和阐发那种悲剧人文主义的东西，因为悲剧人文主义是一种活的东西。崇高感不是一种客观的存在。康德讲有两个东西是崇高的，一个是天上的星空；另一个是人内心的道德律令，二者都是人的一种感受，但是这种感受确实达到了一种很高的精神境界，这是任何动物都没有的。人类学很强调审美的人，在它的最高境界上，它可以达到一种信仰的高度，那么达到信仰的高度，就具有了什么？就具有最大的可传达性，它所达到的高度精神的高度越高，它的共同性就越大，也就越能够获得最大程度的认同，也就能够建立最大程度的审美共同体。从这个意义上来讲，研究悲剧是重要的，因为在今天的中国，一种固态化的宗教要成为普遍性的信仰，已经不太可能了。

最后，我想从方法论的角度来讨论一下当代中国情感民族志的研究，或者说这种方法的可行性。

我觉得，当代电影确实是一个很理想的情感民族志对象。我们知道当代人类学和当代民族学有一个都市化的转向：原来都是研究小型社会，研究类似于黑衣壮这样的对象，它必要不必要？必要。重要不重要？重要。但是如果我们不对都市化的社会，不对当代都市化的人群，不对他们的存在方式，不对他们的情感结构做研究，那么我们就不可能对当代社会做出正确的判断。

即使你研究黑衣壮，你也不可避免地要研究都市化问题。我一直想继续研究黑衣壮，只是没有时间，自从在广西民族大学兼职了以后，我再去对黑衣壮做回访。黑衣壮有几位很优秀的歌手，都上过南宁民歌节，甚至上过春晚，他们唱得很好。他们都是小学读到三年级，有的都没有读到三年级就辍学了。我就想把他们培养成学者，来研究他们黑衣壮的人生经验。我打算让这几名歌手先跟读，只要交了学费，找地方住，就跟着上课，也跟着考试，考试通过的成绩有记录，考试没通过就重修。我说一年考不上，考两年。但是我很惊讶地发现，我离开广西以后，这几名歌手都没有去读。企业家愿意资助他们，不要他们出钱，就等于只要他们去读，不断地考，考到录取，就能获得正式的学籍。但是他们不愿意读。我到现在也都认为，他们对于现代文明很难认同，他们都不愿意进入现代文明，或者说他们觉得他们进不去，这是一个很大的问题。其实他们是不可逃避的，所有黑衣壮的青年都是不可逃避的，必然要面对怎样面对现代化的问题，所以我就很想研究他们这些人后来怎么样了。我找范秀娟问了一下，他们现在都没有读书。中国的现代化过程，通过高考可以改变人的命运。社会是有很多阶层的，通过学习是能够改变你的社会阶层的，但是他们就是不进入这个通道。那么这一块的田野工作、相应的理论阐释，还是很值得做的。

当然这个是一个具体的个案，我做的电影也是很好的个案。当代电影还具有两个特性，先锋性和大众性。我在研究中国当代艺术的时候曾提出了一个概念，我在这里也跟大家分享一下。我的学术合作者阿列西·艾尔雅维奇，也是我们《马克思主义美学研究》刊物的编委，他主编了一本书——《美学的革命与20世纪先锋派运动》。阿列西讨论了先锋派运动的三种形态，他认为第三种形态的先锋派在东欧。因为阿列西现在是斯诺文尼亚人，也就是原来的南斯拉夫人，经历市场化，又经历苏联解体、东欧剧变的过程。在这过程中产生的先锋派，他称之为第三种形态的先锋派。我在跟他的访谈过程中，结合我自己的研究，认为从中国延安时期到今天的中国电影，出现了另一种我称之为"第四种形态的先锋派"，先锋派有两个重要的标志，一是产生了一种新的情感结构，比如说梵高、卡夫卡，他们有一种新的情感结构，有一种新的对世界的感知和对世界的判断。新的情感结构在当时很少有人具有，所以叫先锋派，这是一个行为标志。二是在艺术形式上有某种创新。在我看来，比如延安时期的黄河大合唱，也具有先锋性，它有一种新的情感结构；在音乐的技巧上也是有所创新的，大合唱这种形式是把中国的音乐形式和西方的音乐形式做了结合，而后做出的一种创新。

不只是冼星海创作大合唱，当时中国很多新的音乐家都创作大合唱。在我看来，情感结构的先锋性、技巧的先锋性，是前面三种先锋派的共同的标志。第四种先锋派具有这两种，也同时具有大众性。先锋的对立面就是大众的，先锋就是走在最前面的。从学理上来讲，先锋派理论确实是马克思主义美学的一个重要的贡献。我希望通过大家的努力论证，可以走到国际上去，就是从理论上讲有没有一种先锋派，既是先锋的又是大众的。我觉得事实上我们已经找到了许多个案，例如冼星海的《黄河大合唱》，它既是先锋的又是大众的。

还有，我们研究了很多当代电影，《芳华》和《老炮》是我批判的对象，它们也是引起广泛社会争论的。《战狼2》《地久天长》《南方车站的聚会》，代表着用某种形式表征最现代的思想。有兴趣的老师和同学可以来看一下我们关于《地久天长》的文章。《南方车站的聚会》我也做了一定程度的分析，有时间的话我还想再专门写论文讲一讲，我觉得它在理论上有很多可以阐释的地方。我们已经有了一批非常优秀的艺术作品，就像当年出现了梵高、卡夫卡一样，现在出现了一批优秀的电影，包括《刺客聂隐娘》这类的，但是我们现在缺乏把他们做好的阐释的理论。

从研究方法上来讲，我认为情感民族志的方法应该是多元的，数据库资源也非常重要。具体有六个步骤，我把它们梳理了一下。

第一步，确定研讨的电影。昨天，文学院也有同学问我这个问题，怎么选电影？我告诉他，首先根据我的审美经验，我对这个电影产生的观后感，在这个电影的审美经验中，我感受到的某种新的理论的品质。我们做研究，一定要像自然科学家一样，要有一种理论的敏感性，就是它有没有一种新的理论品质出现？如果有新的理论品质出现，我们理论家应该去捕捉它。如果我们做的东西都是重复人家的研究，那你作硕士论文是可以的，作博士论文就不行了。

第二步，我们要去查资料，然后做一定程度的讨论。比如拉奥孔写了一本很重要的美学著作，就是《艺术作品分析》。罗兰·巴特的《恋人絮语》《Z/S》也是对一部小说的分析。我觉得对当代电影也可以做这样的工作，对一部电影做深度研究，做电影史或者题材的研究。格尔茨的阐释人类学也完全可以运用到当代电影的研究上。我很期待今后有比如说关于当代电影的深度阐释，深度阐释就是理论家的本事。

第三步在我看来最重要，就是展开多学科的自由讨论和辩论。现在对一个电影的评价往往众说纷纭。那么，我就顺势利导，因物赋形，让他/她把各种意见充分发表。有条件的话，我们可以把主创人员、不同社会阶层的人都请来讨论。我的一个博士后现在要做这样一个事情，他是武汉人，对《南方车站的聚会》也很感兴趣，他又是研究网络文化的，因此他准备租这个片子，然后在武汉某一个城乡接合部放映这部片子，因为《南方车站的聚会》反映的是城乡接合部中的一个现象。观影后大家讨论，共同发言，看他们对这个电影是怎么看的。我认为能否最大程度地把它达到丰富性、多意见性、多元性，是我们田野调查、民族志能不能够有建设性成果的关键之处。

第四步就是要整理。我们做完讨论以后，形成两个文本，一个是我们整理出来的文本，文字文本首先整理比较散乱的内容，然后把它按一定的主题整理，这样可以延展到目前我做的所有的电影讨论。我为了调动学生的积极性，也为了鼓舞我们团队士气，就让我们的每一次讨论都发表。整理文字其实有一个不好的地方，就是会删改掉很多东西，因为不允许那么多文字同时发表。形成文字就必须有一个主题，然后有一个基本扩展，最后又回归到这个主题上来，这才是一个可读性的文本，这样整理出来的文字，就是我们本书的内容。

我曾经有一个设想，就是建立一个数据库，把我们每次的电影讨论整理在一起。我认为从历史的角度看，比如说一百年之后，我们未来了解中国当代社会，我们就处于 20 世纪的第一个 20 年，20 世纪一共就 5 个 20 年，我想我们人类学研究都是以百年为尺度的，所以我们现在做的事情，要一百年之后才会有变化的，而那种东西是我们研究的对象，我觉得应该做数据库，但是现在这样做难度很大。这没有功利，谁提供那么大的支柱？谁愿意做这个没有直接学术产出的工作？但是我认为对于国家和民族来说，这样的情感民族志研究真的很必要。现在这种非常复杂、非常混沌、多种矛盾交织在一起的情感状态和情感结构，应该有人保留这个材料。其实现在从民族学、人类学角度讲，这个材料一百年之后是不是很有价值？我觉得是很有价值的，不亚于考古挖掘出来的东西。到时候去找这东西就找不到了，毕竟所有东西都要用文字记载下来。

第五步我认为也很重要，就是把美学的分析和民族志分析相互参照比较，我觉得我们研究电影情感民族志可以用多种方式来做。电影首先是一个艺术群，同时又是一个情感的载体，我们可以把它的美学角度和文学角度相互参照。学者都认为，真理不是自然呈现的，真理往往是在那种缝隙中透露出来的，在很多东西叠合的缝隙处呈现出来的，因为很多东西都被意识形态遮蔽了。所以，这种互相参照可能是必要的，而且这样的参照可能就具有美学和简单的民族学都不具有的优势。把这两种方法结合在一起，就有了一种 $1+1>2$ 的理论的和方法论的优势。

第六步，我们还应该形成某种判断。巴迪欧就讲到一个很重要的概念，叫新审美现代性。我们关于现代性的理论绝大部分都是以第二个轴心时代，以工业化革命为基础的现代化的理论和审美现代化的理论。但是第三个轴心时代是新一轮的科技革命，它有社会结构的本质性的变化。按照马克思的理论，情感结构是对应于社会结构的意识形态，是受经济基础决定的，所以需要形成新的判断。

我总结一下我的初步结论和建议。我一开始就讲了，我和我的团队的研究到目前为止也是一个初步的探索。最初我们探讨电影，没有想做情感民族志研究，我们讨论电影，就是觉得这部电影有很多种意见，众说纷纭。当年我们讨论《白日焰火》，不同专业、不同性别、不同年龄的人，看同一部电影，有不同的判断和不同的观察点，每个人观察到的细节也非常不同。我们编辑成集的时候，也不是想做情感民族志，是有出版社来约稿，说这些讨论蛮有意思，建议我们编成一本书。而且，应该说史晓林和王真在编这本书的时候，也没有情感民族志的概念，所以这本论文集是从美学的角度来编的，但我觉得我们这些材料还可以进行重新解读。

这是我们第一次梳理出来，在课堂上让我的学生和助教们讨论的内容。之后，我还会在我的团队里讨论，有补充，有修改。最后我们会形成一种方法，用这种方法，我们再重新对中国的电影做个案研究。

第一，我觉得当代中国电影确实很有意思，在学理上也很符合情感民族志研究对象。我们可以用人类学和民族学的方法来对当代电影做情感民族志的研究；然后再在这种系列研究的基础上，对当代中国社会的情感结构形成某种判断；在这个基础上，我们又可以对中国社会的审美现代性做出一个判断。我在这里也告诉大家，我已经有了一个判断，毕竟我是搞理论的人，我喜欢概括，我觉得这也是一种方法，先概括出来，然后再去论证、去修订它。

我的概括是乡愁乌托邦和红色乌托邦的双螺旋结构。我觉得中国社会现代化的过程，在甲午中日战争之后，中国的社会处在一种本体性的危机之中。我们即将在英国杜伦大学召开一个马克思主义美学论坛，主题是"中英审美现代性的比较研究"。在我看来，中国和英国是很典型的两种审美现代性研究对象，有很大的差异。当然，我们还可以比较其他民族。

第二，我想讲，因为我们的研究对象是两个，直接的研究对象是当代中国电影，然后通过当代中国电影，研究当代中国社会的情感结构。这两个研究对象都足够复杂，也足够深刻。我觉得，现在关于我们中国电影的研究和阐释还不够丰富。我们现在大量借用西方的理论来阐述我们中国的电影，是因为中国的理论还没有成长起来，还没有成型的理论可以依托。但是，我认为中国的理论建设是迟早会产生出来的，在哪些人手上、什么时代产生出来，就看大家的努力了。

那么，做民族志的研究，我们甚至把它的历史拉开距离。当代的作品就是时间相当短，我自己写过评论《霸王别姬》的文章，人大复印报刊资料也转载了。张艺谋《大红灯笼高高挂》，我看完以后很有感觉，就写了一篇评论文章；现在再回过头去看，有一些是用西方理论来评论的，那么就可以把这些内容剔除嘛，然后再来做这种情感民族志的梳理和研究，应该是蛮有意思的。我们在这种重叠的缝隙中，可能会发现某种积极的、有建设性的东西。

你如果刚刚去看《八佰》，评论可能吵成一锅粥，谁对谁错很难说，我还没有去看。时间间隔太近的东西确实不容易看得清楚，确实是有这个问题的。等我们拉开一定距离了，现在再去看《霸王别姬》《黄土地》《一个和八个》，就很有意思。第五代导演成名的是《黄土地》，但是最重要的作品是《一个和八个》，它是我们广西电影制片厂拍出来的。当时我让学生去做田野，到广西电影制片厂去采访，他真的去采访了。其实现在把李学东的论文找出来，再回过头来去做，这不很有意思吗？

《一个和八个》当时就产生了很大的争论，然后电影做了修改。你看改革开放以后中国很多作品是修改以后才正式上演的，包括罗中立的《父亲》，现在是改革开放以来标志性的艺术作品，他也修改了。当时画了一个老农民，这个很痛苦是吧？充满了悲剧意味。画中的那个嘴巴像一个无限的深渊是吧？就像梵高的鞋那个敞开的裂口一样具有无限性。当时就有很多评委讲，你这个太可悲了，不代表新时代的农民。后来罗中立就妥协了，他就在父亲的形象中画了一支圆珠笔，他就是新农民了。刚刚改革开放，《父亲》就得了大奖，然后现在成为经典作品。所以历史也是很好玩的，包括《南方车站的聚会》，我建议大家去看看这部电影，我们可以通过民族志把这些参照放在一起来分析，真的是很有意思的，理论放在一起以后就有很多裂缝了，你通过这个裂缝就能够分析社会的复杂矛盾关系。我们美学一定要分析矛盾关系，把矛盾关系捕捉到，然后把它描述出来，这样我们的理论就深刻了。

第三，就是刚才我谈到的，我一直在想做数据库，到目前为止我还没做。我们前面做了那么多的讨论，现在只是存在我的学生们的 U 盘里面，我们还没有把它建起来。我们现在已经建了一个网站——浙江大学当代马克思主义美学研究中心，当然这个网站成本很高。我觉得从情感民族志的角度讲，我们这个数据库今后一定是很有意义的，包括国外学者都会来做研究，因为他们绝对了解不到中国人对这些电影的情感反应；现有的数据库也把握不到这种理论的丰富性，所以我认为这个工作是有必要的，但现在就是有没有适当的人和必要的经费支持。

第四，我觉得这种方法我自己也在考虑，有两点，也希望大家帮我思考一下。第一就是怎么样保证研究的客观性，因为情感这个东西是高度主观的，怎么样通过我们的研究来把握它的客观性。这个我现在做了一些努力，比如说参加讨论的人，尽可能地丰富。但是这点是否足够，我心里是没有底的。我觉得情感民族志和美学研究的一个本质的区别就是，前者强调客观性，强调可验证性、可回溯性。"可以重复"是社会科学研究和人文学科研究的一个很大的区别。

按照分析哲学的角度，人文学科研究都是可以取消的，既不可证实，也不可证伪。在分析哲学看来，你既不可以证实又不可证伪，有什么意义？只会争来争去。当然现在证明了这种方法也是简单化的，人文科学到目前为止还不可取代。现在正在发展一种叫"新人文"的东西，我觉得我们今天所谈的情感民族志，可能就是这种"新人文"的一种形态，既具有人文学科研究的特点和品质，又具有当代社会科学研究的品质，即它的客观性、可验证性。我觉得，我们只要在方法论上把它进一步地完善，就是可以做到这一点的。我觉得一个很重要的资源，就是现有的那种用数字、人文的方法，在海量的数据里面去获取一定程度的、有客观性的、对某一个电影的相关数据，这是我们研究可以参照的一个很重要的东西。现在数字人文已经有比较成熟的方法可以去抓取数据了。

我们传媒学院要创办美学和传播学的交叉学科的新博士点，叫媒介美学。用这个现有的社会科学方法，包括人类学、民族学和数字人文的方法，研究电影和情感结构。如果有更多人参与，各有侧重，然后整合在一起，就很可能产生一种新的理论。

那么我很期待我们民族大学的老师和同学们，积极参与到我们的这项工作中来。我就讲到这里，谢谢大家。

罗彩娟：非常感谢王教授给我们带来一场学术的盛宴。王老师用这么长的时间娓娓道来，充满了电影文学、马克思主义美学等丰富的知识内容，还有大量的鲜活例子。我觉得从审美的角度，可以说是一场美的享受，是吧？我也做了大量的笔记，回去后就要好好地把这些内容消化吸收。

王教授把这么多年来坚持做马克思主义美学研究的这些秘诀方法呈现在我们面前，是非常难得的。我们在一般场合上可能只看到很多老师研究的成果，但是并不知道他是怎么得来的结论，这个方法非常重要，可以给我们提供一种新的研究思路，包括他是怎么从电影的角度来切入，对中国情感民族志做研究，对我们民族学、人类学的同学来说，可能感觉有些陌生，过去大家喜欢看电影，但是并没有想象过会把它当成一个研究的对象。

王教授刚才也是非常详细地告诉我们这些研究的思路，具体该怎么做，我觉得这是很好的研究指导。所以大家的收获应该跟我一样，非常丰富。

我们文学院的范秀娟教授也在这里，也特别感谢她、感谢文学院。王教授昨天在文学院做了个讲座，之前我并不知道他要来民大，后来知道这个情况，想着我们要抓住这个机会，给他准备的时间没有很充分，所以非常感谢我们学院，还要感谢我们王教授的支持，这是我们民族学研究前沿的第一讲，开场很重要，请王教授进行开讲，非常难得。

然后刚才也听王教授说，他已经加入我们民大兼职教师，正式成为民大的一员，这非常好，非常不容易，将来我们肯定会有更多的机会面对面地向王教授请教。由于时间关系，我们互动一下。

黄春红：王老师好，各位老师大家好，我是2018级民族学专业的硕士研究生黄春红，这两天我听了王教授的讲座，受益匪浅，同时我也受到了很大的启发，听了两天，我感觉还听不够，然后我有两个疑问想请教王老师。第一个就是，民族学作为一门社会学科，研究者在田野研究中一方面要做到价值的中立；另一方面又要进入研究对象的生活和内心的精神世界，要有情感上的关照，也就是共鸣。那么在情感民族志的田野调查和研究中，或者是在电影的分析中，如何处理这个价值中立和个人的情感问题？

第二个就是，我根据您这两天讲座的理论和案例分析，以及以前看过您的一些文章，比如《高贵的野蛮人》电影，《〈暴裂无声〉的伦理表达》，《关于电影〈百合〉的讨论》，以及《革命与乡愁文化记忆》《中国审美的现代性的情感结构方法》等，我认为国庆节那天上映的《我和我的家乡》是一部很好的情感民族志的电影，因为这部电影它是以5个故事来展现的，主要是以亲情、友情、爱情以及师生情为主题，带有浓浓的乡愁的乌托邦情感，淋漓尽致地表达出了几代人对家乡以及对过去的理想化情感。

这部电影的笑点很多，但是泪点也不少，我是笑着笑着就哭了。特别是在看最后两个故事的时候，大部分的时间我都是在流泪，我感觉这就是在喜中自然地流露出悲的情感，这不就是像王老师分析的那种理论，我国特有的那种审美的情感吗？因为它能反映出我国的社会问题以及制度，不知道我这样的分析合不合理。我的提问完毕。

王杰：谢谢小黄同学很好的两个问题。那么我谈谈我的看法。第一个问题，我觉得从方法论上是一个很好的问题，因为电影从美学的角度讲，它确实是主观性很强的。我觉得我们做情感民族志的研究，就要做到价值中立，要做到客观性，我觉得我们保证它的客观性的方法从目前我们探讨到的有两点，或许可以保证它在一定程度的客观，我自己认为，我们现在这种方法叫作都市情感研究，或者叫作都市情感人类学研究。

因为我们现在还没有去找乡村的人讨论电影，我觉得今后如果我们找乡村的人共同讨论，可能又会有另一种境界。到目前为止，我们还是都市里的人，且大部分是受过教育的人在做这件事情，以后我们会逐步扩大讨论者范围；但我觉得反过来讲，第一个就是我们参加讨论的人是多元的，他们互为主体，而且我们基本上是没有主持人的，尽量让各种各样的意见都说出来。比较近的那一次讨论就很有意思，是关于《地久天长》这部电影的。

《地久天长》去年获百花奖和金鸡奖，因为《地久天长》里面那个主角就是我这一代人，又经历过改革开放的整个过程。我当然有我的看法，但是年轻一代，比如现在的学生跟我的观点不一样，他们努力说服我，我努力说服他们。最后我判断就是我们存在代沟，确实在审美上是有代沟的，现在年轻人对"文革"的理解，对"插队"的理解都是来自文艺作品，是没有真实的体验。

所以一定要在具体的语境中把问题具体化去分析，这是马克思主义美学的很重要的方法论，也是民族志很重要的方法论。我觉得在这两点上是一致的，一定要抓住具体性，然后在具体的语境中把不同的关系呈现出来，它们互为主体，这种客观性就形成了。互为主体就不是以任何一个人为主体；互为主体就没有一个人是主体，没有一个统一的价值尺度，我们把价值全部清零。

这个讨论是自由的讨论，我觉得这是我们很重要的一个方法，因为电影和审美确实是有很强的主观性，但是它们互为主体，每个人都真实地反映出他的情感世界以后，那么我们就可以把握住那个时代相对真实的情感结构，这是第一点。第二点就是我们可以尽可能地查阅资料，有文本的资料，有网上的资料，包括大数据的研究，我们都可以挖掘出来。

现在已经有很多电影的评价，是吧？很多电影网站都有评论，电影也属于流行文化了，是吧？它的大众性很强的，它可以参照、可以达到它的民族学所要求的客观性。它确实没有自然科学那种精确的客观性，但它有一种民族学和当代人文学科研究的客观性。因为马克思主义认为，审美关系是客观存在的，人际关系、审美关系，包括情感结构，都是一个客观存在，并不是一个完全主观的东西。大家现在认真想一下，我们现代人的情感结构，和我读大学的时候，1977年、1978年那个时候的情感结构真的是很不一样了。

现在我们没有足够的资料去回溯那个时代，我们只能知道很多当时的重要事件，很多当时的描述，但是我们确实没有很丰富的田野材料去记录那个时代。我觉得这是它的客观性的问题。

那么第二个提问，我就很遗憾，我还没看这个电影，我只在报纸上看了一下主创人员的评价，说这个电影还是很成功，票房很好。而且他们确实也是有意识地选择了喜剧，所以他们这样来选择应该是有社会学意义上的考量的，在我看来可能跟主流意识形态的需要有某种关系。

主创人讲，他们是有意识地在创作前就选择了喜剧作为这个视角的。但是刚才你讲的那个经验，我觉得可能是很多人的审美经验，它本来是作为喜剧来创造的，但是观众感受到了悲剧，这是由中国这个社会现实决定，中国的现代化过程就是充满悲剧的，是吧？这是一个很有意思的个案研究。努力创作喜剧，结果感受到了悲剧。我昨天也讲到了一个个案，陈凯歌曾经拍了一部电影叫《赵氏孤儿》，就是历史上的悲剧了吧，他也努力想创作悲剧，结果观众哄堂大笑，这让我很吃惊。所以当代电影真的很值得研究，可以阐释出、解读出很多东西，在社会学意义上、政治学意义上、人类学意义上，当然还有美学意义上的很多新东西。

罗彩娟： 那么我们今天的讲座就到这里，再次感谢王老师的精彩演讲。谢谢大家。

王杰： 也欢迎大家有什么问题发邮件给我，我们可以再进一步地讨论。

中国宗族研究的新范式：迈向实践的
人类学考察

主讲人：杜　靖（青岛大学　教授）

主持人：罗彩娟（广西民族大学　教授）

时间：2020 年 12 月 18 日

罗彩娟：老师们，同学们，下午好！杜靖教授的代表作是《九族与乡土：一个汉人世界里的喷泉社会》和《在国家与亲属间游移——一个华北汉人村落宗族的历史叙事与文化实践》。我上个月在上海大学开会，很荣幸得到杜教授赠送的第二本厚重大作。此外，他还有其他作品，比如《中国体质人类学史研究》。目前杜教授主要承担国家社科基金项目，即"百年中国体质人类学史"的撰写工作。在百年中国宗族研究史上，他一直很努力地推动一种新的研究范式，就是今天他要给我们带来的讲座主题"中国宗族研究的新范式：迈向实践的人类学考察"。

我们知道，中国宗族研究是中国汉人社会研究的一个非常重要的领域，学术界已有很多相关成果。在这里，我们非常荣幸能够聆听杜教授所带来的新思想。掌声欢迎杜教授。

一　从事宗族研究的缘起

杜靖：谢谢罗教授的邀请，感谢在座的各位专家、同学，还有线上的学者和朋友，百忙中抽时间来听我唠叨。今天到广西民族大学民族学与社会学学院做这场报告，实际上是来取经、来学习的，因为这里是一方人类学、民族学的重镇。如果没有广西民族大学，没有徐杰舜先生当年主编的《广西民族大学学报》给中国人类学开辟发表空间，让学者们有一个交流的平台，我们不知道这40年来中国人类学会怎么重建起来，至少过程可能要缓慢得多。从本科、硕士到博士，再到博士后流动站，广西民族大学已经形成了一个连贯的教育序列。人类学同样如此。所以我说，这里是中国民族学、人类学的一个重镇。到这样一个地方来，我感到很荣幸。

今天给大家汇报的主题是一个关于中国宗族研究的新尝试。这个尝试当然不只我一人，国内外还有好几位同行均试图往这个方向努力（比如，张小军、宋怡明、张俊峰等），即用实践理论对中国宗族进行观察。所以，我把它定义为一个新范式。要不然，如果仅我一人做的话，就应该把它定义为一种新路径。这样说，比较稳妥。当然，我用"范式"这个词更多表达的是一种期望，即希望有更多的学者循此理路从事汉人社会研究，从事中国宗族研究。人多了，咱们最后真的就可能发展出一个范式来。我真正想表达的是这层意思。

我这一辈子做了两件工作（其实才过了半百），都属于命题作文。当年，中央民族大学王建民教授招我读文化人类学博士。那个时候，我跟王先生学学科史，还有人类学理论与方法，同时师从庄孔韶教授研究中国经验。那时是2002年，我在庄先生家里上课，上的是"汉人社会研究"专题课。庄先生是做宗族的，他的老师林（耀华）先生也是做宗族的，而我当时的题目也是做宗族（其实，进入博士阶段学习前就给王建民先生汇报过），所以追随庄师并接受他的指导，便成为一件合情合理的事情。这样我就有了与人类学燕京学派的渊源。这一晃20年过去了。当时我觉得身上还残留一点青春气息（我博士毕业时已经38岁了），现在发现这点青春气息也没了，一不小心成了一个小老头儿。《春秋左传》有个词叫作"不擒二毛"。这个"二毛"，就是既有黑毛也有白毛，属于杂毛。我现在就是这样一个情况，是一个杂毛动物。

另一个命题作文是世界著名古人类学家吴新智院士交给我的任务。从2007年开始，我分出心来做中国体质人类学史研究。2008年9月正式进入中国科学院古脊椎动物与古人类研究所博士后流动站，跟吴新智院士做博士后，吴先生希望我来独立承担这一任务。在站4年多，5个年头，出站后也一直未放手，即文化人类学与体质人类学兼做，所以，这些年我把自己做得非常分裂，好像现在中国人类学界没有一个人像我这样做得如此跨界，如此分裂。个中甘苦，唯有自知。听起来很炫，实际上首鼠两端，啥也没做好。

以上都是闲话，现在正式转入今天要谈的话题，即中国宗族研究。这是一个非常沉重的话题，因为100多年来，中外学者关于中国宗族的著述可谓汗牛充栋，积累丰厚。我常常把它比喻成中国人类学的喜马拉雅山，因为很难向上攀升，要想超越前人，得做很多年的工夫，至少得了解前人已有的研究，我们才能找到新的突破方向。除非我们甘于做二流学者，或没有学术抱负和雄心。

这次报告的内容主要有三点：第一个是宗族研究的缘起。第二个是实践论下的宗族观。以我的探索为主，当然在讲座结束的时候，如果有时间，我会把其他学者的一些宗族实践研究也介绍给大家。第三个就是自我的反思与局限。我为什么要做自我反思并交代局限呢？因为我发现，很多专业的很多学者都认为自己的理论很棒，很牛，他们写文章从来不去介绍自己研究的问题、自己的局限性在哪里，信心满满。我做汉人宗族20年，越做越没有这种自信，越是深入，越是战战兢兢、如履薄冰。所以，最后我要给大家做个自我反思和批评。这样的一个反思与批评，是跟我持的人类学信念有关。我认为，人类学的工作就是破除，破除一切权威观点，以及破除自我，破除自我所创建出来的理论。只要有了这个勇气，有了这个胆量，不把自己当神且装神，才是一个彻底的人类学者。

1. 宗族理论范式问题：从人类学理论流派出发的思考

我面对的问题是百年中国宗族研究，是在一个学科史的脉络里思考问题。不是鸡零狗碎，不是浅尝辄止。百年中国宗族研究主要有五个大的理论范式。

第一个理论范式是进化论与历史唯物主义下的汉人宗族研究。这派认为，中国的宗族制度就是传统宗法制度，是阻碍中国现代化建设的一个障碍和敌人。这派学者把传统中国当成一个宗族中国或宗法中国，因为他们相信帝国的政治理念是从这个宗族宗法里面抽取出来的。晚清以来，特别是五四运动前后，中国要从一个传统的状态迈入现代叙事，按照上述逻辑必然要清除它，所以从进化论，包括历史唯物主义这样一个角度去审视，便看到了宗族的负面价值。作为一个流派，并不是说现在就消亡了。其实，很多从事乡村政治学研究的学者，现在一听哪儿搞祠堂了，他的脑子里会立刻蹦出来一个念头：封建迷信，死灰复燃。

第二个理论范式是结构—功能理论视野下的中国宗族研究。这个理论最早实践于林耀华教授和胡先缙先生，后来至英国人类学家莫里斯·弗里德曼（Maurice Freedman）为巅峰，之后又有相当一批莫里斯·弗里德曼的西方追随者。中国的很多学者也有跟进，比如台湾的庄英章以及华南的多位历史学家。很多人还是在弗里德曼建立的这样一个概念下来研究宗族，考虑它的功能，将其视作一个控产单位，或法人共财团体。结构—功能论是批评进化论的，因为进化论把宗族放在一个事先设计好的框架里，认为宗族是一个过去的存在状态。英国的甄克思（当年严复把他的作品《社会通诠》翻译过来），中国的陈独秀，都主张铲除掉宗族制度。其中，毛泽东认为，中国妇女深受族权、夫权、神权等的压迫，必须解放她们。而结构—功能论实际上是把宗族放在地方社会的历史脉络里予以评估。其主要的观点是，宗族对地方人民的生存、生计非常有意义，它承担了一定的社会功能。所以，我们看到进化论是用一个外在于中国社会的价值观念来评判中国宗族的，而功能论实际上持有一点 the view of local people 的信念，即一个地方人民的视角，类似后来格尔茨讲的地方知识观。

第三个理论范式是历史过程主义。弗里德曼认为，中原人民移居到东南以后要种植水稻，要开垦水利，要和当地的土著争夺山林田产和生存空间。面对这样的压力，人口少了不行，得用一个办法把一群人组织起来，而宗族是一个很不错的选项，即组织与动员框架。从社会需要出发的解释意味着：宗族应该是从来就有的事情，但是华南或东南的历史学家们不同意此结论。他们说，弗里德曼看到的中国东南宗族组织，其基本概念是宋儒设计的，但又是自明朝中后期，特别是嘉靖大礼议活动以后才逐渐在华南和东南地方社会推广实行的，之前根本不存在。这个理论一下子"啪"的一声把从林耀华到弗里德曼建立起来的结构—功能论宗族研究范式打掉了，诞生了历史过程主义的解释范式。历史过程主义认为，中国宗族是一个特定历史阶段或情境下的现象。他们一下子冲击掉了结构—功能论的宗族研究观。他们反问：既然宗族是一种社会需要，中国历史从几千年前就应该有，且一直有，但我们在宋代以前根本找不到这样一个东西，连观念上也找不到。像林耀华先生研究的"义序的宗族"，2016 年在四川西昌一个学术会议上我与郑振满先生有过交流。郑教授告诉我：林先生研究的义序宗族，实际上也是明朝嘉靖大礼议活动以后造出来的，不能用那套功能论来解释。当时我很吃惊，因为在我们人类学这个系统里，在这个知识脉络里，我们从来听不到这种声音。我认为，义序是福建的，而郑先生是中国宗族研究的名家，他在莆田的研究是举世闻名的，有英文本流行，他一定有根据。

我上面说的历史过程主义实际是指华南一批历史学家，他们老老少少三四代人（包括郑振满、刘志伟这样的优秀学者），借鉴人类学的方法在区域社会内部开展田野工作，试图了解区域社会的生成与转换过程。他们研究的是历史人类学。不仅他们自己这样说，圈外的人也这么认为。这个叫法有一定的合理性，因为其中就有萧凤霞（Helen F. Siu）这样的人类学家参与，而且给他们提供了极具可操作性的概念：structuring。此外，还有香港中文大学的科大卫（David Faure）教授。他是普林斯顿大学社会学博士，曾任教于印第安纳州立大学和牛津大学。他秉承了弗里德曼的corporation概念来理解中国宗族，但他又把弗里德曼的想法放在一个历史过程或历史的语境里去理解。所以，在一定意义上，我们可以把这个群体理解为人类学。

历史过程主义和情景论冲击结构—功能论的同时，人类学界冒出了一个社会文化变迁论的宗族研究范式。这就是第四个宗族研究的理论范式。这是中国人类学在20世纪80年代以来学科重建时发生的现象。出现了庄孔韶《银翅》这样的作品，它的副标题叫作"中国的地方社会与文化变迁"；出现了王铭铭的《社区的历程——溪村汉人家族的个案研究》；出现了景军的 The Temple of Memories：History，Power and Morality in a Chinese Village，讲述甘肃大川孔氏宗族的历史变迁；出现了周大鸣教授对广东凤凰村的重访，出版了《凤凰村的变迁：〈华南的乡村生活〉追踪研究》；还有其他一些学者的研究与著述。他们努力挣脱进化论思维和结构—功能论的范式。其中，后者是他们面对的最重要论敌。当时的目的是要批判结构—功能论那种静态的要素主义研究路径，因为它没有看到一个变迁情况下的东西。所以，这批学者，这批人类学重建以来的、咱们的导师，做出了一个巨大的贡献和探索。

此外，还有一个世系学和系谱体系理论范式，过会儿我结合要素主义研究再行分析。

在《民族研究》2010年第1期上，我把这些类型做了详细的梳理。所以，我们看到在人类学内部，还有历史学都是冲着结构—功能论宗族研究范式来的。

对这几个范式进行梳理以后，我们看到：百年中国宗族研究的步伐一直紧随西方人类学理论的发展，但是这些探讨基本上终止于变迁论或过程主义的解释模式。从我们学科的理论发展来看，社会—文化变迁论之后又发展出了许多人类学理论流派，而我们却没有用这些新的人类学理论继续观察中国宗族，这是我研究的一个背景。第二个大问题是要面对要素主义的一个困局，想解决它的不足。

2. 对要素主义的批判

上文提到的许多学者都很难摆脱要素主义的研究指控。我首先把它们分为人类学的要素主义研究和历史学的要素主义研究。所谓要素主义研究，就是习惯于从几个要素出发来寻找或辨识有无宗族，或确定宗族的特征。比如，祠堂、族谱、族产、组织、功能、祠堂记忆等。为什么形成了这样一个套路？为什么一看到这些要素就说有宗族，看不到就说没有宗族呢？100 多年来，我们从认识论和方法论上已经掉入这个陷阱。第一个是林耀华先生，他在《义序的宗族研究》中把宗族分割成"宗族乡村的基础""宗族组织的形式""宗族组织的功能"等若干变量，涉及组织、族产、祠堂、祭仪、迎神赛会、族内法政、族外交涉、宗族与家庭的连锁体系（里面有家族关系史和家庭的基本结构）、个体的生命史，还有亲属关系的系统与作用等。这是典型的要素主义思路。第二个学者是胡先缙，胡先缙这个人很不得了，他有一本书叫 *The Common Descent Group in China and Its Functions*。实际上我个人的看法是，他对弗里德曼的影响超过了林耀华。这部书也是要素主义的思路。许烺光先生的《祖荫下》也同样难免要素主义指责。第三个要素主义者是弗里德曼。弗里德曼在上述诸人的基础上，使用 lineage 和 corporation 两个概念来理解中国宗族，涉及宗族组织、系谱及其分支、祖先崇拜、祠堂、庙宇、庙里的祭祖仪式、族内司法权、族内的共有财产、宗族与国家的关系等。弗里德曼将要素主义研究范式做到了极致和巅峰。弗里德曼之后是武雅士，他把汉人社会宗族的规模和内部结构归为 9 项指标，如，分支结构、族人多寡、实质性共同财产、居住在一个或多个单姓村、祠堂、共同墓地、共同祭祀祖先、拥有表示关系的标志物（如族谱、名册或牌位）、社会连带关系。再后来，林耀华的弟子兰林友搞出了 12 项辨认指标：共同始祖、血缘纽带、谱系联结或昭穆世次、集体活动、聚族而居、宗族组织、族规家法、公有财产、同姓不婚、祭祀场所、宗族认同、亲属网络。在此基础上，提出了完全型宗族和残缺型宗族两类概念。至于历史学家，特别是当今社会史学者的论文和宗族专著，他们只要研究宗族，就一定要去找祠堂，找碑刻，找族谱，分析宗族组织、功能等要素。这些著述太多了，他们的生产体量远远比我们人类学多得多。在宗族研究方面，我们人类学反而是个小科，而历史学是个大科。

清理学术史后我发现一个问题：像林先生研究的义序宗族，那些要素都是在一个族里具备的，但是像弗里德曼，他一下子搞一个福建、广东那么大的地盘，其实是把许多宗族的诸多要素通过归纳、找出共项而建构或裱糊出来的。这是个统计学的东西。但是华北、西北的人民可能只有一份族谱，甚至连族谱都没有，难道说那里没有宗族吗？宗族这个东西，在我看来，它不一定样样要素都具备，我们为什么非得按照要素去理解宗族、寻找宗族、辨识宗族呢？所以，我觉得前面的这些研究是有贡献的，且有非常大的贡献，但是也给我们留下了困惑：没有我们假定的要素，就没有宗族了吗？我要解决这个困惑，想寻觅一条新的解释路径。

宗族要素主义研究如果不按学科走，也可以分为单一要素主义论和多要素主义论。上文已经分析了多要素主义研究的状况。接下来再考察一下单一要素主义论。

宗族人类学里持单一要素论者首推福瑞德。福瑞德是一名美国学者。他认为宗族成员基于系谱是可以证明的、可以追溯的，即宗族是一个可以通过明确系谱追至一个共同父系顶点的构造。詹姆斯·华琛（Janmes l. Waston）稍有不同，虽然他也讲宗族是一个系谱，但又承认宗族是一种祭祀关系。他说，宗族成员具有明确的祭祀关系，能确知其直系祖先是谁，而氏族成员对祭祀关系不清楚，其所谓祖先往往是神话人物和古代英雄。

第二个单一要素论者是陈其南，中国台湾的学者，他在美国耶鲁大学获得了文化人类学博士学位。他在中国宗族研究方面提出了一个"房与家族的系谱理念或宗祧理念学说"。陈其南是这样理解宗族的：比如说，一个人有三个儿子，每个儿子各自成家，又有孩子，每个儿子就是一房。往下推一代，如果儿子又有儿子，且也成家立业了，这个三代纵深就构成一个基础家族。宗族沿着世系线向下不断分家，还有分支，理论上可以达到十几代甚至几十代纵深。某一代后世子孙若把它合起来，这就是一个族。

陈其南这个理论直接击中了弗里德曼功能论的要害。弗里德曼说：我们现实生存需要（需要即功能），所以要把一伙人组织起来去应对现实生存的种种压力，这就是宗族。宗族是个生存工具。而陈其南是说，宗族之有无与功能没有半毛钱的关系。我只要有儿子，儿子再生儿子，儿子的儿子又有儿子，无限延续下去……分家、分房造成分化，最后兜起来就成族。这个见解非常厉害！这个理论可以说一下子把弗里德曼彻底击垮了，一下子打趴了。

第三个单一要素主义者是钱杭教授，他三十五岁才获得博士学位，是著名的马克思主义史学家吴泽教授的学生，研究中国宗族也30多年了。他是国内外赫赫有名的一位宗族学大家，一辈子出版了多部宗族专著，翻译了好几本日文的宗族学书。其最突出的宗族学贡献是提出中国世系学理论。他认为，世系是唯一可以确认宗族的规则底线。若把所有要素，比如结构、功能、组织、祠堂、族产等都一一剥离，使之达到一些最简单的规定，划出一条确定保证宗族能与其他类型组织相分离的线，唯有剩下世系（我需要插一句话说明，钱杭和陈其南并不是说除了世系以外不承认宗族的功能或其他因素，他们只是把世系或系谱理念作为优先的且第一要素来考虑，功能是因为世系才有的存在）。而弗里德曼坚持，人们要把宗族鼓捣成多大，要多少代规模，是要看现实功能的需要：需要多少人手，就把宗族设计成多少代，追溯至哪个父系顶点。所以在弗里德曼的理解里，宗族是一个生存工具。在钱杭看来，父系单系世系原理是中国宗族内部实行的核心原理。从传世的文献来看，中国社会自古以来就实行世系原则，即源于一"宗"的父系世系，经此原则认定的亲属集团即为宗族。当然，其既包括真实的，也包括虚拟的、拟制的。

20年的宗族研究使我觉得奇怪：很多历史学家，也包括少量年轻的人类学学者，一研究宗族就必称弗里德曼。其实弗里德曼之后，除陈其南、庄英章、冯尔康、钱杭、常建华等这些中国学人外，还有数十位西方学者，几乎每个人都有一部（有的多部）关于中国宗族或汉人亲属制度的专著，许多学者都假装看不见。弗里德曼之后，关于中国宗族的研究在西方知识界已大大地向前推进和发展了。有的是秉承了弗里德曼的见解，有的是推翻了他的见解，有的是修订了他的理论学说，为什么大家不把最新的理论成果作为起跑线，反而要从一个已经过了时的、败了兴的弗里德曼开始呢？这不正常。我认为这是个学术发展史上的怪事，这势必会成为学术反思的对象。所以，我很为陈其南抱屈。至于他成了台独主义支持者，我是不赞成的。这里只谈纯粹的学术，不涉及政治立场。其实，若从他的宗族理论看，他的宗族理论学说恰证明了一个观点：台湾和中国大陆是不能切割的，因为拥有共同的房与家族的系谱学理念和实践。

上述三种要素主义基本都是沿着世系往下讲的，下面介绍的第四种单一要素主义理论则是从人类的意识或精神角度来理解的。

在中国宗族研究上，从大的角度讲，庄孔韶是一个变迁论者；但从小的方面论，他却持宗族理念说。林耀华先生一辈子写了两本宗族的书，即《义序的宗族研究》和《金翼》。其实，林先生从太平洋西海岸的八闽大地的汉人世界，跑到西边的喜马拉雅山东麓去做彝家亲属制度，应该不是突然间的心血来潮，应该把他的汉人宗族、家族研究和彝族的亲属制度研究三个东西放在一起去理解。林先生一辈子探讨了什么？哪些东西没有探讨？他一定要告诉庄孔韶的，那是他的博士大弟子。我师从庄师 20 年研究宗族，庄师也告诉我他做了什么工作，做到哪里了，哪些没做。他还告诉我，林先生做到了哪里，林先生哪些没做，我们接下来该做的问题是什么……叮嘱我要沿这个方向朝前走，要把宗族研究这个担子挑起来。知识系谱的传承与创造就是这样，是很清楚的。现在学人忌讳谈论门派章法，其实，只要不是山头主义，不膨胀，不狭隘，没有什么不好。我认为，只有沿着一个脉络去做，才能挖掘得更深。用佛家的话讲，叫"勇猛精进"。我们不能浪费前人的探索去另起一个炉灶，不然，我们就可能走弯路、走黑路，就会骑着一匹瘸腿的马向黑夜里加鞭。

中国的老百姓为什么有家族、宗族制度实践？庄先生认为，关键是人们脑子里有个理念，而理念来自历史上的儒家学者。他重访金翼之家，《银翅》一书花了很多篇幅去讲老百姓怎么有了儒家的家族、宗族概念，它是怎么进去的，以及老百姓怎么在地方社会里实践。他认为，当条件允许的时候，家族宗族理念就外在化；当环境不允许的时候，家族宗族理念就不出现，只保存在老百姓的脑袋里。20 世纪 50 年代以后，经过了"四清"和"文革"运动，祠堂被拆了，宗族活动被抑制了，但到改革开放后，金翼之家宗族又冒出来了，所以是内在理念所致。显然，这个理念说跟弗里德曼的功能论不一样，也与陈其南的系谱体系理念理论不一样，它有自己的特色。

如果着眼于要素分析，那么，华南历史人类学共同体似乎格外凸显族产的作用，将宗族视为一个控产单位。在某种意义上说，这也是一种单一要素主义研究理路。

基于这种认识，科大卫把中国宗族看作一个控股公司。他的观点总结起来大约有几个要点：第一，宗族成员的身份必须以参与宗族祭祀、确立宗族谱系的方式展现出来，且目标是走向共同祖先；第二，宗族财产控制在个别祖先名下，因而宗族就像一个控股公司；第三，宗族成员就像信托基金成员，但并非每个成员都可以平均享有祖先财产；第四，个人名字写入族谱，就是获得成员的收单；第五，宗族之间的结盟形成了村落及村落联盟，由此宗族在华南成为地域社会的支撑。

在科大卫的带动下，华南的许多学者都使用同样概念，即宗族是一个cooperation，一个控股。也许，这种情况是适合华南的，但我们在中国的其他空间并没有发现这个共性，至少不具备普遍解释力。我不禁怀疑：华北、东北、西北的大量宗族根本就没有什么财产，或共同财产很少，他们难道就没有宗族吗？他们可能只有一份家谱，或者人类学家所讲的一份宗族集体 identity。他们根本弄不清楚谱系，但他们自认是一伙人，是一个祖先的后代，难道这不可以确定为一个宗族吗？我们为什么非得用一个 cooperation 来理解呢？

我继续追问：弗里德曼为什么把中国的宗族当成一个 cooperation？首先，台湾的王松兴教授说，因为非洲的世系群是讲世系的，没有财产，弗里德曼为了批评埃文斯－普理查德（E. E. Evans－Pritchard）和福忒斯（M. Fortes）的非洲世系学学说，必须强调跟非洲不一样，于是就把财产给凸显出来了。那就是说，在一个对比的结构中，弗里德曼受制于结构的差异性思维，用一个文化的"他者"（这里并非人类学时下滥俗的"他者"）想象了中国的经验，并不一定合乎中国的事实或经验。其次，我个人有一篇文章，从另一面揭了弗里德曼的老底，即他为什么把中国宗族当成一个 cooperation 的问题。英国经历了两次世界大战，已经非常凋败和衰弱。"二战"以后要重建，要解决社会福利，英国历史上的智慧和经验不能够或提供不出来解决方案，他就想借鉴中国智慧来解决。这是一个跨文化的寻找。中国的宗族制度有一个特点，恰能给弗里德曼提供答案。为什么这么说呢？因为在中国，一个宗族有的房支强大，有的房支弱小，有的人有财富，有的人贫穷。出于都是一个祖先的后代这种认识和感情，富裕人家就会帮助贫穷人家，强大房支就会帮助弱小房支，由此造成了一种依附。比如，宋代范仲淹就拿出了 1000 亩土地搞了个义庄，救济族内穷人，还有鳏寡孤独老人，甚至恩惠到仆人。范的举动得到了皇帝的赞许，他的子孙后代也很懂得他的心，也接着这么干。弗里德曼认为，用这套办法来解决英国的福利问题是很有价值的。我的意思是说，弗里德曼实际上是带着一个功利性动机或学术期待来理解中国的，而那未必就是中国的实然。

科大卫把中国人理解成控股公司，这是对的吗？控股公司、股票这些东西都是西方工业社会、商品社会、市场社会里的概念。在历史上，中国社会里没有这个东西。如果说国人按照《朱子家礼》去造族，我信。在中国的老百姓没有接触到西方之前，尤其没有接触到控股公司或股票这些概念之前，他们怎么会按照西方的控股概念造族呢？我觉得，科大卫在理解上有问题，拿了一个后来的、外在的概念去理解中国。香港科技大学的张兆和、廖迪生这些人类学家也是这么认为。所以，我上面说在科大卫带动下，有一批历史学家走上了这样的认识之路。

从另一个角度我又反复自问：华南的这批历史学者为什么比较容易接受弗里德曼和科大卫的见解，或者自认为宗族是个经济单位呢？答案是，华南的这批历史学家实际上都是做社会经济史出身的。厦门大学有傅衣凌，中山大学有梁方仲，这是老一辈学者，他们都是搞社会经济史的。尤其傅衣凌，精通中国宗族研究，其乡族概念对后世影响深远。他们很容易在 cooperation 概念里找到共同感觉和慰藉。郑振满是傅衣凌的学生，刘志伟是梁方仲的再传弟子，他们的学术训练也是社会经济史的，郑刘几十年间有着非常深厚的友谊与学术交流和合作。所以，这种自身的学术训练、传统和多年的工作目标也很容易塑造出一种对待宗族的经济态度和学术期望，即把宗族看作一个控产单位。这类职业背景和实践左右了他们的认识，未必是有意识地、主动地，往往是一种积累在身体内的历史惯习使然，但到后边可能发展为一种学术自觉。就像我们自小吃某种东西，吃久了，那种食物就塑造了我们的味觉审美，并以此判断其他食物是否为美食。这种认识是不自觉的。

在追问问题的时候，我同时发现科大卫以及华南的其他学者，在开展学术研究前或研究中没有清理 cooperation 这个概念具体来自哪里。事实上，这个概念首先来自梅因的《古代法》（梅因不满意母权制理论，才作父权制的法史研究），其次是德国的马克斯·韦伯（Max Weber），后来这个概念传到里弗斯手里，而里弗斯又把这个概念传给了拉德克里夫-布朗（Alfred Reginald Radcliffe-Brown），布朗又给了林耀华。1935 年 10 月，拉德克里夫-布朗接受吴文藻的邀请来燕京大学讲学，林被吴文藻安排做布朗的助手。这是此概念到达中国的线索。下边再说此概念如何进入了非洲经验之中。

1913 年，里弗斯在伦敦政治经济学院作了三场报告，主题是"亲属和社会组织"。当时，拉德克里夫-布朗和马林诺夫斯基都是他的学生，他们都听了这些讲座。马林诺夫斯基有两个学生即埃文斯-普理查德和福忒斯，自然也接受了亲属制度人类学训练，但后来皆背叛了马林诺夫斯基，跟了拉德克里夫-布朗。二人按照拉德克里夫-布朗的指示，跑到非洲去做世系群研究。Cooperation 概念，就是这么进入了非洲田野。福忒斯就曾明确提到马克斯·韦伯对此概念的影响。

再折回中国社会之中。弗里德曼也跟拉德克里夫-布朗关系很好，在其手下就职，自然也是做世系群研究。弗里德曼起初想去非洲考察，但布朗建议他研究中国宗族。20 世纪 50 年代以后，由于中国跟西方关系断裂，弗里德曼没有办法到中国大陆，只好去了新加坡华人那里，做的是婚姻及姻亲问题。弗里德曼出版了一本书后，终觉不是纯正的华人或汉人世界，还是想来中国大陆，但现实依然不允许，在没有办法的情况下，他只好利用二手资料，即文献来做中国宗族研究。然后与林耀华的研究成果接上了头儿。这就是弗里德曼持了布朗给的 cooperation 概念来华，并与非洲世系学相呼应、与林耀华研究相衔接的历史脉络。

我看到了一个概念（cooperation）如何在全球蔓延的情形，看到了它怎么到达中国，然后怎么到了若干学科内部。只有把这样一套有关概念的知识流动线路图搞清楚，我们才能找到解决问题的办法。我们要跟谁讨论问题，要把这个脉络搞清楚，搞清楚就知道怎么入手了。

Cooperation 概念运动史的追踪，使我产生了一个学术意识：难道不能离开这个概念去观察中国宗族吗？

在中国做宗族研究时还要思考一个问题：宗族究竟是一种亲属制度，还是一种国家意义上的东西？

3. 学科间的摇摆与抉择

我个人既有历史学的知识结构，也有人类学的学术训练。自小喜欢读中国历史著作，喜欢探讨历史。20世纪80年代初期，我读师范时曾为舅家表哥手抄过"前四史"。那时大概历史著作不容易买到，表兄才叫我帮他抄录。后来到山东大学念本科，学的是汉语言文学专业，那时文史哲不分家。再后来去湘潭大学读民间文学民俗学硕士学位，其中也包含了大量历史内容的学习，因而最终授予的是中国古代文学史学位。同时我也喜欢来自西方的人类学，更愿意用人类学的眼光打量中国历史、社会与文化。但是，这两个学科对待中国宗族的态度向来不一样，取舍不同。简括起来说，人类学一向把中国宗族作为一种亲属制度来观察，而历史学尤其中国史学家一向把宗族看作与帝国政治制度有关的内容：基层是宗族的天下。这个背景，不能不使我在田野调查中思考一个问题：宗族究竟是国家的，还是亲属制度意义上的东西？

按照西方人类学亲属制度的研究理路，亲属制度里有单系的，有双系的，也有多边的，可中国宗族（作为世系群之一种的话）是单系的，且是按照父方来追溯和联系的。所以，中国宗族是国际世系学研究下的一个类型。中国在历史上是一个高度集权制国家，因而中国宗族是"有国家社会"里的一种运作。但非洲世系群是在非集权社会或无国家社会里存在的一种亲属体系。像埃文斯－普理查德研究的努尔社会中没有中央集权制、没有国家，地方社会主要靠世系群来维持运转。弗里德曼通过书面材料发现，中国有国家，有中央集权，为什么宗族还那么发达，尤其在东南中国和华南中国？这就从根本上挑战了非洲世系学的解释模式。

进一步说，从亲属制度实际运行来看，也不能简单地把汉人宗族等同于单系即父系的构造。林耀华为什么提出"联锁体系"理论？为什么在讲完宗族后又把家族、姻亲这些内容连接起来？因为他晓得，单纯的一个父系概念是说不清楚汉人宗族的问题的。

在汉人世界里，除了垂直的父子关系和横线的旁系兄弟关系外，家族里还有夫妻关系、兄妹关系。夫妻关系可以书写到谱里去，但兄妹关系是不能放在宗族概念里的。可是，林耀华的《义序宗族研究》把这些东西放在了一起，即上边说的"联锁体系"。

在实践中既复杂又灵活。比如说，我和老婆组成的家庭，我们把它实践成了男女平等，双系并立，因为我的族也很重要，她娘家的族也很重要。但现实里可能有些家庭遵循传统的道路，以男子为主，家庭、家族里的事由男子说了算，太太凡事都得听男人的。这就是许烺光和李亦园讲的"父子轴"社会。在这种情况下，夫妻关系、兄妹关系就变成很弱的东西。当然，有些家庭却是女人当家。然而更多的家庭在家庭发展史上是不断变动与调整的。比如，年轻妇女刚结婚的时候老是往娘家跑，逢年过节的时候给娘家爹娘买的东西多，给公公婆婆买得少。但是，当她熬成了婆婆，有了孙子的时候，且娘家的父母不在的时候，娘家的权利和义务就变弱了，绝大多数女性就完全变成了她的丈夫一族的成员，对夫族产生了更多的认同和实践。像《红楼梦》里的贾母，我觉得跟贾爷爷差不多。她虽然是个女性，但某种意义上说，她难道不像贾宝玉的"爷爷"吗？她脑子里的想法、执行的那套东西，不都是贾爷爷脑子里那套东西吗？所以，我们既要看到亲属关系构造和原则，也要看到亲属制度实际的运作状态。我们不能拿了一个简单的条理或概念去认死理，那样做在实际上是解释不通的。我觉得华南历史学派的一个最大且最严重的问题就是，仅仅把宗族当作宗族，忽略了其最基本的亲属制度层面上的内涵。罗教授，刘志伟先生是不是您的老师？

罗彩娟：是的，是我的导师，我的博士后合作导师。

杜靖：那我说话得小心了，不能乱说华南了（笑）。其实我一直把刘志伟老师看作我的老师，2006年我想做他的博士后，他也想叫我去跟他做博士后，可我们单位不放。好像当时是清华的张小军教授推荐的，小军先生一直很喜欢我。陈春声先生也想叫我去，但是青岛大学就是不放人，我没办法去。2006年青岛大学本科评估，陈春声先生还来过青岛大学。刘老师做这一摊（指宗族）也是个大家，很想招一个研究宗族的学生，特别我是燕京大学暨人类学北派出来的人（最初估计是，张小军与刘志伟的友谊使得刘想招我）。按照庄孔韶的说法，我算是燕京里边专做宗族的第三代人。当然，要从纯世系可能五六代都数不着。但就宗族研究这个话题而言，我可能是在这样一个位置上。大家可以去福建玉田县林耀华纪念馆里的木柱子上看，那是庄孔韶先生刻写的。

现在回过头再谈华南对亲属制度研究的忽略。

刘志伟先生具体怎么讲的呢？2017 年他在《南国学术》上发表了一篇文章——《宗族研究的人类学取经：从弗里德曼批评林耀华的宗族研究说开去》。这篇文章刘老师最早于 2016 年在西昌一次学术会议上报告过，当时我是评论人。他和郑振满老师一组发言，会议举办方邀请我来评议该组，所以，我对这个文章印象很深。他说："事实上，在社会史研究的视角下，明清时期宗族的发展，是在各个地方形形色色的社会变迁过程展开的，也因应着本地的社会经济关系、政治权力关系格局的改变而呈现不同的形态和演变过程。从宗族入手的地域社会研究，不是要用血缘继嗣的法则去演绎地方历史，而是要用地方社会历史去解释宗族发展的事实。"刘老师明显地否定了宗族是一个亲属的东西，至少在一个地域社会里的实践是这样的。另外，耶鲁大学人类学家 Helen F. Siu 和刘老师共同发文说：通过历史过程的阐明，地方社会的人民借助国家修辞而建造宗族。

再看华南历史人类学共同体另一名领袖的说法。科大卫说，宗族是地方社会与国家整合的一种产物，宗族是国家与地方社会之间对话的平台。他有一本书，名叫《皇帝和祖宗：华南的国家与宗族》。

我刚才讲了陈其南的见解，从他的观点里丝毫也看不出宗族跟国家有关系。一个人有儿子，儿子再有儿子，不断地分化然后又兜起来就是族。这就顶嘴了。其实，在某种意义上言，学术就是抬杠，就是争吵。不争吵，学术还有意思吗？争吵是一种趣味，没有趣味，学者该多寂寞！

科大卫的研究领域覆盖整个珠江流域。他看到，明帝国通过里甲制度整合珠江三角洲社会宗族制度，完成了珠三角进入帝国体系的任务。这样，建设在里甲基础的宗族就成了一个共产单位。这样的理解，我也不完全赞同，但是我没有到华南做过研究，所以没有资格质疑。但是有的历史学家就说了：难道在宗族去整合华南进入帝国体系之前，华南不是中国的一块版图吗？这个话狠，戳软肋。问题是，华南人群在做宗族之前，华南是靠一个什么机制成为帝国的一块的呢？华南如何从一种机制转换成了另一种机制？华南这批学者是做明清史的，他们只能讲明代中后期以后，这就给未来的探索，不论是人类学出身还是历史学出身的学者，留下了更大空间。

　　我需要插一句话，今天提到的学者都是我素所敬仰的学者，我是怀着非常崇敬的心情提到他们及他们的观点。大家不要传出话说杜靖"怎么说了"。其实，我是觉得他们值得尊重，如果一笔不提，那是对他们的最大抹杀或侮辱。我的立场是，不论承认还是不承认他们的见解，都必须提。对前人及他们劳动的尊重最能反映一个学人的道德修养。我看很多人做东西，不提前面的研究，不提别人的研究，只提自己老师和同门的研究，不去梳理很重要的成果，上来就劈头盖脸讲自己的东西，我觉得这样的学者心态上有问题，做法上也不合乎规范，因为我们无法了解他的成果定位。我们不要做心胸逼仄的学者，学问应该是很纯粹的事业。越纯粹的学者越喜欢有人跟他较真，只要不涉及人身道德攻击。同时，我们必须清楚：任何人都是一个历史过程，我们不是终极。否则，学者就变成了自大狂。

　　刘志伟和科大卫曾联合在《历史研究》上发过一篇文章，讲华南宗族是明代以来国家政治变化经济发展的一种表现，它并不是因血缘和亲属关系而被建构起来的。这一下子直接就跟人类学顶上了。人类学是把宗族放在亲属里边理解的，可这些历史学家或者历史人类学家的态度很鲜明，认为地方人群是利用宋明理学、利用文字的表达在地方上推行教化，建立起正统性的国家秩序。宗族意识形态向地方社会扩展，与造成地方认同的国家象征之间产生了互动，这就是华南的历史过程。

　　如果未来大家进入华南社会做研究，就选刘志伟、科大卫、郑振满、陈支平等学者研究过的点或区域做田野。说不定，我们能发现宗族不单纯是国家礼制影响下的产物，很可能是地方人民亲属制度发育出来的东西。虽然在一定程度上可以拿华北的经验去跟人家对话，但毕竟华北的地域经验与华南的不一样。最有效的对话就是钻到那里去。问题是，我们能不能找到这批亲属制度资料。或者说，如上海博物馆的张经伟所提的一个观点：那里原本就有亲属制度，就有宗族，它只是不叫宗族，然后等帝国的礼仪来了，就穿了一件礼仪的马甲，就叫宗族了。张经伟不搞宗族研究，但这个观点很犀利，值得思考，值得去探讨。这样的一些想法，一旦去验证了，华南历史人类学共同体必须认真回应。

　　华南和东南还有更年轻的一批学者也如他们老师一样对宗族持相同看法。比如，刘永华和贺喜等，他们也是在学术上值得讨论的对象。

　　以上是我的第三个面对。

4. 小结

通过以上介绍，现在大家已经感觉到宗族研究领域是个烂泥塘子了。禁不住会问：汉人宗族究竟是怎么一回事？究竟谁说的对？

这些年，历史学的宗族研究又热闹起来了，常建华教授认为其再度成了显学。反观我们的人类学，最近三十年有过一度热闹，但现在又趋于冷清，门可罗雀。

我们先说人类学北派。第一代是林耀华，第二代是林的学生庄孔韶、兰林友和潘守永。庄孔韶曾帮助林先生带兰林友等。陈永龄的博士周泓教授追随庄孔韶，到天津杨柳青做商业对宗族的影响，实际是她自己的周家。庄的博士石峰到关中，主要是在武功县去考察宗族（他最终没有找到）。还有一个阮云星，现在浙江大学就职。他早年在日本留学政治学，但做的是义序宗族重访，曾多次跑到中央民族学院拜访林耀华先生。他们都是很重要的汉人宗族研究专家，各写了一本书，兰林友出了两本，但是现在都不做了。这个团队以外，清华大学的景军教授写过一本《神堂的记忆》，但现在也不做了，专攻医学人类学或医学社会学。张小军教授也是一名出色的宗族人类学家，博士论文写的就是福建阳村的宗族，但现在除了偶尔有单篇文章外，也不做了。中山大学的周大鸣教授写了一本凤凰村的重访的书，现在也不做宗族研究了。目前，整个中国大陆人类学界就撇下我一个人来思考这摊子事情。

我们学科里大多数人都去做族群、"非遗"、"一带一路"、生态人类学、艺术人类学、教育人类学等议题了，现在又要转向共同体和"铸牢"。所以，我很孤独，因而也很少参加人类学圈的学术会议。但历史学界做宗族的专家学者很多，所以，这些年我跑历史学场子多，跟历史学家玩得多。

上边的回顾足可以证明：宗族研究是中国人类学里一座难爬的喜马拉雅山。

二 面向实践的宗族研究

我先交代基本立场。

搞宗族就像建房子，人们手头有什么建筑材料，就用什么建筑材料造宗族。如果有族谱，就用族谱造；如果有族产，就用族产造；如果有仪式，就用仪式这种文化资源来建造。建造完以后，至于把房子用来干什么，要满足什么功能，诸如厨房、办公室、会议室、教室、卧室等，那完全看建造者的心情和他们面对的现实问题，完全是个实践的事，无一定之规。宗族绝不是僵死地恪守某种定位，追逐某种单一目标，也不会用固定的模式表达自己。所以，任何要素主义，无论单一要素还是多重要素，都注定会使自己陷入解释的僵局，注定会成为过去时。

1. 构建完整理论体系的一般思路

我总想尝试去建立一个完整的关于宗族的理论解说体系，至少能自洽，或自圆其说。但我发现，百年汉人社会研究领域几乎没有人认真而缜密地建立理论体系，大多停留在贡献了一两个概念或描述出一种现象，且多是通过归纳术得出结论，谈不上理论的体系化建设。

比如，武雅士搞了一个"人鬼神"的隐喻理论，即人、鬼、神各自对应着现实世界的祖先、陌生人和官员。我觉得这不是一个理论，它只是一个发现，他发现了一个现象，把它描述出来而已。杜尔干在《宗教生活的基本形式》提出了一个看法：宗教信仰的世界是现实世界的投射，即宗教信仰是现实世界的集体表象。这才是理论。武雅士只不过是拿了杜尔干的象征人类学来解释中国经验而已，是一个理论的应用。

那么，什么是理论体系？英国科学哲学家卡尔·波普尔在《科学发现的逻辑》中提出了系统的主张。按照他的想法，一个完整的理论体系至少得包括如下几个方面：基本的问题或问题意识、概念、规律或理论、应用，还包括怎么做，即方法论问题。我还要加上一条认识论反思。这里稍加说明一下，所谓规律，其实是运用概念考察并汇总的结果，是对某种出现几率较高现象的总结与陈述，其往往能达成理论化表述；理论是一种陈述，是对发现的高度凝练，具备较强的阐释力；所谓应用就是把已获得的理论迁移到其他地方或其他对象身上的再观察。

我们可以在百年中国宗族史中举几个例子加以说明。

弗里德曼使用的基础概念有两个，一个是 structure，另一个是 function。它们来自拉德克里夫－布朗。弗里德曼将这两个概念运用于中国宗族观察，获得了中国宗族是一个 cooperation 概念。而华南历史人类学的重要领袖人物萧凤霞却不满意 structure 这个静态的理解框架，于是就给出了一个 structuring，即结构何以存在，或怎么生成出来的问题。具体到华南社会的历史进程而言，就是探寻华南地域社会怎样生成为国家的一部分。

在理论方面，弗里德曼也有不俗的表现。他关于中国东南的宗族理论至少有如下几个要点：（1）为了开垦水利、种植水稻以及应对周围他姓人群的竞争性生存压力，需要足够的人数来应对问题，于是产生了宗族；（2）所有的宗族都可以放在一个横轴上来表示，弱小且房支分化不严重或不发达的宗族处于这个横轴的 A 端，发达的、房支分化充分的宗族处在这个横轴的另一个端点 Z 上，而大部分宗族都处在 A 与 Z 两个端点之间；（3）东南宗族的分支结构之间力量不均衡，弱小的房支往往依附在强大房支上，强大房支庇护弱小房支，这一点不同于非洲世系群的对等和裂变现象；（4）宗族是传统时代，国家整体在地方上的一个补充，但当宗族力量强大且干预县以下地方社会秩序时，国家又对其充满警惕，甚至担忧。

我们怎样认识一个社会？从精力、能力和时间上来说，我们不可能全面认识，只能选一个或几个切入点。从上面说的认识论角度看，宗族就是这样一个切入点，或者了解中国汉人社会的一个窗口或工具。不论是弗里德曼还是华南历史人类学共同体，均把宗族理解为东南或华南地方社会运转的依据和支撑。所以，研究宗族绝不仅限于宗族，研究宗族根本不是最终目的。宗族，只是我们说话的一个凭借。这实际上，也可归之于最初的问题意识。

2. 我的宗族观或理论解说体系

我所依靠或参考的理论是法国社会学家人类学家皮埃尔·布尔迪厄的实践理论。这一理论有若干重要概念，迄今为止，人类学发展史上没有哪一家理论流派比其具有更丰富的概念。这些概念大致有惯习、策略或能动性、场域、资本（经济资本、人际关系资本、象征资本、文化资本）、实践等。它的问题意识是要解决任何决定论和理性主义单方面解释所带来的问题，即认知上的不到位或不达标，试图追求一个理论的综合与精进。唯有从实践出发，我们才能发现以往宗族理论的偏失。

首先把宗族看作一群人。从实践出发，我们才能看到作为一个群体的宗族界定自我的灵活性。他们可以把自己实践为一个 kinship 团体，也可以是一个功能团体，还可以是一个系谱团体或理念团体，甚至认同意义上的存在。先不要管它的性质。

反正他们是一伙人，研究前不要用一个本质性定义或态度来对待宗族。他们用什么把自己结合在一起，先不管，只知道他们是一伙人就可以了，一切要看实践中他们如何理解自己，如何实践自己。通过实践的考察，才能看清宗族是什么。所以，只要记住他们是一伙人就可以了。

当然，也可以这么说，实践是我们唯一的态度或立场。

其次，宗族是一个关系场域。在宗族群体里边，有的人是族长，有的人是房长、支长，有的人是普通族众。从另外一种身份看，有的人是国家体制内的事业编制或行政编制人员，有的人是普通农民，有的人是儒生或获取了功名的人，有的人是文盲。

在这个关系场域里每个人占据不同的社会位置，每个位置上拥有不同的经济资本、社会资本、关系资本、象征资本。不同的资本含量多少和种类有差别。他们共在一个场域里互动，最后交织成一个关系的场域。

另外，宗族之外还有更大的社会场域。比如，你研究一个地方宗族，是不是那个地方还有其他地域神灵信仰？像我拜读罗教授的大著——《壮心可鉴》，就看到有个山神，山下边有农业耕种，他们不分男孩和女孩，双系平等。为了浇灌，挖水渠，然后通过一条水渠把这些兄弟姊妹及其所居住的寨子勾连起来，由此形成了一个水利社会组织或水利共同体。这是一个水域社会或水利社会。反过来，他们又追溯至一个共同祖先，构成一个亲属体系。在此，亲属关系、水利社会场域、壮人起源的信仰体系，数套场域会叠加在一起。所以，我们不能单独从一个或某种场域来理解宗族，必须把宗族置于一个更大的场域、多层级的场域里边去考察。也就是说，宗族场域外还有水利社会场域，有祭祀场域，即祭祀圈、信仰圈，还有市场或商品交换场域，一层套一层。台湾林美容教授讲的祭祀圈、信仰圈，就是一个内嵌于层层场域中的场域。

不同的场域是可以打通的，能打通的原因是几乎每一个宗族成员都栖存多重的人生场域，实践者会把这些不同场域串联起来，并把不同场域内积累的各种资本迁移到其他场域。正是因为如此，宗族这个场域被挂靠或内嵌到其他更大级别的场域里，同时也吞掉、兼并和整合一些次级场域。

比如说我是族长，但我原先不是族长，我是人民公社书记，我是局长、是县长，我在位的时候不能建族，现在我退休了，大家拥护我当族长。我为什么可以做族长，因为我有能力。普通农民搞宗族，当地政府不叫建族，说是搞封建迷信，这些国家体制内的往日官员可以给过去的同事或体制内的下属、同学和老朋友们打个招呼，打完招呼就不用拆祠堂了。理由是，我们搞"非遗"，要弘扬传统文化，不是封建迷信死灰复燃。这就是当代宗族领袖把原来官场里的身份所拥有的资本迁移到宗族建设这个场域里来。同样，如果一个人成为村里的宗族领袖，大家就选择他当村主任和村支部书记，他就成了国家政治最后的一根神经末梢，由此身兼两种身份，建族时他就会把村里的行政资源，包括村集体的经济资源拉入建族过程中。族长还可能是一座庙的住持，他左右着当地信仰圈和祭祀圈，他也可能把祭祀圈和信仰圈里的资源挪移到宗族场域里使用。总之，要把各种场域打通，串联起来，否则难以认识宗族运动。

场域里的人们既受身体内的惯性影响，也受内心的临时性盘算影响。其行为方式既有结构的一面，也有能动性的一面。我举一个例子来说明它。很多年前，我姐姐给我打电话说："他二舅，明天海军（外甥名字）结婚，你来喝喜酒！"我去还是不去？按照习俗制度，我必须得去。如果我去了，就是结构在支配我，我没得选择。可是，我在田野调查中常常发现，有些舅舅就是不去参加外甥婚礼，因为他与姐夫和姐姐闹僵了，有了矛盾。还有，我参加外甥婚礼仪式，随礼 1000 元钱合适呢？还是 5000 元钱合适呢？假如我有弟兄三个，两个弟弟都当农民，他们各自随礼 2000 元，我也随礼 2000 元，行不行？经过一番盘算，我最终随礼 2000 元，结果当地人说："这个人还当大学教授！那么有钱、有身份，结果跟农民弟弟付一样的礼钱。"他们对我不满。如果我多随礼，比如，3000 元。两个弟媳妇或弟弟就有意见了："你充什么能？你有钱是吧？你比我们混得强、混得高是吧？"所以，在人情交往的实践里，我们看到：人既受结构的、习俗的影响，也受个人能动性的影响，非常复杂，我们不好预设哪种理论立场更具解释力。实践论是一个行为科学，涉及人的行动。

我还有一个理论意识，即个体的能动性授权结构来统治和支配个体。这一点布尔迪厄没讲，我就是在研究这个东西，不断要发展一些新的想法。拙著里都有这些东西，在《中国宗族》里，所以我就不再细说了。

再次，宗族呈现为两种制度：一种是社会制度，即亲属制度，这是人类学一向的定位；另一种是政治制度，为了帝国国家利益而设计的制度。为什么这么说呢？张载有《宗法篇》，华南、东南流行《朱子家礼》，江右流行王阳明《南赣乡约》，山东流行孔继汾于乾隆年间编的《孔氏家仪》，这些文本对各地中国人的宗族实践造成了不同程度和不同范围的影响。从亲属一端来说，过去学术界或知识界已有不少成果展现。比如，陶渊明写的桃花源里的亲属制度状况，那里面没有国家，那里的人连魏晋都不知道。再比如，陈其南说房与系谱体系宗族，埃文斯－普理查德报道的努尔人世系群，里边都没有国家的影子。但另一面，在中国，宗族又是一种被知识精英集团精心设计的东西。这就是刚才提到的那些文本，此外还有西周时期的"大宗—小宗制度"、汉代的《尔雅·释亲》、宋代的"欧苏谱法"和"义庄"。它们出自文人或儒生出身的人之手，然后又被帝国推行了，所以变成了一种国家意义上的制度。在实践中，这两个方面都得考察，都得关注。

这么多年来，我们一直把宗族当成组织来研究，其实是不对的。从儒家和帝国立场上看，它一直就是作为"礼"的一块内容，从《仪礼》《礼记》到《朱子家礼》《孔氏家仪》，皆是如此。它属于礼制的内容，不一定非得是组织。为什么弗里德曼、为什么后来的很多人类学家和社会史学家非要把中国的宗族当成组织呢？这是一个学术史困惑。我们不能拿一个西方的组织概念去理解一套本属于制度的东西。宗族，有的可能发展成一种社会组织，有的不一定能发展成组织。难道没有组织就不是宗族吗？我觉得，只有回到制度意义上来讨论，才可能是回到本来意义上来讨论宗族。

最后，宗族呈现为一个或一系列向世界表达我是谁的符号或符号体系。这是有关象征的理解。做宗族的人群跟不做宗族的人群，获得的象征满足感不同。我修祠堂了，我有谱了，表示我有礼仪，是一个儒家的文化展现。如果我不做这些，可能人家说我是个土包子，没有文明修养。汉人的谱学知识、宗族观念传到壮乡来，壮人做不做？做，意味着汉化（接受汉文化的意思）；不做，意味着保留住族群原来的文化身份与边界。历史上做宗族的人，一方面是向汉族学习，另一方面是把自己与当地的壮族进行了区分。

就像现在的大学生，你天天跟我这样一个老头（指演讲人）聊天，显得没有档次；如果你跟外教聊呢，哪怕是个洋老头，比我还老，你天天傍着他，说上两句外语，你就觉得自己不得了，成神了。现在中国各地大学、各处科研机构也是如此心态。他们到处请老外学者，好像请了老外，不管他有本事没本事，就是国际学术会议了，科研国际化了，站到世界学术前沿了。其实，这里面追求的也是一种象征感，但骨子里反映出的是一种文化自卑。

如果到乡下做宗族研究，问当地人为什么要做宗族？他们可能就会告诉你：做宗族，就会整体提高我们的修养啊，知道关心自己人啊，免得视如路人啊，周围其他村子会羡慕我们啊。这个目的不是控产单位想要的，不是弗里德曼想要的，这是要把宗族当成一个符号和象征体系来解释的。

布尔迪厄还有一对关于亲属关系的概念，即正式的亲属关系和实践的亲属关系。这组概念对于研究中国亲属制度及实践很有价值。如果我们把儒家文本里定义的亲属关系视为正式亲属关系，那么，民间实践的那套就是实践的亲属关系。这里说的民间实践的亲属关系，其实细分起来又可以分为两类：一类是按照儒家规定而实践出来的亲属关系，可能既合模又不合模；另一类是民间原有的一套亲属关系的实践。另外，正式的亲属关系与实践的亲属关系是一组相对概念。旧时代流行的正式亲属关系，可能在一个新的时代里又变成实践的亲属关系，因为新时代自有一套标准化的或正式的亲属关系，这就是所谓一个时期的大传统到下一个时代可能变成了小传统。

3. 田野里的发现

我的研究是在黄河下游，淮河北部、以曲阜孔府为中心的地域社会里开展的。20 年间我共写了三部宗族书稿，目前只出版了两部。这里只向大家汇报前两部书里的发现。田野地点在山东省费县的闵村，研究人群为闵子骞的后裔。闵子骞是孔子著名弟子，以孝道闻名于世，其事迹见于《论语》《史记》《孔子家语》《二十四孝图》等，自唐代以来进入国家祀典。到孔府大成殿里去看，闵子骞塑像站在陪祀东列的首位。

（1）《九族与乡土——一个汉人世界里的喷泉社会》

这部书的考察对象是五服九族群。在弗里德曼的著作中，五服被放在宗族下理解，它没有独立出来作为一个学术对象。我认为中国汉人社会最基本的东西就是五服、九族。

五服九族是个什么样的群体呢？五服本是古代一种丧服制度，它实际上是根据与死者的不同亲属距离来确定服丧义务、程度、时间长短等的一种文化规定。但它又是标识一定亲属体系范围的象征体系，故而可以指代一个亲属人群。

古代有五服图，呈菱形。它既包含本家，也包含姻亲，但有明确边界。若以己为中心，上边至高祖，下边至玄孙，凡九代，这是直系；若从旁系来说，己之右分别是亲兄弟、共祖兄弟、共曾祖兄弟、共高祖兄弟，己之左乃是亲姐妹、共祖姐妹、共曾祖姐妹和共高祖姐妹，凡五代。在这个菱形图里，每上一代或下一代，就旁系而言，则减少一个旁系。比如，以己之父为例，其边界止于共曾祖兄弟和共曾祖姐妹，凡四代。另外，还包括男子的各自配偶、外嫁他族的女子的丈夫和孩子们等。试想一下，参加我们婚丧嫁娶仪式的亲属亲戚不就在这个范围内吗？按照汉代经学家的理解（其中之一种理论），它也可以是九族，所以我用"五服九族"一词来称谓之。我认为，这个架构在中国社会才是最普遍的，而宗族并不是最普遍的。

历史学家钱杭说，这是世界世系群里面独一无二的现象，因为它具有明确边界、规模和范围。这个见识了不得。如果排除外嫁女子及其亲属，按人类学家拉德克里夫-布朗的规定，三代就是一个世系群。这都有九代了，显然可以叫宗族。周代小宗制度规定，小宗仅五世（五世则迁），难道不是一类宗族吗？可是，咱们人类学家，很多人一谈起宗族，好像都是十几代、几十代才叫宗族，得大规模化。难道几代的父系结构就不叫宗族吗？我认为，我们的人类学家真地不懂中国历史，不懂中国过去的文化制度。小宗也是宗族，大宗也是宗族的，是不同的类型的宗族而已。还有的学者说，宗法不是宗族，宗族才是宗族，包括林耀华先生以及差不多所有历史学家。我认为，这是在不同人群里流行的宗族：贵族实践的宗族叫宗法，我们这些老百姓实践的宗族就叫宗族。按照地缘，学术界认为有华北宗族、华南宗族，可为什么不能根据阶级或阶层而分出贵族宗族和老百姓宗族呢？当然，有人会说，中古时期的宗族就是贵族宗族。若有这番见识，说明你不同于流俗。可事实上，我没有见到这样的学者和这样的说法。他们只把中古时期的宗族叫大族、士族，含含糊糊地不敢挑明叫宗族。

有一年，徐杰舜教授访问我，他认为五服九族这个架构很重要，因为它是理解中国基层社会尤其汉人社会最基本的东西。他反问道：哪个村、哪个家没有？哪个人不在这个框架里边？庄孔韶教授也觉得这个架构重要，他多次公开著文称：这可能打开汉人社会研究的新方向，产生新的知识增长点，将我们的注意力转移到一个新的重心和方向上来。

在广大历史学家那里，包括人类学家芮逸夫、卫惠林、瞿同祖这些人，一讨论五服九族制度，就是在中国古代文献里进行考证分析，试图弄清其亲属边界、范围和权利义务，皆属于纸上谈兵。比如，汉代古文经学派眼里的九族是一个父系的结构，即上至高祖下至玄孙，凡九代之谓。这个解释最早见于《尚书·孔传》："九族，上自高祖下至玄孙凡九族。"而今文经学派却坚持，九族乃有异姓之族，包括父族四、母之父族三、妻之父族二。汉代《尔雅·释亲》将九族首先分为己之宗族、己之母党、己之妻族和己之婚姻集团（包含妇党和媳党）四类。

一个完整的五服九族群可分为本家或本宗意义上的"五服九族"与"姻亲"两部分。它们是围绕生命个体及其家庭的两股力量；它们共同构成一个太极图，个体及其核心家庭是太极图的中心，而本家和姻亲就是围绕着这个中心的阴阳鱼。我认为，整体性五服九族是中国古代太极哲学的一个具体呈现，或者说这套既包含"同姓宗族群体"，又包含"异姓宗族集群"的亲属制度的哲学之根在太极图，更远可追溯至《周易》中的阴阳哲学。

我的这项研究纵穿了文献与田野，但以田野为主，以田野来对照文献，看文献中这套架构在今日人民的日常生活里如何实践，这就勾连传统文史研究和现代经验研究两大学科系统。我认为，这才是新文科视野下的未来学术发展方向。

我们说五服是个丧服制度，但在山东费县闵村及其地域社会中不仅仅是体现在葬礼上，作为一个亲属单位，它还体现在生孩子、结婚、岁时节日、日常生活、建房子等仪式和活动上。在仪式上，五服是个礼仪单位，但也有互助的功能，它实际上突破了丧服制度的意义设计。

在制度设计上它体现的是儒家的伦理关怀。帝国的法律体系里有准五服法，从晋代就开始有五服的法律规定，之后，大唐律例、大宋律例、大明律例、大清律例，还有历朝会典，都有明确的对于五服的规定。历代帝国，从法律意义上规定了以己为中心的亲属权利和义务，但日常生活里还有人情交往，包括人情交往的原则和个体的盘算。所以，不能单纯地视其为一个儒家伦理问题，还包含人情概念，还有西方的个体或者是一个中国文化里个体的价值和情感取向。仪式和日常生活里展现出的是儒家伦理原则与自私性的不断对话与较量。如果老是讲《朱子家礼》，那就是儒家的东西了，就容易理解成人们的行为都是按照《朱子家礼》规定去做，就会看不到活生生的这套东西，看不到人情和个体的判断机制。

国际人类学界长期流行继嗣与交换两种分析模式。前者是关于世系群和宗族的研究，以拉德克里夫－布朗、林耀华、埃文斯－普理查德、福忒斯、弗里德曼为代表；后者，即讲婚姻交换，以法国人类学家列维－施特劳斯为代表。从财产传递角度讲，继嗣制度是：祖先的财富传给子孙后代；交换模式是：财富以礼物的方式向姻亲群体传递或扩散。列维－施特劳斯瞧不起继嗣模式，在他的眼里交换才是重要的；而搞世系学的学者认为，继嗣或世系才是最重要的、优先的、第一的。两派一直在争论，七八十年了。我觉得，这些争论完全能够在我的书里、在我的实践研究里统合起来，并化解掉双方的争论。

事实上，在现实场景或场域里，五服九族亲属团体是一个非常灵活、有弹性的架构，它绝对不像文献上讲的那样死板。在文献上，五服集团是一个包含异姓的亲属联合群，但在现实里往往指单纯的父系结构，即排除掉外嫁女子及其丈夫儿女等人。当然，这个架构却包括外族嫁进来的女子以及还未出嫁的女子，人们习惯上称之为"本家"，这是汉人亲属活动的最基本前提。

本家意义上的"五服九族"实际上是一个礼仪单位。比如说，搞结婚仪式，单个家庭力量是不够的，那就一个高祖下的一帮人都来帮忙——做礼仪。亲戚们一个个都来了，"五服九族"作为一个单位去招待客人。丧葬仪式同样如此，而且涉及的亲属亲戚范围更大。比如，我的外祖父去世了，不仅我的父母、我的兄弟及其配偶，我的姊妹及其配偶都去参加丧仪。除此外，我的高祖以下的诸叔伯家每家都要派两个代表，作为一个父系的九族单位去参加。

"五服九族"是一个钱币的两个方面。在我们自己村子里，当我们家举行仪式时，它是父系的；我姥姥的家族、我姑的家族、我妹妹的家族、我岳父的五服九族，他们是我们的姻亲，要是他们那边有事，我们也去参加仪式，那么，我的五服九族就是人家的亲戚或姻亲。所以，我觉得单纯地从父系或姻亲角度去理解，都有问题，都说不通。只有回到场景里，回到仪式里，回到场域里，才能说清楚。

围绕着每个人、每场仪式，也不是按照古代文献规定的亲属范围和人数举行。这些古典文本规定的亲属不是都参加或出席每一个仪式。就规模而言，现实里，聚合的规模范围不同。丧葬仪式上来的人最多，结婚仪式次之，生育仪式第三，祭祀仪式第四。我不知道壮家是什么样子，是不是也是丧葬参与规模最多、最大？这里是有变动的，也就是纸上规定的那些亲属不一定每个场景全到位，它是有规定的，有场景要求的。我们要讲活生生的现实，单纯做文献考证有多大意义？

在不同生命个体和家庭身边的亲属范围规模是不一样的。混得好的人，大老板、县长，他们周围的亲戚就多，亲属就多，穷老百姓就少。可以说，那张菱形图面对所有的人都有意义，但是对每个个体、不同类型的家庭或家族，意义又不同、价值分大小。个体拥有的各类资本，包括家庭拥有的各类资本及其规模都有出入和差异。拥有资本少的人或家庭，可能拥有的实际亲属就会变少。这就是人们常说的"富在深山有远亲，穷在闹市无人问"。人穷了，亲戚也看不起；人富了，有地位了，八竿子碰不到的亲戚也来了，也认亲了。中国老百姓没有学习过皮埃尔－布尔迪厄的实践理论，但他们活得非常富有实践感。

对费孝通先生的"差序格局"理论，这些年大家都在传讲，在学术上很吃香。拿它来指导自己的研究，用这个概念去到不同地方或社会里观察，没人敢推翻。但我发现，在我研究那些田野点上，逢年过节有些人不去看望自己的亲叔叔亲伯父，反而跑到五服九族圈子之外的叔叔家、伯父家、爷爷家去送礼物。为什么？因为，比如说，送礼者在当地中学当老师，他很远的族叔在县里当教育局局长，他想评职称，想得到提拔当校长，所以，就与他八竿子打不着的族亲或亲戚互动，而且频繁互动。这超出了"差序格局"解释范围，该理论对此失效了。

可以看出，人们头脑里是有判断或合计的。我在田野中发现，关于五服九族，地方人民的头脑里有一个理想的形态。有的人、有的家族实践正好是菱形图中五服九族；有的人家超越了这个规模，在世系线上越过高祖才能把他们系在一起；但有的集团，还没到高祖就提前分开了，裂变成好几个父系单位。出于好奇，我问了其中原因。他们告诉我："规模大了，人太多、家数太多的时候，亲戚来往起来不方便。不是这家亲戚死人，就是那家的亲戚死人，出殡的信儿送来了，送给当事的家庭，但我们每一家都得陪着去行人情，参加仪式。我们哪有那么多时间和财力啊？所以，太大了不行，我们要提前分服。"对于超过了高祖还在一起的情况，当地人的解释是："我们人数少，搞丧葬仪式时候队伍不长，不好看，所以我们得用很多人。只能扩大下范围，反正我爷爷那辈我们就一直在一起，干吗要分开呢？"这里边有个规律呈现出来，即，用理想类型解决不了现实问题时，就放大或缩小；一旦条件允许，就又立刻弹回到理想状态。这是一个典型的实践理论可发挥作用的对象。

我们一定要用动态的、生成的态度观察五服九族，尽管它有一定的给定性。好像我们一生下来亲属群体——五服九族——框架就给我们准备好了，但实际上并不是，这里面存在一个不断安装、建构和生成的过程。试想：我们一生下来，只要能听懂话了，懂事了，大人就叫我们喊爸爸、喊妈妈、喊爷爷、喊奶奶、喊叔叔、喊姑姑……这个过程是在做什么呢？实际就是在建构亲属关系体系。再看生育仪式，比如送祝米、抓阄、过百天、过生日等，亲戚们都来了，带着礼物，送来各种人生祝福。还有长大了找对象、相亲，无论男孩还是女孩，父母担心一个人去看不准，就约了出嫁的姐姐、五服九族内的嫂子、五服九族内诸婶母伯母帮着掌眼力。男孩和女孩双方的亲属或姻亲差不多都是一样的。如果这对青年男女未来成了夫妻，那么，双方相看的过程就是一个亲属关系开始建构的过程、生成的过程。因为在这种仪式上，大家彼此用亲属称谓来称呼对方。一旦定下亲事，双方父母、祖父母一旦生病，男孩或女孩就会去看望，甚至有的会留下来照顾几天。出嫁前，女孩要到父亲祖先的墓地上坟，意思是告别父族的灵魂；婚姻仪式后，次日新娘要到丈夫五服九族内诸家庭里拜望长辈，并给每个人送一双鞋子：谐音"送孩子"。还有，新娘要到夫族的祠堂或祖先的墓地里祭拜，实际是禀告列祖列宗家里又添了一口人：我来报道了。这一系列活动都是亲属关系建构。我们看到，虽然文本里给我们规定了亲属关系和范围，包括前辈人给我们留下了各种亲属和姻亲，但还要通过一个个仪式或场域去建构起来。这是一个自我主动的建构和生成的过程。

《九族与乡土》一书最重要的学术心得是"喷泉社会"或"九族连环社会"理论。

整个闵村给我留下了深刻印象。个体因为婚姻组成一个核心家庭或基础家族，绝大部分核心家庭或基础家族皆能向上生长发育为一个五服九族，但是到达五服群边缘时，迫于生存压力，五服九族就不再沿着世系线往上继续生长发育了；相反，多余的房支就会自动从这个结构上滑落下去，又裂变或回归为若干个五服群。而另外少数核心家庭或基础家族则在发育过程中超越了五服边界，但这些房支如果上移参考点的话，仍然是一个个五服九族群。还有少数核心家庭或基础家族在向上生长的过程中，尚未到达五服边界就分裂了。在第一种情形里，五服九族亲属的实践理念与其文化功能是相吻合的；但在第二、第三两种情形下，由于现实的人口压力（要么偏大，要么偏小）及其带来的生存压力，无法实现理念中的五服九族，我称之为"准五服九族"。从准五服九族结构中的人们不能实现五服九族制度而产生的痛苦和焦虑可以感觉出，五服九族是一个理想类型或文化的常数，是闵村人内心所渴望而追求的东西。

每个五服九族或准五服九族是平等的，并不存在弗里德曼所说的内部分化和不平等现象。如果把每一个五服九族群体或准五服九族群体比喻成一股股喷泉，那么，每股喷泉喷涌到一定高度就会自动脱落，而闵村就是一个大水池。数年来我在闵村周围的地方社会中予以验证，发现这些村落除了没有祠堂、没有雄厚的族产外，更没有一点宗族组织的迹象，但他们无一例外地拥有同闵村闵氏宗族一样发达而均衡的五服九族结构和少数准五服九族结构。于是，整个区域社会看上去，是由若干的村子组成，每个村子里分布着若干本宗五服九族和少数准五服九族，这些本宗五服九族和少数准五服九族又通过个体的婚姻而链接在一起。我称这样的社会为"喷泉社会"。

显然，这不同于林耀华先生描述的义序宗族，因为义序宗族是从五服九族一直发展上去的。

随着五服九族群体的自动调整，其姻亲团体也相应跟着调整。最后，整个区域就会变成一个大水池，一个个五服—姻亲共同体（整体性九族）构成一个个喷泉，而喷泉与喷泉之间又通过个体婚姻而彼此勾连，于是就形成了一定区域内乡村共同体。由于其以五服九族为考虑的基点，于是我称之为"九族连环社会"，这才是中国乡土生成的基本逻辑。

费孝通有一个"乡土社会"概念，实际上是从差序格局中的个体开始的，本质上也是一种地缘与血缘结合体。我的"九族连环社会"概念，是从父系的五服九族为起点来讲的，它就像一个集成块。费孝通只是笼统地谈到因地缘和血缘关系而成为乡亲；我认为，乡亲就是亲戚的亲戚，因为都居住在不远的地域社会里。所以，"九族连环社会"概念与费孝通的"乡土社会"概念有着质的不同。

前文讲过，长期以来国际人类学亲属制度研究一直围绕着继嗣制度和交换制度在争论，各自强调自己的价值和优先性。山东闵村人民的实践经验告诉我们：现实中根本就不存在这样的分裂。所以，前文讲它是一个钱币的两面，在实践中非常灵活，地方人民娴熟地操之若杂技。我个人认为，《九族与乡土》为中国人类学在国际上争得话语权做出了自己的贡献。

（2）接下来介绍第二本书——《在国家与亲属间游移：一个华北汉人村落宗族的历史叙事和文化实践》。

在这部书里，我系统地展现了宗族的实践性。当然，也包括个人理解的历史人类学主张。

在黄河下游和淮河北部流域，有许多村落居住着闵姓人群，他们的祠堂里只供奉着祖先闵子骞，这一点很不同于华南或东南祖祠，因为那里除了供奉始迁祖以外，祠堂里还供奉着高祖以上及始迁祖以下的先祖神主。东南和华南的祠堂里，祖先神主一排一排的，有很多。闵氏宗族建设跟帝国的皇帝有关。康熙三十八年公历年，这一地区的 12 个闵子祠叫康熙整合在了一起，形成了一个大宗—诸小宗结构的宗族联盟。帝国为他们设立了一名世袭翰林院五经博士兼奉祠生，正八品，实际即族长，来管理他们。除了权力外，还赐给了他们部分族产。这名族长听孔府衍圣公调遣，当然也听礼部和吏部的。

实际上，他们的庙里供奉的是一位文化英雄、道德伟人。按照历史学家的见解，闵子祠当属于名人特庙。但能说它不是祠堂吗？各地闵氏族人就在各地的闵子祠里办公，承担着林耀华和弗里德曼所讲的祠堂功能，处理族务。他们在此举行祭祖仪式，进行宗亲联谊，凝构成一个个地域性共同体。它在形式上不符合东南、华南祠堂的样制，但难道不能叫祠堂吗？为什么非得拿着一个地域性概念而不承认其他地方的祠堂是祠堂呢？为什么在认识上那么排外？拿了一个外来标准去衡量，这是不尊重地方人民的实践，不尊重文化的主体性。对人类学家来说，如果不尊重被调查对象，不能按照他们的思维来理解他们，这是最大的败笔。所以，必须尊重地方人民的实践，包括他们的理解、他们的体验。

拿费县闵村闵子祠里的祖先即闵子骞来说，他既是一个亲属人群的祖先，也是国家的一个公共神明或地方教化神明，两者合二为一。自唐代以来，受到历代皇帝的册封。他是儒学的具体而微，因为他身上的孝道和实践的孝行是孔子或儒家伦理道德的具体表现。宋元明清历代地方政府的县令都要到费县闵村闵子祠里祭拜他，每隔一段时间就去祭拜神明。闵子骞和闵子祠是一个符号，政府和地方人民都可以通过这个符号去表达意义。

闵氏宗族有少量族产，但族产不是主要的，更不是目的，因为它们被用来搞祭仪。每次祭祖仪式，实际是把祖先身上拥有的孝道安装在现实中活着的子孙身上，目的是叫子孙做孝子。村里许多老人对我说，儿媳们把娘家爹娘当爹娘，把公公婆婆不当作爹娘。他们要解决这个问题，教育不肖子孙，这就是该宗族当下最重要的一个文化设计。

考察历代和当代宗族建设，包括闵子祭仪，均非闵氏宗族私家的事情，因为地方官员也来参加。拿现在的宗祠修建和祖先祭仪来说，闵村支部书记、村长到各处化缘要钱，县级一些部门、镇政府及下属各单位、单位里的干部、全镇各村支部书记都捐钱。一般的印象中，宗族活动是一个宗亲内部的事务。我们用这个理解来定义宗族，显然闵村闵氏宗族不符合这样的定义。但闵氏族人说，这就是宗族。闵氏族人给出的回答是：我们是在利用政府的资源和力量来做我们的事。而地方政府说：我们利用他们祖先身上的传统文化和道德资源来教育地方人民；教育好了年轻人，教他们孝顺老人，农村养老就解决了，这也是替国家做事：解决地方的福利，我们当然要支持，要站台。在此看到，国家和亲属制度搅和在一起，是分不开的。

几十年来，人类学家写了大量的书和文章去描述当代宗族热火朝天的文化复兴或重建，好像所有的人都参加，其实不然。我在调查中发现，有的族人热心参加宗族活动，有的族人不热心宗族建设。比如，一个人是基督徒，他就不愿意捐钱；有的族人欣赏儒家那套伦理价值观念，建祠或祭祖时会主动捐钱，并且他认为，这是对老祖要尽的义务，属于孝道的内容。修建闵子祠时有一户没捐钱，次年孩子考了大学，到村委去开证明迁户口，村主任说："你得把建老祖庙应捐的钱给捐献了，要不然不给你盖章，不给孩子迁户口。咱老祖庙虽然修起来了，但还有一部分债没给人家建筑队。"户主没办法就交上了。其他人家听到这件事情，也主动提前补交了钱，免得临时有事让自己被动和难堪。这是宗族建设过程中发生的事情。可是，传统文化复兴论者没有把这些差异性的声音呈现出来。实践论就是要呈现这种多元声音、个体算计的声音，要把一个真实的历史状态在民族志文本里展现出来。

什么叫国家？谁能代表国家？村里领导能代表国家吗？在实践中我们发现，许多村干部在借助国家或国家话语说话，以满足自我利益。不要被个体表面话语所蒙蔽，要看表面话语背后的真实东西是什么。实践极其复杂，只有深入主体的内心世界，才能了解社会运转的秘密。

什么叫宗族？宗族由谁来实践？地方政府参与宗族仪式和祠堂建设，是不是国家在地方上制造国家，且再造国家？宗族借助国家的力量造族，是不是也在把自己编织进国家里面？形成国家和地方人群的文化合谋？

在实践中我发现，有时国家不是国家，宗族也不是宗族，国家和宗族的界限会消融，消融在彼此的主体性里，也消融在实践者个体的心性之中。有的人拿国家说事，有的人拿宗族说事。比如有一个人，他下一步要竞选村支书，所以要把宗族弄起来，把祠堂建起来，让大家觉得他是为老祖办事、办件好事，期望大家都投票以支持他当村支书。当深入主体内心世界的时候，我们发现国家和宗族都消失了，都只是剩下个空壳。成为空壳后，在外观或客观看上去，就像实践者在两者间游移，其实就实践者而言，他自己是有主张的，一切都围绕他转，这一点是确定无疑的。他在事事流转中而利己之心不转。所以，没有个体，没有实践者的主体性，就无从谈论国家与宗族的互相消融。

但是也要辩证地看问题，要看到实践中的国家就是国家，宗族就是宗族，要看到国家和宗族之间的互渗：亲属观念进入国家体制网络内，国家观念也进入地方宗族内部，它们混淆在一起。所以，闵村经验没有让我感觉到两个学科（人类学和历史学）之间解释的张力：我们很难说清楚宗族是国家的还是亲属制度意义上的东西。这个案例很有意思，可以横跨在两个学科之间讨论一些问题。

看到这一步后，我就继续思考：宗族的功能究竟是什么？是控产单位吗？是为了分得族产利息吗？是张载所云的"官摄天下人心，收宗族，厚风俗，使人不忘本"吗？我们只有用实践论才能看到这些活生生的个体，要不然，我们所有的人类学民族学学问都是假的。

《在国家与亲属间游移》最重要的工作是提出了"宗族游移论"。这是一个多层次的理论阐述。

就山东闵村闵氏人群实践的五服九族制度而言，它一方面是帝国礼仪规定；另一方面又是地方人民在乡村世界里赖以为生的亲属互助制度，而且后者是其存在的基本面相。就闵子祠及闵子祭祀制度而言，站在国家角度讲，它属于国家祀典的一块内容，承担着将儒家伦理贯彻到基层的重任，教化地方，维持地方秩序。但从亲属制度而言，闵子祠及闵子祭祀首先教育的是现实中闵氏人群，让他们获得孝道，具备孝行，这有助于履行亲属间的权利与义务。从20世纪前半期以来，闵村闵氏宗族裂变为两个地域分支世系群，即"前闵村"和"后闵村"。各分支世系群的代表或轮流成为村落政权的领导人，或同时组成一个领导班子从事管理工作。他们既代表各自分支的利益，也是国家在基层的政权代表。他们在处理族务的时候，究竟偏向哪个端点？有时，当国家利益与人民利益存在矛盾时，其中一伙倾向于国家利益一端，另一伙倾向于地方人民一端，这个时候也出现游移现象，显然他们要在国家利益和父系亲属利益之间权衡与取舍，游移而摇摆。

传统帝国时期，这两个端点之间存在相当的默契，可是自近代以来却出现了分裂。这个时候，听哪一头的？这个拽左耳朵，那个拽右耳朵，宗族就是在这样拽来拽去中往前走。这就像磅秤上的游码，在两个端点之间滑动。中国各地的宗族都在这个横轴上：不是在这个位置，就是在那个位置。所以，"游移论"能够把中国所有的宗族实践装进来，今后我们要建立一个类光谱分析模型。

两个端点都有磁力，都想吸引秤杆中间位置的宗族人群。当然，处于秤杆中间位置的宗族人群也有自己的盘算和历史惯习，不是说他们就是没有主心骨和定力的存在。他们也想自我定义，但在国家强大的场景或场域里，这伙人可能被国家定义了。比如说，建造宗族的领袖是国家的某个部长或省长，哪怕是地方上的市长、县长，甚至局长、镇长，他都会要求族人遵纪守法，完成对国家应尽的义务。如此，造出来的宗族就是国家意义的宗族；如果宗族成员里没有官员牵引，那么，它就被建造成老百姓的宗族，更多体现为亲属制度意义上的东西。

如果这个横轴或秤杆变成时间轴，我们就会发现：同一个宗族在不同历史时段滑向不同的端点。在明代清代，它滑向国家一端，但在近代（当没有一个稳定政权的时候），它就把自己实践成更多属于地方亲属题词的东西。即便同一个码，同一个时段，但它在不同的场景或场域中，也是不断游移的。

当横轴变成社会空间场景，同样会发生游移现象。生计场景、各种人生仪式场景，甚至族际场景（族外互动，乃至械斗），哪个宗族成员不是要穿梭或游移于这些场景之中？这些场景在被理解和实践成纯粹民间性网络的同时，也可以塞进一部分当代国家提倡的内容，致使里边充满了国家的各种符号。

原先闵村闵氏宗族是一个共同体，但自民国以来却因为种种原因裂变为两个地域或空间群体，并存在竞争。他们势均力敌，若想占据上风，就得利用村落世界之外的力量和资源。这种情况导致了他们竞相利用外部力量来格定自己在村落内部的社会地位。民国后期，前村世系群跟着国民党走，后村地缘性群体跟着八路军115师走，至解放战争时期，由于国共两党在地方上存在拉锯战，致使这个宗族被演绎成摇摆或游移的状态。新中国成立以后，后村世系群代表掌握了村落行政权力，直至改革开放；而改革开放后，前村世系群代表掌控了村落领导权，于是出现了"三十年河东，三十年河西"的游移局面。所以，游移也体现在闵氏宗族的政治生活中。

游移论还涵盖了混生现象。何谓"混生"？中国没有哪个宗族单纯听命于国家意志，也没有哪个宗族任凭亲属原则支配，两种原则纠缠在一起而影响宗族实践。宗族在建造的时候引进了国家的资源，结果被国家支配和影响，最终塑造了面貌，但不能漠视宗族人群的能动性、主观性和主体性，他们只是借国家的巧儿来做自己的事罢了。在历史事件场景中，国家意志和亲属原则，不论互相排挤还是密切合作，双方均试图通过彼此而达成自我的目的。所以国家希望通过闵族实现地方社会的良序运行、道德风尚的建设；宗族也满足了自己各种实际的和象征的愿望。"混生"还有其他语义，有兴趣的同学和老师可以阅读拙著有关部分，这里不再赘述。

《在国家与亲属间游移》还做了一件有意义的学术工作，那就是彻底地批判了"社会或文化变迁论"。什么是变迁论？传统时期，帝国支持人民建宗族，当然也怕宗族大了闹事儿。现代中国不建议地方建宗族，于是，宗族遭到了破坏，由此中国社会与文化变迁了。我认为，这仅仅是看到了经验层面和制度层面的东西，未能深入集体认知的底层、触及深层模式化的内容。

在传统帝国时期，国家叫地方人群建造宗族，他们就建造宗族；特殊历史时期，政府叫地方人群拆掉祠堂，他们就拆掉祠堂，叫他们烧掉族谱，他们就烧掉族谱，叫他们停止祠堂内的祖先祭仪，他们就停止祖先祭仪，叫他们把宗族的集体土地拿出来成为生产队的土地，他们就贡献出来。在此，我们看到：地方人民与国家的配合方式没变，由此我断定，小传统与大传统合作模式及认知模式没有发生变化。所以，变迁论在解释中国历史经验上存在问题。变迁论只是看到了现象，没有看到中国人民思维认知图式的连续性和稳定性。最近40年来，一大批人类学家生产了有关中国社会文化变迁论的民族志，这些民族志在实践论看来都或多或少地存在问题，因为没有看到一个连续的中国，没有看到一个文化中国的语法规则。

4. 方法论上的总结：如何开展宗族研究？

这里分成几个层次来讲。

首先，要把宗族置于一个四维坐标轴上来理解。横轴，亦称第一轴，把"宗族和姻亲"看作共同体：包括本宗九族共同体、整体性九族共同体和大规模宗族共同体，既考察其内部构造，也关注其功能。我已在拙作《九族与乡土》中进行了尝试性研究。纵轴，亦称第二轴，注重国家与地方社会的关系或互动，形成谷川道雄意义上的"国家共同体"，或张小军意义上的士大夫、国家与庶民共谋的"共主体性"，既思考国家与地方社会之间形成的结构，也注意彼此之间功能上的互补。但是，在考虑国家与地方成为一个共同体的同时，也要意识到，在特定时段或历史场景下，二者并未达成一个共同体的事实，即两者间的疏离。这攸关共同体的实践问题（包含了其中的异质性和多元性）。前两轴包含了从亲属原则和国家意志两个视角的观察。第三轴是时间轴，以实践中的线性历史观和意义的历史观双重视角考察宗族问题：既放在"文化生成论"（布尔迪厄的理论实际上是一个文化如何生成的理论）和"文化变迁论"所理解的历史形成过程里去观察一个宗族，看其在不同时段里的演变和叙事，也要从反对现代化线性思维的"意义的历史"观出发去思考宗族共同体如何将传统或历史引入当下，在时间上的"连续体与变迁体"框架中理解宗族现象。这里尤其要注意考察：非线性时间与线性时间之间的互动与关系。非线性时间不单纯是批判、颠覆线性时间，大部分情景下也挂靠在线性时间叙事架构上。第四轴把宗族看作客观与主观、外在与内在相结合的共同体。这里的"客观"与"外在"是从实体意义角度来理解的，举凡组织、结构、形态、功能都在其视野之列；而"主观"和"内在"，多从人民赋予自己的行为或行动以"意义"的立场上去考察，它们共同被统一于实践中。

这四个维度之间彼此具有互补关系，同时也具有相互阐发的内在逻辑设计。比如，第三轴里的"意义的历史"与第四轴里的"主观"和"内在"，就存在这种关联。我在此称这种研究模式为"历史实践论"。"历史实践论"并不是文化变迁论或过程主义与结构功能论的简单相加，它更应该被理解为"历史被实践"和"结构被实践"，"历史在实践"和"结构在实践"，以及"实践出来的不是历史"和"实践出来的不是结构"，即"历史"和"结构"在实践中既可能被尊重，也可能被突破的一种研究。现有实践的中国经验研究仅仅强调"实践与表述"的背离是不够的。

其次，要把宗族研究当作一种认识论工具，一种认知其他事物方法设计，绝不是为了认识宗族而认识宗族。有了这种关怀，就会发现：宗族是一个人类的制造物。

考古学是研究陶器、青铜器这些器物的，这些器物都是人类制造物；语言人类学是研究语言的，语言也是人类的制造物；社会人类学是研究社会的，社会也是人类的制造物；文化人类学是研究文化的，文化也是人类的制造物；宗教人类学是研究宗教信仰的，宗教信仰也是人类的制造物；艺术人类学是研究艺术的，艺术也属于人类制造物……我觉得，人类学的几个分支学科，都是研究人类的制造物的。但研究制造物不是最终目的，而是要通过制造物去研究人类这个原初目标，要回到人的人类学。

实践论的宗族研究与其说是研究宗族，毋宁说是看人们如何解释宗族，人们如何玩儿宗族以及宗族如何造人。

本次讲座开头回顾了百年中国宗族研究，列举了许多学说，但这些争论都是讲：宗族是什么，用什么定义宗族。我也一度关心这些问题，但后来意识到，这不是人类学终极的问题，更不是学科的原初问题。这多亏了我跟吴新智院士做体质人类学的博士后，使我明白了人类学的真正目的是什么。我朝前迈了一步，去观察：人们怎么解释宗族，人们如何玩儿宗族，在玩儿宗族的过程中人如何被宗族给玩儿了，即宗族如何参与了制造人的过程。我们要看到一套活的东西，不要再盯着系谱、控产单位等去研究。我这个时候蓦然发现，宗族是解决人心问题的文化装置。

张载《宗法》篇上来就讲，"官摄天下人心，收宗族，厚风俗，使人不忘本"。这是宗法篇的第一段第一句，是中国宗族建设大纲。在这句总纲里，丝毫看不出功利目的或经济目的。苏洵讲"情见乎亲，亲见于服""无服则亲尽，亲尽则情尽，情尽则喜不庆、忧不吊，喜不庆、忧不吊则途人也"，鉴于此，他要通过族谱来收族。原来宗族之设是为了解决五服九族制度所不能解决的问题，因为五服九族制所收拢的族人有限。在这里，苏老也没提到功利的目的。

我研究闵氏宗族，他们反复强调"洙泗心传"四字。何谓"洙泗心传"？孔庙就在洙水泗水旁，洙水发源于孔林，泗水旁埋葬着孔子的父母，即启圣林，距离曲阜城不足15公里。我忽然顿悟到，闵氏祭祖的目的在于传达和播布洙泗之心。这个"心"，在我之前，不论是人类学家还是历史学家都忽略了，就觉得是一般的人心。其实，不只是一般意义上的"人心"之心，应该是理学家的心性之"心"。当然，也是原始儒学之"心"，即"仁"。不论是程明道在山西晋城推行乡约，王阳明在南赣贯彻乡约，还是宋濂在浙江造宗族，朱熹设计与推行家礼，抑或是孔继汾搞孔氏家仪，我认为都是理学家或儒学家在"心"上下功夫。目前宗教学的研究表明，早期的儒家是做礼仪的，《周礼》《仪礼》《礼记》是做礼仪的；后来的新儒学是做心的、做心性的。所以，我觉得未来的宗族研究要向实践论转，要向观察"心"转，这可能是最重要的一个突破口和方向。

最后，我强调中国传统人文学、文史学与西方社会科学相结合的人类学之路。布尔迪厄实践论只是单纯的西方社会科学。今天很多人类学家英文很好，但读不懂中国古代碑刻，读不懂我们过去的文言文甚至经典文献，更谈不上懂得中国哲学和历史。这个情况，怎么能研究中国？有的人光切割一段当代中国作考察，但并不了解当代中国如何从传统中国转换出来。怎么能行？我强调研究中国社会，研究中国人，要注重文献与田野间的双向阅读。不是单纯地考察田野，而是要看文献如何制造了地方社会以及地方社会中的人民，看地方社会里的人们如何解读文献。这样，才能把传统文史学和人类学的田野沟通起来。同样，做文史学的人，比如古代哲学研究者和古代文学研究者，他们也做不到两者的贯通，他们只是蹲在书斋里读书而已。我的研究试图打通文献中国研究和经验中国研究之间的隔阂，打通哲学、制度、教育和经验相贯通的人类学之路。

三　对布尔迪厄实践论的超越和对自我局限性的认知

我们不只是在一些具体话题上提出一些新的见解，也要在大理论上有想法，不能简单地停留在对西方人类学的译介上。中国社会的独特经验，中国数千年的历史累积，中国丰厚的古典文献及古典文献里的智慧，都应该问鼎世界性的大理论，至少敢于对大理论发起冲锋，这是建学术话语体系的必要心态。

1. 对布尔迪厄的超越

绝大多数人类学家参照西方人类学某一理论流派在中国开展田野研究，往往只就具体问题域展开对话，小打小闹，却没有勇气和抱负超越所参照的理论，最终让中国经验沦为印证西方人类学理论正确的注脚，致使百余年来中国人类学一直沦为西方的附庸（我是指理论上）。我在闵村的研究态度不是这样的，我用布尔迪厄的实践人类学，但又对它有所反思与修正。

首先，就"人观"而言，布尔迪厄实践论中的"人"是西方市场经验中的人，打上了中产阶级沙龙里的个体印记。我研究的"人"具有多个向度，既是自然之人，也是文化里的人。就后者而言，在我的文本里既有被儒家长久熏制的人，也有被各种现代化观念和共产主义思想制造出来的人，还有被引入的西方基督教创造出来的个体（这个"人"并非费孝通先生差序格局里的个体）。我一方面看自然的人如何与文化的人之间争斗，另一方面看不同文化观念制造出来的人之间如何互动，尤其是如何争相占领实践者，并塑造实践者。我在外形上套用了布尔迪厄的理论，但是把该理论最核心的部件，即人观给抽出来了，放进去了一个中国文化里的人（其中之一），完成了置换与改造，类似今天生物科学技术领域里的基因编辑手术。

其次，布尔迪厄实践论没有历史的考量。他讨论文化的再生产。再生产意味着中国没有变化，不往前走了，那是不可能的。我们看到传统帝国时期到民国到现在，中国在不断转变。在这个过程中，中国宗族从一个场景转换到另一个场景，就是一部中国历史。布尔迪厄的理论有个"场域"概念，我认为从一个场域到下一个场域的转换就是变迁。这一点是布尔迪厄的思想中所没有的，我加进去了，解决了实践论没有变迁和时间的短板。

最后，就是我起用了中国古典文献里的"文化"概念。文化，是人类学最重要的关键词，但一直以来，中国学术界使用的都是西方的概念。中国古典文献的文化概念是相对于"武化"一词而来的，是指用文献、典章制度来"风化"或"归化"人。因而，中国"文化"是一个动词，它不是一个关于静态的或拼盘式的陈述。具体体现在四句话里：哲学家发明，政治家强化，教育家推行，民人所实践。

2. 对自我局限性的认知

20 世纪 60 年代后，特别是法国 1968 年雾月风暴后，西方人类学陷入了一片认知幻灭的境地，产生了后现代实验民族志。在这股人类学末世情怀及哀叹中，布尔迪厄的实践论重新给了人们以信心，带来一股新风气：认知世界不是不可能。实践理论确信有个实在等待我们去认知，并也能够达成认知。只是此前，那些理论流派限于片面，看问题不能一刀断根。所以，实践人类学是面对前面所有理论流派的局限性而培育出来的一个学说模式。这一点值得我们信赖。

尽管我自己非常偏爱实践理论，但必须认识到：从实践论出发也是一个我执。我所呈现的民族志图像很可能是我选择的理论建构出来的图像。所以，大家要对我以上的报告保持高度警惕。

布尔迪厄实践论原本是踢开文化模式的，正因为他讨厌文化模式才提出了实践的见解。因为文化模式控制了人们的所思所想及所做，不能给人以灵活性。尤其是人们面对一个情境，做出具体行为或说出某句话语之前的一刹那，所展现的身体的那种倾向性、预判性，让布尔迪厄解释得非常剔透。我明知布尔迪厄的心中所想和理论追求，但又设计了一个中国文化里的"人"去展现实践魅力，这就等于给实践者捆上了绳索。这是否意味着，这在本质上是反实践论人类学的？值得我们进一步深刻反思。

另外，我反对要素主义，但又把宗族、五服九族制度列为辨认汉人及汉人社会的指标，乃至 Chinese 的一个表征，这是不是又堕入了要素主义认知模式的深渊？

我不避讳裸露自己思想理路上的矛盾与张力，但囿于时间，来不及展开了，希望将来有机会再与大家交流，也更希望大家帮我解开悖论窘局。

今天下午，啰里啰唆、重言倒语地讲了不少，大家很劳累了。欢迎各位专家、同学就我的人类学尝试进行批评指正！

四　问答

罗彩娟： 非常感谢杜教授！今天他不辞辛劳，一下飞机就直奔我们的讲座会场，给我们做了这么长时间的精彩讲座，让我们收获满满。我相信大家跟我一样，也是通过他的讲座报告，感受到了他的学术追求精神。他能够持之以恒地做 20 年的宗族研究，提出宗族实践论这样一个新范式，值得我们好好学习。其实，还有另外一个方面我没有重点介绍，就是他同时在文化人类学和体质人类学两个分支学科里都有非常深的造诣。这一点我非常佩服，国内很少有文化人类学家能在体质人类学里也有所擅长。将来有机会，我们还会再邀请他来给我们做体质人类学方面的指导。这一块也是我们很多人的一个短板。机会难得，大家有什么要说的吗？网上有同学要问的吗？

提问： 杜老师，听您的演讲实在受益匪浅，有了很多想法，想请教您：我们怎么研究最早的中国氏族与宗族？还有，我们学界有正在发展和架构中国特色的知识体系吗？

杜靖： 首先必须弄清楚这两个概念的含义。上面已经说了不少，这里再单独强调一下"氏族"。在英文学术圈里，氏族就是 clan，但在 20 世纪前半期，中国人类学界却把"氏族"理解为"姓氏之族"。其次，宗族学很少使用"最早氏族"或"最早宗族"这样的字眼。我理解你的意思，如果你想了解这方面的研究，不妨看看朱凤瀚先生所著的《商州家族形态研究》、徐扬杰先生所著的《中国家族制度史》和钱杭先生所著的《周代宗法制度史研究》。他们都谈了早期宗族的情况。

不过，要对历史文献保持高度怀疑精神。历史学家所提的宗族概念与理论，是基于古代文献分析出来的。可是，这些文献是儒生集团书写的，不是文盲写的，文盲不会书写。儒生选择什么，突出什么，均呈现在文献里，所以，这样的氏族/宗族文献应该看作中国社会里特定阶层或人群的集体记忆，跟现实有一定的距离。但历史学家无奈，因为他们不能像人类学家这样可以生活在当下并参与访谈，他们只能基于文献去了解我们的祖先是怎么过日子的，做了什么事儿。所以，我觉得研究历史上的氏族和宗族，要保持对前人文献的警惕，要有一个预先的评估。

对今天的人类学来说，我们更多要关心的是：古代文献为什么要这样讲？为什么不用其他材料讲？为什么把其他的材料删掉而选了这几样材料来陈述？为什么是这样的编排顺序？它们凸显了什么？隐蔽了什么？文献是怎么一步步生产出来的？人类学不会停留在文字表面记录信息，而是深入符号背后观察其历史心性，即 historical mentality。拿族谱来说，我阅读过大量族谱，但这些年来我逐渐关心修谱的过程。

你问的第二个问题很有学问。不是现在我们的人类学才开始想建立中国的学术话语体系，中国人类学一直梦想有自己的理论建树，不再依附西方，确立独立的学术话语和信心。20 世纪 30 年代有一拨本土化运动；20 世纪 70 年代中国台湾人类学界发起了一拨本土化运动；20 世纪 90 年代后期以来，中国大陆人类学界又发动了一场本土化运动，一直持续到现在。这些本土化运动实质就是建立中国的学术解说体系。

提问：在农业乡村现代化过程中，乡村宗族已经被国家规划掉了，国家一直在强化乡村振兴，那要如何发挥传统宗族与实现乡村振兴？

杜靖：这位同学，你的表述里有两层意思。首先就第一层意思来说，我不太同意你的看法：认为现代化过程中乡村宗族已经式微了。我的宗族实践论就是要破这种观点。你看到的情况，恰恰说明宗族在当代特定时机和场域内被实践成了这个样子。当你去说它式微的时候，其实你脑子里还是有一个标准化的东西去判断它。实践论就是要回到场景里观察宗族，它可能在这个时空场景里是这样呈现，但在另一个时段却是另外的呈现，它没有一定之规。我不知这样回答，你是否满意？

关于当代乡村振兴问题，我也一直关心，但我一直将个人的宗族研究定位为一种学术认知，无关应用。我的全部学术努力就是想弄清中国是什么，而宗族只是认识中国的一个窗口。关于中国乡村振兴问题，我觉得今后有赖于你们去努力，为国家、为社会献智。

提问：杜老师您好，听了您的讲课，我受益匪浅，有一个问题想向您请教。您怎么看待中国境内少数民族社会中的宗族？中国境内少数民族社会中的宗族对于丰富已有中国的宗族研究也有利吗？

杜靖：考察中国境内少数民族地区中的宗族实践，肯定对中国宗族研究大有裨益，因为我们可以在非汉的场域中了解到汉的宗族如何被实践的问题。可惜，我没有研究过今日少数民族的宗族，尽管去年在《思想战线》发表了一篇讨论西域畏兀儿人如何到达甘肃凉州，并于明代中后期通过建造宗族而变汉的故事，但那也只是止于文献的分析解读，不曾踏进今日少数民族的经验里去，所以不好回答你的问题。

20 年来我一直在汉人的世界里了解汉，没有到非汉地区观察汉，这是我的一个短板，希望未来有机会能够去做。

话再转回来。今日若要到少数民族那里去研究您说的"宗族"，得首先弄清楚一个问题，即他们也叫"宗族"吗？我们过去用"汉化"这个术语来描述少数民族采集汉人文化的现象，而宗族就是判断汉化的一个重要指标。问题在于"洋装穿在身，但我心依然是中国心"，若以歌词中的理路判断，少数民族修了族谱、造了祠堂、搞了祭祖仪式，它就是汉人的"宗族"吗？在宗族学的学理上会一样吗？它会不会是用汉人的酒浇自己心中块垒？

提问：我补充一个问题。刚才您讨论"少数民族接受了汉人的这种宗族文化，有了自己的家庙，然后过年过节也在家庙里进行一些仪式"能不能算"宗族"的问题，这让我又想起了一些例子。比如说，我知道的，像广西的一些瑶族地区，还有一些毛南族地区，他们其实是有自己的家庙的，他们在家庙里面也进行全村或姓氏的祭祀活动，这种能否叫宗族？您之前也说过要打破那种要素主义研究路径，所以，我们怎么判断在少数民族地区的这种家庙仪式，属不属于这种宗族？

杜靖：您说的这些地区和族群，真的值得去做。做的话，应当考虑：地方的人民怎么看，他们是否叫这种东西为宗族？不是我们外来的人类学家或历史学家叫宗族。人类学家最好是一个翻译者，是土著文化的翻译者和呈现者，因为我们的任务就是沟通此世界与彼世界，在两者间架起一座交流的桥梁，我们要尊重地方人民对它的理解和解释。我们会深入分析瑶族是什么？作为一个民族它是怎么出来或出现的？是科大卫所揭示的那种现象吗？如果我做，甚至会动用分子人类学的手段去鉴定族属。既会做更加客观化、实体化的研究，也会做族群的、虚构的、认同的研究。我们要看到它可能原来没有，是在某个历史阶段才出现的问题。要弄清他们为什么要引进汉人这套东西，并用这套东西达成什么目的。在某个历史节点上，他们引进汉人宗族制度是要把瑶族的心理给抹去吗？要融入汉人的世界吗？继之追问，它是被迫融入汉的世界还是主动解构进汉的世界？华南历史人类学共同体就是这样想问题的。当然，也可能原来就有，就像上海的张经纬所猜测的那样，是非汉人群的亲属制度穿了一件汉的礼仪马甲，最后变得像宗族制度了。但不管怎么样，得从亲属制度及其实践角度做研究，不能光想着这是国家推行的事儿。

如果一个区域都变成这样（做宗族），那么，这不就是一个 Chinese 嘛？我一向主张，宗族制度是汉人社会的一套符号指标，这套东西到达哪里，哪里就变成 Chinese，变成汉人中国。所以，我们要有一个弹性的理解，要呈现地方人民的理解，不要把自己绕进去。

我们一方面要看到地方人民的能动性，另一方面要看到地方人民身体里的历史惯性，看到有一个脉络和一个结构让他们身不由己。任何人群都不是铁板一块，里面充满了高度异质性。瑶族、毛南族，历史上做宗族的时候是人人都想做吗？还是有人想做、有人不想做，但又有一个强大力量主导着、牵引着、裹挟着他们去做？所以，要看到这样一个丰富的文化实践。

我需要对整个讲座补充一点。我一开始批评弗里德曼理论已经过时了，后边已发展出许多新见解，可是我们为什么在本讲座中还要大谈特谈弗里德曼呢？这不是自己打自己嘴巴吗？其实，实践论针对的论敌就是要素主义研究范式，这个要素主义研究范式在国际上始自弗里德曼，且影响最大，后边的学者虽然想翻盘，但也都脱不了这个底色。所以，只有再次对着弗里德曼说话，才是一刀断根之法。特此说明。

罗彩娟：现场还有提问吗？没有了就到这里吧。今天的讲座真的是精彩连连，但限于时间关系，讲座就到这里。让我们再次感谢杜老师！

杜靖：我也谢谢您给我一个交流的机会，让大家批评的机会。就是反馈的意见少一点，可能因为期末复习考试的缘故。

罗彩娟：对，临近期末了，大家任务都比较重。

杜靖：我此行的目的是想"诱引"更多的年轻人研究宗族和汉人社会。

罗彩娟：也希望大家将来好好读杜老师的书，争取在这方面有更多研究。

遭遇人类世：人类学何为？

主讲人：付广华（广西民族大学　研究员）

时间：2020 年 10 月 30 日

今天罗老师出差，所以我在这里和大家一起交流，大家有什么问题等一下也可以一起讨论。罗老师邀请我参加授课的时候，我一直在想要给大家讲些什么。我原来想讲一下环境人类学的理论发展，但后来我又想这个分支太专业了，你们没有几个人做生态环境方面的研究。后来，我想想还是讲当前比较热点的一个话题——人类世的人类学。这个是从 2014 年以来美国人类学界最热门的话题之一。为了了解何谓人类世，我们先看 2012 年拍摄的一个小短片，大概 2 分钟，联合国也采用过这个短片。［播放短片《欢迎来到人类世》（汉英双字），"Welcome to the Anthropocene", Production & Direction by Owen Gaffney & Félix Pharand-Deschénes］

联合国前秘书长潘基文在一次会议上也谈论过这个短片，这说明人类世的问题已经在联合国层面得到重视。刚才这个短片里面讲了两个转折性的事件：一个是工业革命，之所以把工业革命定为一个转折事件，是因为它的确给全球发展带来了巨大变革，而且人类世理念刚流行时就是以工业革命作为起点；另外一个是 20 世纪 50 年代的大加速，英文是 Great Acceleration，人类社会得到了快速发展，我们才真正地进入人类世。这个短片还讲到了地球现在有 90 亿人，好像没有那么多，大概是 75 亿人。有专家预计到 21 世纪末，大概会有 110 亿人。

今天这个讲座，我主要讲六个问题：一是介绍"人类世及其起始诸说"：说法有很多种，主要讲其中三种；二是"人类学的人类世遭遇"：人类学在遇到人类世的时候有一个什么样的情况，为什么人类学回避不了人类世；三是"拆分与解读：多样的人类世"，介绍人类学家对人类世概念的认知和解读；四是"质疑与批判：真理还是政治"，关注的是人类学家对人类世叙事和理念的质疑和批判；五是"介入与合作：建构新的可能"，主要讲述人类学家所提出的三种走出人类世的路径。最后讨论一下它未来将往哪个方向走。后面还有一些内容我没有放进 PPT，我会跟大家私下交流，比如我们可以怎么样参与到这个研究中去。我也给大家准备了参考资料目录以及 PPT，过后会分享给大家。

一　人类世及其起始诸说

人类世严格来说是一个地质学术语，你们可以看到 anthropocene 和 anthropology 前面三个音节是一样的——"anthropo"，即"人类"的意思。人家用了人类学学科名称来创造新的地质学术语，说明两者是有关联的。有两个人物在人类世学说中，或者说在人类世的概念产生中起到了重要作用，他们就是诺贝尔奖获得者、大气化学家克鲁岑（Paul J. Crutzen）和美国生物学家斯托默（Eugene F. Stoermer）。2000 年，他们在一个内部交流杂志里面重新创造了人类世这个词汇。2002 年，在《自然》杂志上发表了《人类的时代》一文，正式向学术界推介"人类世"概念。他们当时就提出，以 18 世纪后期，也就是工业革命作为人类世开端，因为从那时起，人类使用化石能源使得二氧化碳的排放快速增加，空气中甲烷的浓度也急速升高。之所以选工业革命作为开端，是因为克鲁岑是从大气科学家的身份出发的，他是做大气科学研究的。

人类世的核心内涵是什么呢？就是指人类如今已经在全球和地质尺度上支配着自然。过去我们常说自然是强大的，我们也说过要去战胜自然，当然，即使到了当今时代，我们有时也很难摆脱自然，地震、海啸等自然灾害对我们造成了严重的影响。人类世的概念，并不是说我们完全摆脱了自然的限制，而是说人类已经在很大程度上改变了我们的地球，这种改变在某种程度上已经超越了自然的恢复力，人类改变星球的能力已经达到与地质尺度相匹配的规模。

关于人类世的起源有很多种说法，2013 年总结出来的就有很多种了，比较有代表性的有三种：一是 1750 年到 1800 年工业革命说，主要指标是沼气和碳排放；二是农业说或新石器时代说，着眼于人类对地球的改造，主要指标是农业对土壤的改变；三是 20 世纪 50 年代大加速说，主要指标是核素的残留与辐射。

工业革命说，主要代表人物就是克鲁岑和斯托默，他们认为 18 世纪英国工业革命后，大规模工业生产燃烧了大量煤炭，导致大气中二氧化碳和甲烷含量明显升高，超出了自然波动范围，所以认为应该以这一时期作为人类世的起点。但这种说法的缺陷也很明显：工业革命虽然改变了大气的成分，却对地球其他方面并未带来全球性的影响。工业革命说更多地强调的是二氧化碳和甲烷的指标，碳排放的问题，没有结合地质学年代来考虑其界定标准。

农业说/新石器时代说，是第二种重量级说法。主要强调农业对地球的改造，其代表人物是拉迪曼、汤姆森（Ruddiman & Thomson, 2001, 2003），富勒（Fuller, 2011）等人。他们共同的依据是：人类焚烧森林、种植作物的农业活动，使得大气中二氧化碳和甲烷含量升高。关于具体开始时间，他们也有不同的看法：富勒的说法是五千年前到四千年前，拉迪曼和汤姆森的说法是八千年前到五千年前。可以看到，这还是一个气体排放的标准。这种说法自身存在严重的问题，虽然早期农业活动确实会对大自然造成影响，但很多学者认为这种影响微乎其微，没有留下相应的痕迹；当时大气的变化很可能只是大气自身波动，并非全是人类所为。也正因为如此，农业说的认同者不太多。

最后是"大加速说"或者"核时代说"，这个是基本确定了的说法，国际地质委员会小组 34 名成员中有 29 名成员投票同意这一说法。核时代说有几件具体的事件：一是 1945 年美国的原子弹在新墨西哥州的核试验，标志着人类进入核时代，这是一个标志性的事件；二是"二战"后人类进入了大加速时期，有一本书就叫《大加速》，已经翻译成中文版了（北京联合出版公司 2019 年版）。对于地质学家们来说，要接受"人类世"之类的新概念，就要找地层的证据。地质学家在冰川和湖泊中找到了一些证据。除此以外，他们还要找到一个永久的标志，这个专业术语就叫作"金钉子"，从全新世到人类世的这个变化一定要有一个金钉子的标志性的地层，现在还在找，但还没有最终确定。

地质学家划分全新地质年代不仅仅考虑"影响"和"变革"，其标准主要是根据地层的变化，找到永久性的标志，作为人类世的存在依据。他们共提出了五项标志物：第一个特征是核爆炸沉积物，核爆产物的沉积层的半衰期大约为7亿年，可以残留很久，作为地质证据很容易得到认可。第二个特征是化肥沉积物，这和"二战"以后农业"绿色革命"化肥的大量使用有关。第三个特征是生活用品沉积物，塑料、建筑物等人造物的微粒会留下明显的地质记录。第四个特征是化石燃料沉积物，煤炭、石油等化石燃料，如果燃烧不充分就会引发黑炭层，二氧化碳在石笋、冰川等沉积物中留下明显的地质痕迹。第五个特征是生物灭绝的速度大大加快，现在有人称之为"第六次生物大灭绝"，前五次基本上是地质原因，第六次被认为是人类的原因。除了这五个特征，还有气候变化、海平面上升、土地改造、矿产开采等，这些都和人类世有联系。如果大家感兴趣的话，可以观看加拿大导演珍妮弗·贝赫沃尔（Jennifer Baichwal）拍摄的纪录片《人类世》。

本小节最后讲一下我们应如何看待人类世，有几个观点很重要。第一，人类世是人类的地球时间，是一个新的历史纪元，它推倒了古今之间的学术隔墙。人类进入人类世时代以后，我们在时间上的概念就和以前大不一样，以前还是按照年月来记，但是你能够感到人类世时代以后，我们把地质时代、把恐龙灭绝，一直与我们当代联系起来了。那这时人类将何去何从呢？人类会不会像其他的生物一样灭绝？澳大利亚有一个激进的学者就说，人类到21世纪末就灭绝了。第二，人类世是由人类主导的地球空间，人类将地球塑造为自己的世界，从空间的角度来看，人类世把整个地球塑造成为人类大战的空间。第三，人类世这个词提出来的主角就是人类，他们正在改变地球的生态系统，甚至在地层中留下深刻的印痕。人类要为人类进入人类世这个事实负上很大的责任。第四，人类世是一个社会文化产物，是一个科学的话语，是科学家们探索反思的结果，所以带有一定的建构的色彩，既包含话语的成分，也有事实的成分。所以人类世不光是一个事实，是一个话语，也是一个建构的产物，我们现在还在建构它。如果人类学不发出声音，那这种建构就会朝自然科学所希望的方向去发展。当人类学发出自己的声音，这样一种建构才可能会更全面更完满。也就是说，人类世不仅是地球发展到当今时代的一个现实，还是一个建构物，是一个话语，是一个概念，是一个可以质疑、反思的东西，它不是真理，不是不可挑战的。这是四个我们应该有的对人类世的看法。

二　人类学的人类世遭遇

法国著名学者拉图尔（Bruno Latour）说："对于人类学家来说，人类世可能的一个有毒的礼物。"拉图尔是在 2014 年受美国人类学家联合会的邀请，在他们的年会上发表演讲的人。所谓"有毒的礼物"是说，人类学界无法回避、必须"笑纳"，这与人类世思想的根本内涵和人类学的学术追求、发展现状息息相关。

第一，从人类世的根本内涵来看，要求人类学民族学这一类社会科学也要参与进来去研究它。在上述演讲中，拉图尔提出："人类世"这个名称包含了人类学家非常熟悉的三个特征：对人类活动的关注；有必要重新处理过去被称为"体质"人类学和"文化"人类学之间的联系；以及重新讨论"人类居住在地球上的各种方式中，哪些是共同的，哪些是具体的"这一关键问题。这样的礼物够了吗？或者你仍然担心那可能是伪装的毒药？面对科学赠予的"礼物"，人类学家不可能永远回避，只能勇敢面对现实，参与其中，找出对策，解决问题。事实也早已经证明，"人类世"真的来了，不仅出现在我们这个时代的科学中，也广泛地出现在当今世界的政治议程上。联合国环境规划署执行主任阿奇姆·施泰纳（Achim Steiner）在 2016 年针对中国同济大学学生的一次演讲中，告诫我们的年轻人："请记住，你生活在'人类世'时代！"

第二，人类学的学术追求也要求我们必须去关注人类世。大家知道人类学的研究对象是人类及其文化，而关注人类的起源、发展与走向，就成为其中应然之意，为此诞生了古典进化论和新进化论，而且还有一个分支就叫作"进化人类学"，对于文化和基因之间的这种协同进化关系，对于体质人类学和文化人类学的统合，虽然有时可能做得不是那么令人满意，但人类学一直没有放弃过。人类学还天然地关注人类的前途命运，思考文明的缺陷，追寻未来的走向。比如说列维－施特劳斯曾经这样讲过："人类学家比别人更无法忽略他自己的文明，更无法认为自己和自己社会的错误缺点毫无联系，因为人类学家本身的存在除了是一种取得救赎的努力以外根本就无法理解，人类学家是赎罪的象征。"所以，人类学在某种层次上很关注我们文明的缺陷、我们人类的未来走向。对于人类命运的深刻关怀和对自然、文化协同进化的理解，使得人类学家必须关注人类在生物圈中的作用和角色，关注自然科学家们所提出的"人类世"设想。面对人类世的新理念，人类学家可以更深入地思考人类的前途和命运，可以与哲学家、地理学家、生物学家等学科背景的学者们一道共议，探讨人类世的多重陷阱和多种可能性。美国人类学家安娜·青（Anna Tsing）建立了很多这种工作坊，已经和地理学家、哲学家、生物学家一起讨论这些事情了，还发表了这方面的文章。

第三，人类学的发展现状要求我们寻找学科发展路径。大家知道人类学在 20 世纪 60 年代到 80 年代有一个学科危机。当时人类学被认为是殖民主义的帮凶，加上"二战"后亚非拉国家独立，西方人类学家民族学家没有地方做田野，就开始研究本土，那独特性还有吗？人类学还有必要存在吗？再加上后来格尔茨提出的文化解释理论，又一次挑战了过去的民族志理论，这样一个学科的危机在《写文化》出版以后，才慢慢地得到一定缓解，最起码不是可有可无，没有说你的整个学科的历来资本被挑战了，但是还是有很多问题。面对人类社会进入人类世的现实，人类学家决不能无动于衷，而应该充分参与并提供学科智慧。正如美国著名人类学家拉帕波特（Roy Rappaport）所言，虽然人类学在某些方面不能尽善尽美，但总比一些学科要好得多，我们不应该妄自菲薄，而是要积极参与，为解决人类生存危机贡献力量。也就是说，人类学有时会有缺陷，但我们人类学的缺陷和其他学科的缺陷一比，那就是小巫见大巫，所以我们还是要积极参与社会现实，从应用的角度去解决问题。这个是他在《关于麻烦的人类学》一文中所提出的一个重要的思想。

还必须说明的是，不同区域的人类学界遭遇人类世的情况有所差异，因此也有一个逐步参与到积极介入的过程。当然，也有一些学者，强烈反对"人类世"的提法。无论怎么样，在与"人类世"狭路相逢时，人类学家不能不战而逃、丢盔弃甲，而应该秣马厉兵、冲锋陷阵，表明自己的学术立场，做出本学科的贡献。事实上，的确有一部分人类学家积极参与，或对人类世概念进行拆分与解释，或对其进行质疑和批判，或开展介入和合作，试图建构新的、充满希望的多种可能。拆分和解读，质疑和批判，介入和合作这六个词，是人类学家参与人类世研究最重要的三个方面。

三　拆分和解读：多样的人类世

面对人类世的无孔不入，人类学家深受其影响。为了将人类世概念落到实地，人类学家进行了相应的拆分和解读，关注其标志性的表征——气候变化、海平面上升、生物灭绝，从各自的角度提出了不同的看法，反映了人类学家自身的独特立场。

（一）关注人类世表征——气候变化

克鲁岑提出人类世的概念就是因为气候变化，大气化学家有感于气候变化，于是提出了人类世。在克鲁岑之前，包括苏联学者1922年提出来类似人类世的概念，都没有受到重视。只是由于克鲁岑的学术影响力很大，所以就引发多方面的关注。再加上气候变化也确实越来越明显，所以气候变化会成为早期的人类世思想最重要的一个表征。由于当代人类世思想的提出者克鲁岑本人是大气化学家，因此他给人类世打上了浓郁的气候"烙印"。不论是克鲁岑和斯托默所秉持的"工业革命说"，还是后来学者所提出的"农业革命说"，都将温室气体排放和气候变暖作为其中最为重要的指标。可以说，气候变化已经在一定程度上成为人类世最为重要的表征，也成为人类学家反思人类世思想的重要入口。

人类学对气候变化的研究主要反映在三个方面：一是气候变化的本土文化解释；二是气候变化的民族志和地方体验；三是气候变化的适应与应对。主要代表性人类学家有三位：第一位就是本杰明·奥尔夫（Benjamin S. Orlove），他的团队在2000年就开始关注气候变化的问题并出版著作，他们根据安第斯山脉的田野调查数据，关注厄尔尼诺现象对昴宿星能见度的影响，这是一个很自然科学的研究，所以奥尔夫需要其他学科的学者参与进来，比如天文学、气象学等，进而对当地降雨和庄稼收获进行预测，显示出人类学参与气候变化研究的应用价值，其成果发表在《自然》杂志上。第二位就是苏珊·科瑞特（Susan A. Crate），她是当代气候变化人类学研究的旗手，她不仅在西伯利亚地区开展相应的民族志研究，而且试图在理论和方法上进行提升，提出了"气候民族志"及其实践规范，对人类学家进一步拓展气候变化研究具有指引作用。气候民族志有其独特性，如果感兴趣可以去看她发表在《人类学年度评论》2011 年卷的文章《气候与文化》。第三位要说到的是人类学家迈克尔·达夫（Michael R. Dove），他是美国耶鲁大学著名的环境人类学家，他编辑了《气候变化的人类学：历史读本》，这是一本研究气候变化的入门读物，他把从古希腊的气候思想到当代的气候思想都纳入其中，他还积极开展案例研究，对人类学家回顾该领域的发展具有重要的价值。

随着人类世一词在学术界的认知度逐渐提升，参与气候变化研究的人类学家，也逐渐有意识地与人类世思想联系在一起，更深层次地思考气候变化的成因和解决路径。做气候变化研究的人现在也发现，人类世这个词儿很实用，在人类世的角度上去思考气候变化会有不同的东西，比如说斯坦福大学安德鲁·鲍尔（Andrew M. Bauer）和莫娜·班（Mona Bahn）对"没有自然的气候变化"颇有看法，他们认为气候变化不仅仅是由人类和技术造成的，还是由更广泛的人类和非人类的异质组合共同行动造成的；包括驯化的动物和植物在内的非人类因素，几千年来一直在影响着大气和气候。他们认为，以前的气候变化研究没有和人类世完全结合起来，但是现在基本上都逃不了人类世这个词，只要讲气候变化就会讲人类世，所以气候变化成为人类世的一个最重要的表征。

（二）作为研究背景的人类世

人类进入人类世的事实，人类世概念的强大解释力，使得当代人类学家不得不正视其存在，所以人类世变成一个背景。比如说美国人类学家 Cymene Howe 说："人类世是一个吞噬世界的概念，无论是从地理规模还是时间跨度来看，它都将一切事物和所有可以想象的事物都囊括在它的范围内。"就是人类世无所不包，无所不谈，有一种把它泛化的危险，但是这种泛化也是必然的，因为人类世太强大了，是一个地质的概念，也表示了我们这个地球空间进入了人类的时代，如此看来，的确是一个强大的概念。

根据我的追溯，黛博拉·罗斯（Deborah Bird Rose）可能是第一个关注人类世的人类学家，她生前在澳大利亚国立大学工作。2000 年克鲁岑提出人类世的概念，2008 年罗斯就引用了维基百科的"人类世"条目，将生态灭绝问题置于人类世的背景下考察，并且她还明确提出："地球上的第六次大灭绝事件是人类世不可或缺的部分，这是第一次由单一物种，即我们自己造成的。"为了回应生态灭绝的挑战，罗斯提出人类世概念衍生出了"生态人文"，也就是说，我们在应对时代挑战时，既需要科学也需要人文，不能光从科学的角度去看生物灭绝的问题。

英国杜伦大学迈克尔·卡里瑟斯（Michael Carrithers）等人，也关注到人类世的黑暗地质时代的情况，他表示怎样走出这个黑暗的人类世呢？就是通过将人与动物的关系改写为人类关心动物的道德关系，支持为人类以外的物种采取行动。过去，人与动物的关系是二元的，动物是为人类服务的，是我们的食物，卡里瑟斯提倡要改变这种思想。无论是罗斯讲述的生物灭绝问题，还是卡里瑟斯所讲的北大西洋社会人与动物关系的二元问题，都是把探讨的对象放到了人类世的背景下，所探讨的这些问题就有了更深远的意义。所以将来大家做研究的时候，只要你的研究和这个有关联，你都可以把人类世作为背景。

（三）作为问题空间的人类世

这和作为背景不一样，作为背景是你认可人类已经进入了人类世时代，才会把它作为一个背景。作为问题空间，意思是这个人类世可能还值得去讨论，值得去争议，但是你还是要用它。所以就是说人类学家可以把人类的思想当作一个需要探索的位置空间，而不是视为理所当然的前提。作为背景就是理所当然的前提，作为问题空间就是有讨论的余地。

其中一个突出代表是阿米利亚·摩尔（Amelia Moore），她将她的田野地——巴哈马群岛定为一个特定的人类世空间，讨论了巴哈马群岛对气候变化的物理脆弱性、海洋生物多样性丧失、海岸侵蚀、化石燃料依赖和珊瑚礁消失等与人类世概念相关的多重问题。对摩尔来说，她并不是要调查研究人类世是否真的在发生，而是要把这个想法作为一个切入点，将其视为一个不断产生新关系和新影响的物质和想象空间。人类世这个空间会给她带来更多的想象与意义，也支撑着她去做更多的探索，摩尔开办了自己的网站，她现在在美国的罗德岛大学工作。

（四）人类世概念的人类学解读

2014 年拉图尔受邀发表演讲以后，人类世研究成为人类学界的最新潮流。美国温纳格林人类学基金和印第安纳大学资助了"人类世的人类学：理论、结构与实践"的工作坊；挪威奥尔胡斯大学成立了"人类世研究中心"，开展了一系列的学术研讨；《当代人类学》2019 年发表专刊《斑块人类世：暴力简化的疯狂与来生》，汇集 13 篇专题论文和 1 篇导论于一体，集中展示了人类学家对人类世的理解与看法。这个专刊是可以免费阅读的，我会给大家链接，如果感兴趣的话，大家可以进一步阅读。

这里我们关注两个解读人类世概念的例子。第一个拉图尔，著名的科技人类学家，也是哲学家，他说人类世的概念将"人类能动性"置于关注的中心，就是强调人类是改造地球的地质力量，人类的力量太强大，同时它引入了"自然"科学中令人眼花缭乱的实体和民族志学家田野工作时所记录的事项来界定人类能动性，并且声称人类活动已经成为塑造地球表面的主要地质力量。这样一来，人类主体正在进入人类世的地理故事。另一个是列维－施特劳斯的学生菲利普·德斯科拉（Philippe Descola），2015年 12 月，他在法国主持了"如何思考人类世？面对气候变化的人类学家、哲学家和社会学家"学术会议，他在会上说到，自全新世开始以来，人类一直在广泛地修改他们的地貌。然而，这种"人性化"是在当地进行和经历的，这种影响是地方性的不是全球性的，与人类世完全不同。在人类世中，后果会在全球范围内经历，并可能延续数千年。人类学证明了另一种居住方式是可能的，因此我们必须设想一个新的共同居住方式，它建立在一个新的政治生态上，一个给予自然平等权利的"世界政治"上。意思是我们应对人类世，要有一个共同的居住方式，而且这是一个新的、不同于现代化的一个东西，所以不能完全走现代化的老路，要设想一个新的政治生态。

四　质疑与批判：真理还是政治？

人类世概念提出之初，人文社会科学界并没有给予其重视。但随着克鲁岑、斯托默等人的大力推广，其学术影响力越来越大。人类学家注意到这个与自己学科名称相同的词汇后，不少人往往"带着玫瑰色眼镜"去质疑它的科学性。

（一）质疑人类世的真理属性

针对主流人类世叙事将人类作为一个单一物种的观点，人类学家们普遍对其展开质疑，认为给这个地质纪元冠以"人类"之名，有用一般替代了特殊之嫌。毕竟，人类之所以进入"人类世"时代，欧美发达国家及其民众要负上更大的责任，而不发达国家的某些土著群体甚至从来没有参与过这一进程，或者说参加的程度微乎其微，比如说亚马孙热带雨林里面的部落族群，他们基本上没有参与这个进程。人类进入人类世时代，不同的文化责任不同，不论民族，不论国家，无论哪里的人都要负责任。拉图尔说，把所有对塑造地球负有责任的人类能动者归为一个无差别的"人类"，是毫无意义的。亚马逊流域的印第安人、阿拉斯加的海豹捕猎者、上海的大亨、安然公司的高管以及瓦尔帕莱索的贫民窟居民，在这种新定义的"地质力量"中都不能被归于同样的责任。责任是有差异的。像拉图尔所列举的安然公司，包括我们上海的大亨，这种组织要负更大的责任。贫民窟的贫民、印第安人，这些群体负的责任可能会少一些。

（二）批判人类世的政治意涵

人类世可能不是真理，还要批判它政治上可能也有问题。人类世叙事自从诞生以来，就天然地带有历史和政治色彩。它被认为是人类历史发展的产物，也被视为现代工业文明发展的后果。面对人类世所呈现出的各类全球性或地区性问题，全球政治家和地方社区不可能无动于衷，因此，"人类世时代"也就成为当代绿色政治的重要话语，有时候还与气候变化话语、环境灾难话语等缠绕在一起，呈现出浓郁的政治意涵。包括联合国的及其相关组织，也发表过欢迎进入人类世的话语，包括世界上最著名的《经济学家》期刊，也专门搞过人类世专辑，这种都是一个话语的体现。2013年罗斯提出了"黑色人类世"的概念，她认为我们人类都是罪犯、侦探和受害者：每个人都对它做出贡献，每个人都受到它的影响，每个人都有罪。在人类世中，人类所分担的罪责、痛苦和责任绝不是平均的；人类和非人类所分担的痛苦也不是平均的，有些非人类受气候变化的影响比我们还要大，人类世的主要人员伤亡现在是而且将继续是土著人民、小岛屿国家和全球穷人，他们承担着发达国家慷慨的碳排放的成本。发达国家的人在面对人类世灾难的时候，他们有太多的逃避手段，而深受其害的是土著人民、小岛屿国家和全球穷人。总体来看，"人类世"的主流叙事，未能认识到人类生存危机责任的不平等，也没有意识到摆脱危机机会的不平等，就像诺亚方舟只有有钱人才能乘坐，这只不过是用富有的欧美视角替代了所有人类的经历罢了。这样一来，迫使所有的人类参与其中，实质上是复制了同质化的殖民主义暴力，这个是从政治的角度去批判。

（三）寻找替代性表达

在批判的同时寻求替代。第一个概念叫作资本世，其概念是2009年由隆德大学的研究生马尔姆首先提出来的，然后当时摩尔正在隆德大学访问，经摩尔和他们的导师霍恩伯格的推进，资本世的概念逐渐在学术界流行，当提到人类世，都会讲作为替代性选择的资本世。还有一个人就是唐娜哈拉维，她是美国加州大学圣克鲁兹分校的一个著名的教授，她对当代人类学是很有影响的，特别是她的女性主义学说、后殖民主义的学说。其影响可以说是颠覆性的。在她2012年演讲中使用了资本世的术语后，这个术语就被扩展了。这个资本世概念到底是什么呢？就是人类世面临的问题，应该由资本主义来负主体的责任，强调资本要为今时代人类作为所面临的全球性问题负责，而不是整体的人类。这是最基本的一个概念。那马尔姆、摩尔这帮人就去论证资本是怎样导致这样的一个情况，那资本通过什么？通过对化石资源的开发利用，通过对全球农业社会主义的控制，总之就是资本控制全球，然后才影响到了地球环境现状，所以才出现了人类世这样一个尴尬的局面。所以资本的力量是很强大的，不光是经济学可以用，我们也可以拿来用。

第二组概念叫作种植世与克苏鲁世，都是由唐娜哈拉维提出。种植世，可以说是农业资本主义，立足点是殖民历史与当代种植园的联系及其所导致的生态破坏。在资本世之前，还有更早的阶段人类对地球的影响已经开始了，那个时候就是以农业种植开始，特别是美洲大量的种植园的开拓，然后进行奴隶贸易，这些对人类世的贡献更大，比工业革命还要久远。其中核心要素有两个，一个是景观的同质化的错位，不在种植园时期时，我们可以种植不同的作物，但进入种植园时期，一般是统一的作物，统一地种植，统一地收割，统一地管理，错位就是当森林，草原拆分成土地时，森林景观就发生了错位，以及景观、土地、劳动力资本的新关系。这是种植的一个概念。克苏鲁世比较难理解，这个概念起源于古希腊语，为了表征地球上多种多样的、动态的、持续的、有触手的势力和力量，哈拉维创造了一个词——"克苏鲁世"。她认为，克苏鲁类似希腊式的卷须状物，纠缠着无数的时间和空间，以及包括超人类、外人类、非人类以及作为腐殖质的人类在内的无数集合性实体的内部交互。人类最终都会变成营养，这也比较激进，她会说人类是细菌，但这也有科学性，人体里的细菌与细胞的比例是 1:9。

五　介入与合作：构建新的可能

在人类学家积极参与的过程中，有学者看到了人类世思想的可贵之处，在这里主要讲三位学者，第一位叫作安娜·青，是加州大学圣克鲁斯分校的人类学教授，又名为罗安清，她的书叫作《末日松茸》，已经翻译成中文了。她提出人类世的一个出路就是在废墟上的生活可能，这代表她的核心观点。人类世是一个废墟，在这个废墟上我们要想生存、延续下去，就要去找这样的一丝可能。人类世意味着充斥"异化""废墟"的空间："当空间里的单一资产不能再生产时，这个空间可能会被抛弃。木材已被砍伐殆尽，石油已被开采枯竭，种植园的土壤不再适合农作物生长。对资产的搜刮又将在别处开始。因此，对异化的简化会产生废墟，以及为资产生产而遭荒废的空间。"在这些荒废的基础上，她看到了生机，所以安娜·青并没有一味地展开批判，而是根据自己的研究，努力寻找"资本主义废墟上的生活可能"。她发现她的可能来自她对松茸的研究、来自美味的蘑菇，她发现在资本主义生产控制下的林业中，仍然会生长蘑菇，即使在一些废弃的地方仍然会有蘑菇长出来。那么面对人类世，我们也可以在这个废墟上找到那么一丝可能。用安娜·青的话，"这种废墟如今遍布全球，然而，尽管已经被宣布了死亡，但这些地方还是有生命力的；废弃的资产领地中有时会产生新的多元物种和多元文化生命。在全球不稳定的状态下，除了在废墟中寻找生机之外，我们别无选择"。总体上虽然有一定乐观的程度，但没有积极进取，还是梦想着在废墟上能够有留下那么一丝生机，那这种生机到底会不会留下来？不好说。但总起来说，安娜·青对人类世的困境做出了回答。

第二个学者就是唐娜哈拉维，是安娜·青的同事，我刚才讲到她是女性主义的重要代表人物，可以算是一个哲学家。她的一些研究是很有影响力的，比如说她对类人猿的研究，她对人类性别的一个突破。哈拉维面对人类世所提出的对策，就是制造亲缘。她的理念是这样的，人类"作为哺乳动物，我们还要同我们生物的以及非生物的共生性合作者和伙伴们一起做一件事。我们需要在共同生存以及共同诗性的意义上制造亲缘。不管我们是谁以及是什么，我们都需要同地球上的一切相互结缘、相互适应、相互构成"。就是我们要与动物、与植物、与我们周围的无生命体共同适应、共同结缘。那亲缘的延伸和重构之所以可以实现，是什么原因呢？是因为所有的地球生物在最深层次意义上都是迁移关系，这就讲到了地球的进化了，地球最早没有生命，后来才有单细胞生物，我们人类也好，植物也好，动物也好，都来源于这个单细胞生物的发展，来源于这个单细胞生物的进化。所以她有一个结论，所有的生物在横向上、符号学意义上以及谱系学意义上分享共同的骨肉，也就是说都是亲戚，都有一个共同的祖先，这当然显得很激进，但是从地球史的角度，从人类世的角度去看，这个观点还是成立的。她有感于地球人类将在 21 世纪末达到 110 亿人左右的可能，因此倡导降低生育率，为此，她还提议用"制造亲缘而不是婴儿！"作为口号。可以看到哈拉维这个制造亲缘的提议是有一定合理性的，之所以命名为人类世，就是讲人类对地球的影响已经达到了地质的层次，就是讲人口的规模太大了，现在有 75 亿人左右。这个增长的力度没有一定的控制，确实会突破地球所能承受的极限。我们现在的能源消耗已经大大超越了地球每年所能够提供的能量；我们现在用的能量都是过去若干亿年来储存在地壳中的，包括石油、煤炭、天然气、原子能。所以我觉得哈拉维的观点是有一定启发意义，最起码从象征的角度上来讲是成立的。

第三个人就是霍恩伯格，他是从经济的角度提出了一个方法，叫作"自我约束的经济"。霍恩伯格是隆德大学的人类生态学教授，他是一个在瑞典本土成长起来的学者。我研究过他的生平，我从霍恩伯格那里看到一个非英语国家的人，从一个瑞典本土的学者成长为一个国际知名的学者，一个著名的经济人类学家。霍恩伯格也批判人类世所内含的各种问题，认为人类世概念掩盖了不同阶层群体的差别化责任，应当予以警示。但他同时对我们的星球所遭受的毁灭也深感忧虑和沮丧，他批评了学者们在面对人类世时的模糊和犹豫不决，所以他会批判安娜·青，他提倡对所面临的困境进行严格的分析，进而建立人类世的跨学科理论。霍恩伯格是一个更积极进取的学者，安娜·青更安于现状，她在废墟上找可能，霍恩伯格抓住了货币这样一个词，他认为货币是影响我们地球的一个很重要的力量，他说货币不停地构造全球经济，但也几乎破坏了系统的稳定，推动了生物圈走向第六次大灭绝。可以说我们人类对货币的热爱是破坏整个星球运转的终极驱动力。他讲的这个货币是一般货币，比如说现在我们追求美元、追求欧元这样一个共同货币，追求一个共同购买力。所以他认为这个是对地球造成破坏的终极的驱动力，这个也跟西方对人性的分析联系起来了，对于金钱的这样一种渴望、一种需求满足，人类世揭示了工业资本主义建立的两个原则：第一，经济学与货币和市场价格有关，不需要考虑自然；第二，工程学利用自然力量，而不需要考虑世界社会的结构。工业资本主义不管自然会不会破坏，只考虑市场价格，能不能获得剩余价值。面对这样一个现象，后来才有了所谓生态经济学，所谓可持续发展的理念。另外，他说工程学利用自然力量不需要考虑世界社会的结构，就不考虑社会问题，只懂得利用。这批判的是各种生物工程或者矿业工程，这些工程的任务主要是去开发，只考虑开发而不考虑我们这个社会的整体结构，不考虑人群的问题。所以他提出要解决引发人类世困境的不对称的全球资源流动和气候灾难，世界各国对碳排放的修修补补是解决不了问题的，而应该打破通用货币的统治地位，彻底拆解引发不平等和生存危机的经济—能源—技术复合体，他认为这三个词是一体的，是真正引发不平等、引发生存危机的原因。当然他也说到了货币是与经济联系在一起的，货币是经济的一个工具。他也提出了一些其他的路径，他说货币符号的操纵在扩大全球不平等和灾难性违反所谓地球边界方面具有令人震惊的物质影响，这是人类世的根本困境；他也讲到了货币符号，所以霍恩伯格他提出不要一般的货币，要创造地方的货币，就是根据这个地方的需要来使用货币，不再使用这种全球性的货币。他说我们别无选择，我们只能创造一种能够自我约束的经济。如果我们物种想要一个未来，最基本的就是要通过陌生化和重新设计目前正在造成令人担忧的全球不平等和生态退化的货币标识，即全球统一货币、一般货币、流通货币。建造一个地方货币，地方农村的那种小型流通的货币，来实现大部分经济的本地化，一个小型社区的经济是自我生存经济，它不是商品经济，它不是以满足外地需要而维持的一种经济，是一种自我约束的经济。

我总结一下这三种观点。安娜·青，她是一个不太积极的态度，面对人类世，她更多想在这个废墟上找到一丝可能，找到能够支撑我们人类活下去的蘑菇，找到那一丝夹缝。从一定程度上讲，这也是一种乐观的态度。哈拉维的制造亲缘，最终的目的还是限制人口的增长，因为她认为地球上的人口实在太多了。霍恩伯格是从经济的角度，我估计他的这个设想在近期是很难实现的，因为没有这样一个全球统一货币，或者说没有这样一个购买力强大的货币，那我们各个国家特色产业的发展、各个区域的交流就很难实现，所以都还停留在设想。这是我对这三种路径的一个总体的想法。

六　未来将走向何方

人类学对人类世的研究将来会怎么走，根据我的观察，大概有以下三个方向。

（一）关注多元表征及地方上的体现

人类学本身就是要关注地方，关注区域社会，这是我们的看家本领，我们从一个点出发，或者从多个点出发，其实都是从地方出发。那人类世的多元表征在地方上是如何呈现的？我们将来可能会有更多这方面的成果。比如说关于气候变化的一个研究，那气候变化与他相关的问题，比如说全球的碳排放、化石能源的过度利用、海平面的上升，这些其实是和气候变化联系在一起的。还有就是塑料污染对海洋和陆地进行的影响，这个就体现在对南极、北极还有我们的整体海洋的影响，这一块的研究还会持续。还有对生物多样性丧失和灭绝空前速率的研究也会增加，也会持续关注。第六次大灭绝是人类世的重要表征之一，除此之外还有变化的土地、海洋、大气、化学的构成等这些方面。当然也有矿产开采、土地改造、技术化石、人为生物扰动等人类利用和改造自然的活动及其后果，它们都被列为重点关注内容。这些都可能会成为我们在地方研究人类世的一个入口、一个出发点、一个可能。在一些地方和生态脆弱的地区，人们容易受到人类世后果的这种影响，如沙漠地区，是最容易受到影响的。人类学家可以选择这样的田野点考察地方社会的人们如何认识这种宏大的星球叙事，看看这些人是怎么看待这种大趋势、洞察本土的民众如何应对气候变化等问题的挑战，从地方和他者视角思考人类的未来走向，这可能是我们可以介入的一个角度。可以预料的是，凭借人类学自身的整体论和反思立场，在扬弃长期以来积累的地方民族志经验基础上，积极参与人类世相关学理的讨论和建构，提高处理生态和全球进程的能力，必将会大有作为。这是我观察的一个方面。

另一方面，针对这样一个事，人类学家也发展了一些研究形式，比如刚才说的气候民族志，这是一种形式。再一个就是摩尔所说的人类世空间，这是大家可以借用的一个概念，像摩尔最近刚出版的书，就是研究巴哈马旅游的。还有一个就是灭绝研究，比如黛博拉·罗斯，她的书名就叫《灭绝研究》。

人类学家参与人类世研究对人类世的多元表征，有从气候方面出发的，有从灭绝角度做的，有把它当作空间来进行分析的，已经有这么多现成的路径可以供大家参考。当然，我们还可以开拓其他的路径去研究人类世的表征。

（二）发展自身独特的分析路径

这个独特的分析路径和人类学自身的发展联系在一起，人类学仍然坚持跨文化的立场，秉持整体论的视角，使用民族志方法，整合多种时空尺度，过去我们都在用，同时人类学也是所有学术领域中最具人文关怀的，因为它从根本上尊重人类的多样性，人类学家倾听、记录并展示不同国家和文化的声音。这不是我乱说的话，是美国人类学家科塔克所讲的。当代人类学家对现代性的反思和对二元论的批判，都成为当代型塑人类学研究人类世的强大理论武器。为此，人类学家已经提出了一些卓有成效的研究路径。这里讲到对现代性的反思和对二元论的批判，是在20世纪八九十年代就有的事儿，西方人文社会科学把物质与意识分得很开，把心与身分开，把人类与动物分开，把文化与自然分开……这样一种二元论，对于我们分析问题可能会有帮助，但是这种二元论也会导致我们把其他的生物都当作工具，把自然当作为我们人类服务的对象、当作征服的对象。人类学家已经提出了很多路径去解决这个二元论的问题，比如说德斯科拉在《超越自然与文化》里所提出来的思想，比如说拉图尔的行动者理论，比如说英格尔德栖居的视角，他们三位是超越二元论最重要的三个学者，如果你想更深入地了解他们，可以去翻一下他们的东西。

我在这里只讲已经形成的一些有成效的研究路径，第一个就是多物种民族志。多物种民族志已经成为人类世研究典型的一个方法，或者说一个路径。作为一种新的民族志形式，多物种民族志超越了传统人类学以人类为中心的理念。因为它将昆虫、微生物等在内的多种生物视为研究对象，探究它们和人类之间的相互联系和不可分离性。安娜·青研究的松茸，哈拉维研究的猫，还有科恩研究的狗，甚至现在还有人在研究海浪。这样一来，就挑战了传统的人文主义认识论，特别是它在人类与非人类、自然与文化、主体与客体之间的本质区别。由于这种新方法克服了人类中心主义的弊端，因此它的解释力非常强大，多物种民族志从2010年提出以来一直长盛不衰。从2010年到2014年，在美国人类学家联合会的年度会议上，与多物种民族志有关的分论坛大量召开。从2015年到现在，人类世一词出现的频率高了起来，但是以前研究多物种民族志的人类学家，会把他们对多物种的这种认识运用到讨论人类世的这个方面来，因为人类世要走出人类世的困境，也需要我们思想上的一个转变，这个转变被一些人称作"后人类主义"，其实就是克服"人类中心主义"的弊端。

第二个是生命人类学，生命人类学是科恩发展的。科恩认为，人类学不应局限于人类，民族志也不仅局限于人类。我们过去的一个经典定义：人类学是什么？人类学是研究人类及其文化的学科。科恩强调要将民族志的范围扩展到人类以外，关注我们这个物种与其他物种之间纠缠所产生的影响。所以科恩最著名的著述是什么？——《森林如何思考》，还有《狗是怎样做梦》。他最早提出生命人类学是2007年，当时他的研究主题就是狗是怎样做梦的。他研究的狗不是一般的狗，是亚马孙热带雨林里密密严严的狗，而不是我们这里的狗。当然后来他研究的"森林如何思考"，这个森林主要是亚马孙热带雨林，他的研究对象的那个森林。科恩的这个路径，其实和多物种民族志是很接近的。但还是有所差异，应视为两个路径。这两种路径，都是人类学家发展出来的独特路径，也是其他学科不会想去做的路径。

（三）多方协作，组建跨学科团队

这样一个路向会持续下去，会继续加强，因为人类世的研究不仅涉及地质学、地理学、大气科学、环境等自然科学学科，而且涉及人类学、社会学、历史学、哲学等人文社会科学，所以各个学科的人都会参与进来。因此要想在研究上有比较大的突破，就必须改变我们人类学传统知识生产的单打独斗的独行者民族志。过去我们人类学家都是独行者，马林诺夫斯基一个人流落在特罗布里恩德群岛上，一个人去做研究，虽然人类学家可能会聘请翻译，但他自己却是独行者。现在不是了，现在我们是"合作民族志"，在这样的过程中，我们的研究都变成了主题导向、问题聚焦。"人类世景观""人类世的历史""人类世说明了什么"……大家都围绕着这样一个个主题，无论你是什么学科背景，我们都来探讨它们，共同贡献智慧，就可以达到一个深刻的理解。

为了理解这个合作，我列了以下可以合作的几个方面：从合作主体上看，有个人的合作，有机构的合作，有国家的合作。从合作学科上看，有本学科内部的合作，比如人类学的四分支的学科间的合作，还有多学科的合作，比如人类学与地质学的合作、与自然科学的合作。还有从合作形式上看，有时我们有个体研究项目的合作，大家共同做一个课题，各个不同学科的人来做，我们可以开办一个工作坊，或者开一个研讨会，大家都来讨论，这是一种合作。还有人才培养的合作，不同的学科背景，培养同一批人，人类学的人也要学习其他学科的理念和方法。最后从合作产出上来看，我们的成果可以有论著，也可以有咨政报告。

无论是柯尔克西的"多物种沙龙"，还是安娜·青组织的松茸世界研究小组，抑或是奥尔胡斯大学人类世的研究项目，这些都是合作的，奥尔胡斯大学的人类世研究项目邀请安娜·青去做领军人物，这些都很好地贯彻了合作这种知识共享和生产方式。也正是因为与其他学科的合作，进一步拓展了人类学的学术影响，提高了学科在学术界的地位，这就是强调合作的作用，当然大家作博士论文时一般都是个人单打独斗，但大家也可以合作，选一个点从不同的角度去合作也是可以的。

今天的主题内容我就讲这么多，最后我再给大家分享一点，我们怎样参与进人类世的人类学研究：第一个就是将人类世视为研究背景写文章，可以拟定为"人类世背景下的××""人类世视角下的××"，这个好像是在"蹭热点"，但我要说的是，有时候蹭一下热点也是无可厚非的，特别是我们研究生文章在很难发表的情况下，在有些期刊对我们"不友好"的情况下。第二个就是开展地方层次的气候变化、海平面上升、生物灭绝、垃圾山等问题的研究，印证反思的人类世地方化。我们从地方的角度去反思它，这是一个大家可以做的路径。第三个就是从社会建构主义的角度，结合人类发展史来进行批判与反思，就是我们也去批判一下人类世，把人类世当作一个话语来批判，它不是一个科学真理，它是一个正在建构的东西，或者批判一下人类世话语对环境的影响、对我们当今经济的影响。第四个就是进行专题的回顾与研讨，就是先写一些综述类的成果文章，比如说人类世与多物种民族志，人类世与本体论人类学，人类世与生命人类学，等等。我建议大家先做这一块，你要通过熟读文献，了解人类世文献，了解我们所要讨论的主题，才能够介入进去，也就是做一些回顾、研讨、综述或者专题的工作。

七 问答环节

问题1：人类世与本体论转向的关系

这是个很前沿的问题，近些年讨论得比较多，这与拉图尔、德斯克拉还有英格尔德他们三个有很大关联。过去，在我们的研究中，社会（文化）和自然都是分开的，所以我们没有关注到本体上去，本体论的转向更多地要去追寻事物的本质是什么。我举个例子解释一下什么是本体，比如说这里有一只羊，羊是本体，那描述它是白色的、有角的、肥肥的，这些就都不是本体，这只是它某些方面的外化或是我们对它的认识，所以德斯克拉就提出本体论的形式，有万物有灵论、自然主义、图腾主义、模拟主义四种形式。这样一种本体论的转向，大家要持续予以关注。我们以前关注的都是现象级的东西、表面的东西，都没有关注到本质。当然，有时本质很难抓、很难把握，但现在必须往这方面思考。人类世的研究，在一定程度上受到了本体论的影响，包括后人类主义，都是与本体论相关联的思想。

问题 2：生态人类学、环境人类学、人类世三者的关联

生态人类学是 20 世纪 80 年代以前人类学对生态环境的研究，可以统称为生态人类学。20 世纪 80 年代后期有一个转型，就是受到后现代主义思潮的影响，受到福柯等学者后结构主义思想的影响，转向了环境人类学。环境人类学与生态人类学的差别主要体现在几个方面。一是环境人类学逐渐规避了二分法：可以用英格尔德的那个解释，他说环境就是环绕在我们周围的东西，那周围的东西不管你是人、是动物、是电脑、是桌子……对我们来说都是环境。而生态的概念就不一样了，我们会把生物作为我们的一个分析对象，把这个生态系统当作分析对象，所以我觉得这是一个比较大的不同。二是环境人类学吸收了很多后现代的思想，特别是权力与话语理论，这个在环境人类学里面很明显，所以环境人类学就产生了一些新的理论方法，比如说政治生态学，特别强调权力对生态的影响，强调话语对现实的影响，这个是在学术流派上的一个区别。三是环境人类学更关注历史的维度，以前的生态人类学不考虑历史，到了环境人类学这个阶段，又受人类学关注历史的影响，特别是受《欧洲与没有历史的人民》等著作的影响，环境人类学逐渐找回了历史。找回了历史，就开创了一个新的东西，叫作"历史生态学"。所以这是环境人类学的另外一个法门。还有象征生态学，可以追问：生态人类学、环境人类学与人类世的关联到底体现在哪里呢？可以这样理解：人类世是我们所处的这个时代或者说科学家们所建构出来的一个概念，它可以成为我们生态人类学、环境人类学思考的一个背景或对象。当然，生态人类学、环境人类学处于人类世的时代，也会得到很大的发展。

问题 3：后人类主义和超人类主义是人类面对人类世的一个可能性的方向吗？

后人类主义和超人类主义，我觉得算是一个方向。因为我们人类确实对地球的影响太大了，我们的人口基数也太大了，我们这个物种扩散的速度也太快了，下一步我们如果无法移民月球、无法进驻火星，地球真的会不堪重负，所以我觉得后人类主义和超人类主义这些意识形态，是一个可能性的方向。这两种思想都超越了人类这个物种，包括哈拉维的那些思想，其实是超人类的，她认为人类和其他的动物和细菌都属于氢气，都会分解成腐殖质，其实已经超越了人类。

源流：人类学研究的理论转向

主讲人：郝国强（广西民族大学　教授）

主持人：罗彩娟（广西民族大学　教授）

时间：2020 年 10 月 7 日

罗彩娟：大家下午好，我们"民族学研究前沿"的第八讲准备开始，今天邀请到的嘉宾是民社学院的郝国强教授，我想本校的同学们对他都非常熟悉，但是线上也有一些校外的同学、老师，所以我在这里对郝国强教授做一个介绍。

郝国强，民族学博士，教授，博士生导师，2019 年入选"广西民族大学高等学校青年骨干教师培育计划"的培养对象，2017 年入选"相思湖青年学者创新团队"。2007 年至今开始在广西民族学大学民族学与社会学学院从事教学与科研工作。这两年郝国强教授的科研突飞猛进，取得非常丰富的成果，出版专著 6 部，在《民族研究》《世界民族》《宗教学研究》《思想战线》《广西民族研究》等刊物发表学术论文 20 多篇，组织完成 1 项国家社科基金项目，还有教育部、国家民委、中华侨联等省部级课题 3 项，参与国家重大项目 2 项，获得广西社科优秀成果奖二等奖 1 项。他的主要研究方向是中国南方与东南亚民族研究、海外民族志这些领域。今天，郝教授的演讲主题是"源流：人类学研究的理论转向"，这也是大家非常关注的人类学民族学前沿问题。我们掌声欢迎郝国强教授。

郝国强教授：感谢罗老师邀请，让我有机会和大家面对面地交流。提到"人类学研究的理论转向"，实际上是对我过去十六七年人类学研究的学习总结，也是我对接下来民族学人类学研究方向的思考。我从 2004 年开始学习民族学人类学，此前我学习的是水产养殖。这十六七年间我做了近七年的老挝苗族研究，因疫情影响，出国做研究有很多困难，我个人也在寻找新的研究方向，让我有热情继续开展民族学和人类学的研究。今天的演讲，一方面给大家讲解，跟大家交流；另一方面也是对我自己的回顾和展望。所以，今天就定这样一个题目：源流：人类学研究的理论转向。

首先讲一下比较重要的一本书，我认为这本书是人类学发展史上一个转折点。"二战"以后，学术界有一个著名的笑话：印第安家庭成员往往有三个人，丈夫、妻子还有一个人类学家。这个笑话实际上是学界对人类学家的嘲讽，学界认为人类学家往往是一个专注研究原始部落文化习俗的猎奇者，同时还是殖民统治者的帮凶，甚至是帝国扩张的副产品。随着全世界殖民体系破灭，人类学家工作的重要性在不断降低。

但在这个时候，一位殿堂级的人物列维－施特劳斯（Claude Levi-Strauss）出了一本书，这本书是他十几年文章的合集，包含 16 篇小文章，其中有一篇就叫作"我们都是食人族"。这篇文章有一个观点：在我们现代社会看来一个非常野蛮的习俗——食人习俗，同样也发生在现代社会。经过细致研究，在列维－施特劳斯看来，食人行为是可以划分为多种类型的，比如说因发生饥荒而发生的食人现象、器官移植等。有一部电影《天劫余生》是根据英国作家皮尔斯·保罗·里德（Piers Paul Read）的报告文学《活着：安第斯幸存者的故事》（*Alive: The Story of the Andes Survivors*）改编。讲述乌拉圭橄榄球队及其亲友所搭的乌拉圭空军 571 号航班坠毁于安第斯山脉的故事，45 名乘客中 12 人当场死亡，24 小时后 4 人伤冻致死。在有关部门放弃搜索的情况下，在海拔一万多公尺、气温零下十度的冰天雪地里，余生者靠食用同伴和亲友的尸体，凭借顽强的意志最终得以幸存。

也就是说，食人现象在现代社会同样存在，但是我们往往把"食人"理解为一个"污名化"的概念，用来区隔现代文明和我们所讲的野蛮人、土著，或者原始人。以此让我们有一个很好的自我感觉，提升优越感。所以，从某些角度来讲，我们都是食人族，和他们没有本质区别。《我们都是食人族》这本书的重要意义在于，它代表了人类学的一种视角，让我们时刻清醒地认识到，从某种意义上讲我们都是食人族。人类学有不同于普通人的观念，我们和过去的原始人与土著差不多，在某些行为和思维上都是一样的。

接下来的三本书，可以帮助我们强化这个观念。第一本书，是邓巴

（Robin Dunbar）教授的《梳毛、八卦及语言的进化》。邓巴教授是进化人类学家，他有多本经典著作。这本书里面提到一个很典型的案例，黑猩猩群体的娱乐活动当中有一项非常重要的行为就是梳毛，你帮我梳毛、我帮你梳毛，这个行为占用了它们百分之十到百分之二十的时间。那么梳毛有什么意义？很重要的一点是为了获得同伴相互之间的信任。按照邓巴教授的意思，如果一个黑猩猩的群体只有十个，那么十个里有四五对存在这样的关系。

一般来讲，正常的村庄部落大概有150人。邓巴教授就提到一个著名的"一五零法则"，就是说在亚马逊流域或者在中国西南地区，或者在东南亚山区，分布在这些地方的小村庄的平均人数在148人，约等于150人。150人是传统社会人类小群体人数的一个上限，如果这个群体扩大，超过150这个数字，人类就处理不了那么复杂的人际关系，这就是"一五零法则"，意思就是说，人际关系变复杂之后，就很难靠梳毛来维系关系了。我帮你梳毛、你帮我梳毛，一天也难以梳上几个。邓巴教授认为，梳毛已经没有办法处理数量众多且复杂的人际关系了。所以人类就发明了语言，通过语言和八卦取代过去的梳毛，来获取别人的信任。所以按照邓巴教授这个观点来讲，现代人和过去的猩猩其实是一样的。过去，因为它们的圈子比较小，相互之间可以靠梳毛来获取信任。那么现在，我们现在在座的同学，一般下课了靠晚上的聚会聊天来增进关系，大部分聊什么？会先聊一些八卦，比如这个同学怎么样，那个老师怎么样，你们就是通过这种八卦的方式取代过去梳毛的方式。

有意思的是，这本书还说到猩猩获取信任的方式有两种，一种是梳毛，另一种是人类不太理解的，用手指去戳眼球，把你的眼睛睁开，让我去戳你的眼球。这是为什么？邓巴教授的分析是眼球作为猩猩最脆弱的地方，如果你敢把眼球拿去给别人戳，就说明你对他已经绝对信任了。所以现在我通过聚会明白一个道理，现在同学聚会大部分都讨论什么？女生往往会闲聊八卦，那么男生干什么呢？在烧烤摊聚会，你5瓶我5瓶，不然就你8瓶我8瓶。这个行为和刚才的眼球互戳同理，实际上是通过互相伤害来获取信任。邓巴的《梳毛、八卦及语言的进化》通过普同论和跨文化比较的视角告诉我们，现代人和过去的原始人，甚至和猩猩没有本质的区别，在社交、获取信任方面，实际上是一样的。

第二本书也具有代表性，书名叫作"我是个妈妈，我需要铂金包"，这是一个耶鲁人类学博士在纽约上东区（富人区）的育儿战争。前段时间网上流行一篇文章，说是在北京的妈妈非常焦虑，要送自己的小孩去最贵的学校读书，还要请大学生做保姆。我有一个同学在北京，他的妻子是清华大学的，非常注重孩子的教育，一定要让孩子在北京最好的学校上学。北京最好的学校有北京四中、北师大附中和人大附中等。北师大附中在一环以内天安门附近，所以他们俩在一环花 1500 万元买了一套房子，就为了这个小孩的教育。所以我们可以理解，妈妈需要铂金包，就是因为要进到最好的学校。结合珍妮·古道尔（Jane Goodall）写的《走进黑猩猩的隐秘王国》，我们就很容易理解这种现象。古道尔发现一个现象，一些黑猩猩专门去捡起人类遗留下来的可口可乐瓶子。因为那些瓶子在他们生活的森林中非常稀有，捡到一个瓶子，就可以立刻提升自己在黑猩猩群体里的地位。从这个角度来讲，上东区的妈妈需要一个铂金包，和捡瓶子的黑猩猩，实际上是一样的。所以梳毛、铂金包和捡瓶子的黑猩猩就很能代表我们人类学的视野，就是能够透过现象看本质。现代人和原始人，甚至是黑猩猩，在某些方面是一样的。

还有第三本书《城市农民》，也有翻译成《都市乡民》，这是甘斯（Herbert J. Gans）写的一本书。在美国有一个移民社区，甘斯通过研究发现，这个社区的居民虽然生活在美国的都市里，但他们的思维、意识、观念还和过去在农村里一模一样。比如说，不相信陌生人，不愿意和陌生人合作，这是典型地保留了过去的生活习俗和观念。这本书我觉得比较有代表性，和前面三本书一样，很能代表人类学通过跨文化比较的方法，透过历时性、普同论和文化相对论的价值观，从一些看似毫不相关的、多样性的表现背后发现统一的、共同性的东西。

最后一本书，《天真的人类学家》，这是我 2004 年读研的时候风靡的一本书。我不知道现在你们圈子里面还看不看这本书；我们那个时候好像每个人都要拿来看一看，非常流行。建议各位也看一下，会让你发现不一样的人类学，或许可以引发你对人类学的兴趣。

好多人提出问题，民族法学要怎么做研究。民族法和法律人类学，落脚点都是落在人类学上面的。所以写民族法学，一定要有人类学的味道。人类学的味道就是"熟悉加意外"。按照我的理解，有以下几点要重视。

第一点要和传统对话。这是我今天所讲的重点，学科发展的源流要有传承。我给大家介绍一本书《人类学的中国大师》，这本书不是很出名，但是里面的内容写得很好，书里对中国人类学的大师有基本的介绍。比如说，你写法律人类学的文章，那你必须要和从事这方面研究的大师多对话。

第二点要与西方对话，要有一定的外部视角。研究一个问题，别人可能早已研究过，所以一定要对已有研究做充分的梳理。

第三点就是要在田野中与研究对象对话，要有个案。谈到此处，我想起 2004 年读研的时候，我看的徐杰舜老师指导一些硕士的毕业论文，他们的文章里面经常会有相当长的标注"选自哪一天的田野日记"。但是现在这么多年过去，我很少看到这种格式。也就是在田野调查过程中，除了访谈和个案，每天还可以插入田野日记，这个田野日记是经过加工和整理的。你们写博士论文的时候，可以直接把这一段放进去，就会显得很有人类学的味道。

什么是人类学的味道？怎么样做到"熟悉加意外"？举个例子，来自一位设计大师，如果你要给别人一种熟悉的味道，就要做到尽可能前卫，但是要让别人接受，他总结叫作"MAYA 原则"。举例来说，如果你是一个学者，在申请国家课题或者省部级课题的时候，要如何利用这个原则？有人做过一个实验，找人写了新奇和创新程度不同的课题计划，随机交给专家评审。结果发现，打分最低的恰恰就是那些非常创新的，因为专家更容易接受"熟悉加意外"。我个人也有一些体会，我自己就做老挝的研究，第一次申请就成功，但这两年都不成功。我反思其中原因，因为我做互联网人类学研究，这种题目别人一看就会婉拒，可能就有这个问题。所以我现在认为，必须要把互联网和乡村振兴或一些热点的项目研究结合起来。最后总结，你一定要先找到专家熟悉的味道。从申请课题到博士论文选题，都要考虑这个原则。

托尔斯泰的爱人就说过，他的价值在 500 年以后，所以现在我们才理解他。所以，在做课题、做科研的时候不要超前太多，领先半步生，领先百步死。

举例两位艺术界的代表来说明这个问题。一位是毕加索，另一位是梵高。两位代表两种不同的创作路径，也可以对应学术研究。毕加索非常善于发现专家的品位，即当时所谓艺术圈里的品位。来自西班牙的毕加索，初到美国时无人问津。他便雇佣几十个年轻的学生，每天到知名的博物馆问有没有毕加索的画作出售，人家说没有，第二天又去。最终纽约的收藏家都在找毕加索。梵高则相反，梵高在世的时候才卖出一幅画，孤身在法国的小村子里作画，直到自杀去世。由此对照，我们做科学研究也面临同样的问题，做得好是内在因素，和学术界对话是外部因素，我们要建立外部视角。

最后我还要给各位跨专业的同学一个建议。

拿我来说，我可以做老挝的苗族，也可以做仡佬族、京族等，我写了仡佬族的，还有瑶族、京族、侗族的，如今我要写钦州的壮族和汉族。选什么题目不重要，重要的是透过题目来表达你对世界的思考。就算老师给你一个命题，也无大碍，关键是从这个问题当中，表达出你对全世界的思考。有一句话源自法国的一位哲学家拉罗什福科（La Rochefoucauld），"对每一个问题的深度思考，都会引发你对全世界的思考"。研究的终极目的就是通过研究对象真实地表达自我。选择哪一个主题、哪里做田野点都不重要，重要的是划定的范围，你要用人类学的方法和世界观来表达你对整个世界的理解，来解答你自己对世界或人生的困惑。

接下来进入正题。

今天的重点是人类学的源流，如何去建立人类学的世界观。从外部的视角来看，任何一个题目拿过来，脑子里面应当想到这个题目有哪位大师做过研究，做过什么样的分析，再与他进行对话。今天下午简单地谈谈整体的视角与外部的视角。

我们做学术最怕的是个人视角，正如梵高。如果你愿意做他也可以，但最怕的是都不感兴趣，就一头扎进去自己做自己的东西。文章写出来，你自己觉得非常好，把自己感动到不行，但是专业期刊不认可，这样做就麻烦。借用科林伍德（Robin George Collingwood）的一句话："一切历史都是思想史"，或者说"一切历史都是当代史"。正如我们过去研究孔子，往往问他的某一句话是什么意思。而我们现在的观念是：不要去研究孔子他讲那句话是什么意思，你也不知道他是什么意思，也没有人知道。你要研究的是：孔子如果活到现在，在当下遇到这样的事情他会怎么讲？这个才是真正有意义的。

马克思说过："我仅仅知道一门唯一的科学，即历史科学。"就是强调学术史，强调历史，强调自然历史和强调人类史的重要性。我们讲的学术思想史，实际上是一种外部视角；我们做的所有研究背后都有一个理论支撑，这个理论支撑就是有思想的转变，思想的视角在里面摆动。

我办公室里摆着的一些书，平时看到一些跟史学有关的就马上拿到办公室。《西方社会思想史》《人类学史》《教育学思想史》《管理思想史》《中国哲学简史》《西方哲学简史》，等等。看来看去就会发现，各学科都有着类似的思想史演变逻辑，比如结构主义，适用于诸多学科的很多理论。

我在读研时在中文学院听课，他们也讲结构主义、后现代，都是同一类别的。从哲学史的角度来说，各种学科都差不多。我原来学习书法，找了一本《中国书法思想史》来看，有这样的思路，就很容易建立起学术的外部视角。这对于我们进行学术研究是非常有益的。讲一个例子，在民国的时候，学者们做学术研究，如果对哪个字有疑惑，不是去查《辞海》《康熙字典》，而是要查最老的、东汉许慎的《说文解字》，就是要找到源头。包括现在《得到》上有一个课程，专门讲述"字"的演变。甲金篆隶楷草行，如果一个字在甲骨文里出现，需要看它怎么写，原意是什么，结构如何，然后到大篆小篆，最后到行书楷书是如何演变的，都需要一一地搞清楚，由此一来，你对这个字就有更深刻的理解。

这个是我去老挝做调查的时候拍的两张照片，我在老挝朗勃拉邦、万象都住了很长时间。我在朗勃拉邦住的时间稍微短一些，只有一个月的时间。在这一个月的时间，我去看了朗勃拉邦的香通寺——老挝保存最完整的一个寺庙，大部分是用木头修建的。这个寺庙的镇寺之宝是"生命之树"，就是用彩色玻璃镶的"生命之树"。我用这个"生命之树"来代替我们的"学术之树"。在物理学界有一位大师叫狄拉克，他说过这样一句话，"20世纪的时候物理学突飞猛进，到处都是低垂的果实，二三流的物理学家都能够取得一流的成果"。换句话说，你们来看人类学界，你们现在知道的那些大师都有哪些？大家所熟知的大师，大多是开山的大师，如马林诺夫斯基（Bronisław Malinowski）、列维-施特劳斯、泰勒（Edward Tylor）、摩尔根（Lewis Henry Morgan），等等，现在美国、法国最权威的人类学家是谁？可能大家就说不太清楚了。因为那个时候我们的学术还在这个位置，还是像狄拉克讲的到处都是低垂的果实，随便去一个地方研究一个部族，可能在学术上填补了空白，奠定了学术地位。现在就很难，所以按照我的理解，我们要尽可能地做新兴的领域。举个例子，如果你要去做壮族、瑶族的历史，就很难做出成绩，因为这个领域已经被其他大师深入研究了许多年，比如张老师、李老师他们已经做了这个领域的百分之九十，还剩下百分之十，你要用余生精力去做，很难。但是反过来，如果你要去做一个新兴的领域，所有的老师只有百分之一，你在这个基础上翻个倍，翻十倍，做到十分之一，在这样的领域就容易出成果。所以我希望各位学术同人，能够尽可能地去找新的领域。当然，在这个基础上要和传统的人类学、民族学做对话。

接下来我讲一下人类学的概观。人类学的概观，我认为主要体现在三个方面。第一个方面是学术思想史，像《民族学通论》；第二个方面是中国学术界各个学派的谱系；第三个方面是真实的历史情境。比如说现在我们要做的就是交往交流交融研究，还要做乡村振兴研究，这叫真实的历史情境。学术史就不讲了，关于学派谱系可以看两本书，一本是《中国人类学逸史》，由中国人民大学的胡鸿保翻译；另一本是《中国人类学史》，阅读这两本书就可以让你对中国人类学史的谱系有一定了解。

我们过去说南杨北吴，南边是杨成志，北边就是吴文藻。实际上到后面的华西学派，也叫"中华西"，就是李安宅他们了，川大有人专门写过中国的华西学派，他们认为中国应该有三大学派，但是现在熟悉的是吴文藻这一派系。吴文藻的爱人冰心，就说到吴文藻门下有"吴门四犬"，四个学生都是属狗的，就是费孝通、林耀华、黄迪，还有瞿同祖。现在回看学术界，很多都是费孝通的学生。对于学术派系的梳理，有利于我们了解人类学的发展历程。

还可看看梁启超的《中国近三百年学术史》。"中华民族"这个概念最早由梁启超提出来。这本书我认为写得非常好，有非常宏大的视野，他认为中国自秦以后能成为时代思潮的是汉朝的经学，然后是隋朝的佛学，宋朝的义学和清朝的考证学。就这样把中国的学术史作一个简单的概括，我觉得很到位。其他有代表性的还有鲁迅的《中国小说史》，哲学方面可以看冯友兰的《中国哲学史》、罗素的《西方哲学史》，等等。

首先我们要对学术史有一定了解，接下来在这个基础上才能创新，这就要选择一个相对新的领域。亚当斯有一个观点："没有什么人类学理念是所谓的新鲜事物，事实上社会科学里的所有伟大理论都只不过是旧有哲学的重新命名而已。"开玩笑地说，就是古代把我们所有的伟大思想都偷走了。刘晗在他的《法律思维三十讲》中说"若不进入传统，就无法添加新物"，意思是我们不了解人类学的传统，就不能说创新。

提到创新，就要说在什么理论基础上进行创新，就要对人类学的传统做一个简单的回顾。过去我们讲英法，从小大家都学，应该都懂，英国和法国比较接近，德国和美国比较接近。我记得最早提出这个说法的是王铭铭，他当时作了一个讲座，对人类学的发展作了概括性的讲述。我的讲法不一样，我从单个国家来讲述，哪个国家侧重于哪一方面的研究。

总的来说，英国的人类学可以分成三个学派。我们现在了解的都是伦敦经济学院的马林诺夫斯基经验主义的民族志描写，但是不太了解的是牛津大学。牛津大学这一派和法国的年鉴学派比较像。过去英国的贵族都是讲法语的，英语是农民使用的语言。随着时代不断发展，我们现在讲究学习英语，但是在过去，英国的贵族讲的是法语，所以他们这些人与当时法国的年鉴学派之间有较多的联系。由此许多学者就出现了，以拉德克里夫－布朗（Alfred Radcliffe-Brown）和埃文思－普里查德（Evans-Pritchard）为代表，比较注重社会理论。而法国学派的主要特点就是抽象，强调社会整体。英国人类学又分老的和新的，学术是不断流变的。新派比较注重民族志的解释，后与法国结构主义结盟，在青睐法国派的同时，企图用"情感"概念来补充结构理论。第三个就是曼彻斯特大学。代表人物有格拉克曼和特纳，注重法律人类学的研究，他们从"冲突怎么得到解决"这一问题入手来研究社会。我把英国的人类学概括为大视野的、整体观的、进化论的文化科学。后面其他的学派往往把英国的人类学统称为文化进化论，代表古典人类学。这里讲的是传统，不是现代。马林诺夫斯基的民族志方法有双重性，一方面是"最当地的当地现象"，因为他认为科学的民族志有三个要求：第一要学会当地的语言；第二要用当地的语言进行参与观察，同吃同住同劳动；第三要住一年以上，因为当地的生产生活周期就是一年。比如要调查一个民族，要观察他们一年春夏秋冬中不同的东西、仪式和节日，时间达到一年及以上。他自己就住了三四年。另外，通过书写当地来讨论全球问题。这个地方代表性的著作有几本，有弗雷泽（James

George Frazer）的《金枝》，马林诺夫斯基也是因为看了这本书而转向民族学的研究，他之前是学物理和数学的。第二本就是泰勒的《原始文化》。在这里我们要有一个概念，就是英国的人类学派，我们现在的解释就是古典主义，除了伦敦学派，还有牛津学派和曼城学派。

说到法国，我个人的总结是，它是相对比较学究的、理论抽象的社会学。法国的人类学派，要从代表人物迪尔凯姆说起，他的研究就是典型的社会决定论，通过一些社会规范、象征符号、神话和价值观来表达社会的价值。他的代表作是《自杀论》。说到自杀，首先想到的是这个人是不是遇到什么问题，往心理学方面去解释，但迪尔凯姆说不对，他说人自杀在很多时候是与社会发生矛盾。他研究之后发现，这个自杀现象是集体现象，而且各个信仰不同宗教的人的自杀现象也不一样。所以他把自杀划分为几类，一个是利他性的；另一个是利己性的。在集体主义的社会环境当中，这个人更多是因为集体而自杀。比如说日本，《菊与刀》中就提出日本有耻感文化，天皇交给你一个任务，没有完成就剖腹自杀。这种自杀是集体的，是因为没有完成天皇交给自身的任务，是一种集体的自杀。迪尔凯姆通过对自杀的研究，发现了一个最根本的现象：很多问题是社会决定的。所以马克思说"人的本质是一切社会关系的总和"。一开始我不能理解这样一句话，现在看迪尔凯姆所言，就可以理解了，他实际上强调的是人的整体性、社会性。

第二个是阿诺尔德·范热内普（Arnold Van Gennep），其代表作是《过渡礼仪》。在民族学的仪式研究领域，这本书是最具有代表性的。甚至有人说，学民族学除了这本书，其他的书都不用看了，当然这是过誉。这本书非常好，它提出了三重结构说：任何仪式都有过去的身份，仪式之后产生新的身份，中间的仪式是一个过渡阶段。一句话来概括就是：每个人都出生两次，第一次是肉体的降生，第二次是你在族人中取得永久地位，得到大家的认可，这个得靠仪式来实现。这个结构不只存在于原始社会，在现代也是一样。我们在农村，小孩出生一定要办满月酒等仪式，这种仪式在城市里面已经被不断简化了。

第三个法国有代表性的人类学家就是列维–施特劳斯。我们经常讲他是殿堂级的人物，而他确实非常厉害，一直活到2009年才去世。我当时读研的时候，去文学院听课，发现他们都在讲列维–施特劳斯，所以当时我也把他的《忧郁的热带》买来看。说实在话，文字与内容非常晦涩，有人说，全中国没有几个人能看懂列维-施特劳斯，所以我看不懂也不觉得丢脸。但大概能理解他的结构主义的意思，在他的结构主义的观念看来，人类学研究的是一种无意识的、人类心理所展现出的普同性。一句话概括：结构的本质是关系，关系的本质是对立，交换可以解决对立。就像刚开始介绍的那本书《我们都是食人族》，他用一种普同的视角去看，人类不管是哪个民族，都有很多共同的地方。这就像摩尔斯写的：种族、语言和文化三者是独立的、分开的。

第四个影响深远的是福柯的越轨研究，关于规训和惩罚。还有布迪厄（Pierre Bourdieu）的实践论与区隔等，布迪厄的著作对于现代社会依然有很强的解释力，将资本的概念延伸到文化等领域，讨论了文化上的不平等、文化再生产等，这些内容到现在依然不过时。

法国的人类学和英国有一定区别，刚才说有很多地方是一样的，而不一样的地方在于他们早期被称为"摇椅人类学"。比如说莫斯（MarcelMauss）的《礼物》，大家都非常熟悉，但是他自己一辈子都没有做过什么田野。就像很多批判中国的大师，说有些大师一辈子只做了几个月的田野。首先人类学有一个传统，就算现在也是一样，都是要做长时间的田野，包括你们的博士论文，最少要做六个月以上，最好是一年以上的田野。但现在大家似乎都妥协了，只要超过六个月，导师就都比较满意了。当然这里有一个特殊性，过去因为交通等原因，去一个地方很麻烦。现在交通方便，不能单纯用时间长短这个因素去衡量田野的质量。

法国当时的人类学家，被称为"摇椅上的人类学家"——列维-施特劳斯，在写《忧郁的热带》时去到巴西，他带了7个人，后来有人批判这根本就不是去做田野，就像一个旅游团一样。列维-施特劳斯有一句话，他说写任何东西之前都首先读一点马克思的东西来让自己的头脑以恰当的辩证方式运作。《忧郁的热带》这本书太枯燥了，我迷迷糊糊地看了一遍，记得比较清楚的是列维-施特劳斯讲，在大学经过哲学训练之后，在毕业的时候给他任何一个主题，他都可以用哲学的辩证法来分析，然后围绕这个主题可以一口气讲半个小时。意思就是学会用哲学的辩证法来思考，那写文章就不存在任何问题。这句话也体现出了马克思对他的影响，在写什么文章之前都要看一看马克思。再回到列维-施特劳斯，他说禁忌是自然和文化相遇的地方，是生理和心智的交汇。动物对人的重要性不仅是用来吃的，而且是关系。列维－施特劳斯地位比较高的原因，这里有一个说法，他反种族主义的主张被列入联合国教科文组织的文件当中。通过这个也可以看到人类学对整个世界文化做过很大的贡献。

我现在还经常反思，自己学了十几年的人类学，到底学到了什么？人类学到底为个人带来了什么？为这个社会文明带来了什么？这是我常常要思考的问题。因为时间的关系，我没有更多地把这些东西列出来。希望之后有机会和大家继续交流。

谈到德国人类学，是我们最陌生的。法国，大家还能讲出来一些学者，但到了德国，真的是抓瞎。我找了一本《卡尔·马克思：人类学家》，这本书已经有中文版，在孔夫子旧书网里面有卖。那接下来我就讲一下德国的人类学传统不被了解的原因。

一个原因可能是因为大多数人都学英语，对德国的著作不是很了解。另一个原因是与政治背景有关。要讲德国人类学的传统，首先绕不开文化传播与文化比较。由于每个国家的传统不一样，德国学派强调的是文化比较，通过不同文化间的比较来阐述文化的传播路径。由施密特神父（P. W. SCHMIDT）创建的维也纳学派在德语圈人类学占有长时间的统治地位。其次，受康德和赫尔德的哲学主张影响，倡导从语言角度研究一个民族的精神与气质。有本书叫作《人类学的哲学之根》，里面的观点是"德国学派是比较理想主义的"，我翻译得可能不太准，也就是认为该学派更多以唯心主义的立场去研究探讨某个民族的精神和气质。这个思潮后来就传到美国。最后是历史人类学的研究，它在德国有比较悠久的历史，不仅关心民族而且关心原始民族，特别是对一些已经消失的民族表现出浓厚的兴趣。该学派在1902—1914年到中国的新疆地区进行考古挖掘，研究该地区的古代佛教遗址和艺术。我个人总结，德国秉持一个实际的、特殊的、理想主义的、相对主义的、政治的人类学研究，他们强调精神优于物质处于首位，通过斗争取得胜利的进步主义，用环境和历史来解释不同民族的文化差异和民族精神。主张用民俗学研究本民族的文化，而用民族学去研究其他民族、解释民族文化的差异。马克思主张用普遍主义的社会理论。我们有相关的西方马克思主义课程，那西方世界为何批判马克思？因为他的普遍理论认为所有社会都要经历由原始社会、封建社会、资本主义社会再到社会主义社会这个过程，但这个理论在实际上很难得到验证。而博厄斯跟他相反，他以一种特殊主义的研究视角来看待不同民族，每个民族都有其特点，反对用普遍模式去一概而论。

为何现在很难看得到德国的人类学家？我觉得其中很大的一个原因是政治。在希特勒时代，传播学派的拉策尔（Friedrich Ratzel）精神贫困、生活空间，特别是论种族等理论出现在希特勒的自传《我的奋斗》里。希特勒上台之后，有些犹太人被关到集中营，直接被迫害了；有些则跑到美国，比如著名的犹太学者博厄斯（Franz Boas）及其弟子们。

马克斯·韦伯（Max Weber）做过两次演讲，演讲后出了一本书《学术与政治》，学术与政治之间的关系，在这里一笔带过。

再说到美国的人类学传统。刚才谈到英法两国学派比较相似，美国和德国学派也比较相似，原因很简单，美国的人类学就是由德裔人类学学者博厄斯开创的。博厄斯当时到美国之后，到哥伦比亚大学任教，在之后连续20年的时间里面，全美国只有博厄斯一个人拿到了人类学博士导师的资格。据说20多年的时间里美国一共培养了20多个人类学博士，就有16个是他培养出来的，所以博厄斯被称为"美国的人类学之父"。所以可以说早期美国的人类学完整地继承了德国的传统。

博厄斯搭建了文化人类学的框架，诠释对人类文化差异原因的观点，也就是文化相对主义。这个文化相对主义其实是针对先前泰勒、摩尔根等人所主张的文化进化论提出来的。过去说中国诸子百家，第一家是儒家，最后一家是法家，这些都是后来在批判儒家的思想上提出的思想。我现在有一个观念，人类学中文化相对主义、功能主义和后来诸如解释人类学等都是在批判文化进化论的基础上提出来的，文化相对主义认为文化没有高低之分，不同的文化有自己的历史、自己的世界观，不应该用统一的标准去衡量世界上的文化。后来美国各个高校的人类学学科的开创者都是博厄斯培养的，他的弟子克鲁伯（Alfred Louis Kroebe）去到加州大学的伯克利分校，另一个爱德华去了芝加哥大学做发展人类学，他的学生多次担任美国人类学学会主席。其他众所周知的学生还包括玛格丽特·米德（Margaret Mead）、本尼迪克特（Ruth Benedict）、林顿（Ralph Linton）等。博厄斯在哥伦比亚大学当了十几年的系主任之后，就让林顿来继续担任。他的学生不少，比如说本尼迪克特也在他的研究所，当时林顿不在哥大，大家都以为本尼迪克特可以接任博厄斯的位置，但是后来被林顿接任。林顿去了之后又让斯图尔德（Julian Haynes Steward）接任，因此对这个学派的历史研究还是比较有意思的。

我们现在所知道的人类学典型著作有格尔茨（Clifford Geertz）的《地方性知识》，还有一个大家可能不太熟悉的，就是大卫·帕金（David Parkin）的《恶的人类学》，下面还会讲到"善的人类学"，与这个相反。现在线上有法律人类学的同学可以看看这本书，这本书从恶的起源来讨论，也就是说，到底恶从哪里来，是不是上帝带来的？如果上帝不存在，恶又是从何而来？这本书里面有一句话我觉得比较有概括性，"在宏观层面上，恶体现为对秩序的损害；在微观层面上，恶则体现为人的不洁净"。

上面简单介绍了美国人类学的传统。我再补充三点，第一，人类学的四大分支由博厄斯开创的。为什么人类学有语言人类学、考古人类学、文化人类学和体质人类学四大分支？因为博厄斯早期研究的是"简单"社会，这样的社会没有文字，所以必须通过考古去研究它的传统文化和文化遗产，又或者通过语言去研究它的文化内核。所以我们现在研究本土的复杂社会，较少继续用这四大分支。第二，他在《比较方法的局限性》这篇文章中批判文化直线进化论，提出历史主义的文化相对论。最后，博厄斯作为一名德裔犹太人，来到美国之后也遇到很多困难。比如说当时比较活跃的"华盛顿—剑桥轴心"，这是英国新教徒后裔种族主义的代表；而博厄斯是代表移民群体的文化决定论，他在和"华盛顿—剑桥轴心"对抗的过程中，更多是争取国家研究委员会的研究基金，还会争夺美国人类学研究会的控制权，再有争夺美国人类学学家杂志的编辑权，争夺更重要的新成立的系所职位的任命权。这也是后面可能本尼迪克特没有接任他的位置的原因，具体情况还是比较复杂的。

那么他发起的另一条比较重要的命题是什么？就是他为了挑战种族主义类型学，较少强调生物学知识。他认为人的体质特征具有可塑性，不是固定不变的。将种族、语言、文化分开研究可以发现，当时德国学派主张的是种族主义的相关理论，强调不同种族之间的差异。博厄斯到了美国后，他说种族和文化应该是分开的。比如一个美国人，到了中国之后观念可以变成和中国本地人一样，再者像奥巴马全家从肯尼亚搬到美国，奥巴马完全美国化。所以说种族的观念是受特定历史时期影响的，关键要具体看他在哪里接受的教育，塑造了怎样的观念。

美国的巴菲特就常常讲到这个问题，他说"别看我靠投资成为人人尊敬的世界首富，本质上是因为我很幸运，从小就出生在美国，如果我出生在别国，我相信也没有我什么事了"。巴菲特之所以自称中了"卵巢彩票"，实际上他的这个观念和博厄斯一样，就是种族和文化是完全分开的，关键是看个体出生在哪里，在哪里接受的教育。

总的来说，我们讲的那些人类学，首先是"摇椅上的人类学"，在马林诺夫斯基之前，比如说泰勒、费雷泽，他们基本不做田野。他们主要利用其他人的二手资料，比如说一些传教士、探险家记述的异民族的一些猎奇材料。费雷泽的《金枝》也没有田野，主要是去图书馆阅读并搜集一些各地的档案资料，讲的是一个古老的传说。那个时候的研究处于对历史的猎奇和"好古"民族的态度，以费雷泽为代表人物。

马林诺夫斯基开创了科学的民族志，强调要掌握土著的语言，要参与观察他们的生活一年以上，本质上他的研究对象还是一个异文化、简单的、无文字的社会。后来到了博厄斯所开创的四大分支，其实大家不知道，博厄斯和马林诺夫斯基是 1942 年去世的，他们是同一个时代的人。所以实际上美国人类学的四大分支和马林诺夫斯基的研究在方法和路径上不一样，但本质上他们都是在研究一个无文字的简单社会。

放到现代，我们已经进入一个复杂社会研究的阶段。在座各位一般不会到太平洋某个小岛上研究一个异文化民族，而是研究我们广西或者国内其他地区的某个民族，即复杂的本土社会，所以现在我们需要的不是过去那种对无文字社会的四大分支研究，而是现在政治人类学、经济人类学、法律人类学或者教育人类学等某一个专题研究。比如说研究乡村振兴，也是某一个专题的复杂社会的专题研究。所以在座各位，我们现在面临的是人类学研究的转向，这是我对过去人类学研究的简单概括。主要是从过去的"摇椅人类学"到简单的无文字社会研究，到整体性研究或者是复杂的本土研究。

关于《人类学的哲学之根》这本书，以下是我自己做的笔记。威廉·亚当斯把英国、法国、德国、美国的人类学进行了一个概括，最后成为三个基本的逻辑：第一个是普同论，比如说结构主义，就是发现和解释所有民族共享的东西，以列维－施特劳斯的《我们都是食人族》为代表，一句话概括就是"他者即我们"，意思就是异民族和我们是一样的。第二个是比较论，如进化论力图在普遍原则的基础上解释不同民族的差异，一句话总结就是"他者乃是过去的我们"。第三个是特殊论，以德国为代表，文化形貌论力图解释不同文化的特质及其产生逻辑，就是每个民族都是不一样的，不同时期产生的文化也是不一样的，比如说博厄斯，他去过北极对因纽特人进行调查，他说道："如果没有他们，我可能一个星期也活不下来，在这个地方四季都是冰雪，整个冬天基本都是吃肉，他们招待客人最好的食物就是鲸的脂肪，在这种情况下，没有学会捕捞鲸鱼的技能，真的一天都活不下去。"文化都在特定的情境下产生的，所以他强调特殊性。

刚才讲了英法德美四国的人类学传统，接下来讲人类学的转向。第一个就是本体论转向，从二元对立走向互惠共生。人类学长期以来都是以法国笛卡尔的"二元论"为理论基石，认为世界在本体上存在着精神与物质、主观与客观等的基本对立和结构。学者们讲唯物论，继而再到唯心论，这种就是二元对立。比如说列维－施特劳斯的结构主义，就讲究要深挖内外部的结构。

这些理论基础对人类学的影响是方方面面的。关于过去的研究，我举一个例子，主要讨论族群、国家的概念，研究民族间的冲突，似乎它们之间就是天然对立的一样，比如"边界"这样一个概念，学者们首先认同这样一个概念，然后在这个概念之上再去讨论族群之间的博弈、地域之间的争夺。

随着人类学研究的深入，特别是 20 世纪 90 年代以来，越来越多的人类学家发现，在世界上很多土著民族的文化中根本不存在这种二元对立的观念。换句话说，这种二元对立的观念，是人为建构出来的。在真实的世界当中，在很多民族的观念当中是不存在二元对立的。不仅如此，比如说极地民族因纽特人，他们认为人与动物关系、人和人的关系以互惠原则为特征，这种互惠原则也是其宗教意识中所体现的重要内容。

所以在我看来，这是人类学非常重要的转向，就是从过去的二元对立走向互惠共生。这种观念放在民族研究里面，过去的存量思维和民族之间的零和博弈，现在就变了，统一换成增量思维。什么叫增量思维？我们能够一起发展、能够共赢，这就是一种互惠共生的增量思维。放在其他研究方面也是一样，比如现在强调铸牢中华民族共同体意识。我们过去是强调一种族别研究，或者是族群的差别研究、文化差异研究。现在我们的导向变了，变成要淡化族别研究，淡化族群的差别研究。我们不要说壮族是怎么样，苗族是怎么样，现在反过来，要研究不同民族的共同点，强调共同目标，那就是要共同富裕，各民族共同发展、共同富裕、民族平等、民族团结、各民族共同繁荣。我们要强调各民族交往交流交融研究，罗彩娟老师是我们这方面的专家。我们要把思路放开，不要研究过去那种博弈和斗争，而是要研究在交往交流交融的历史过程中如何形成现在共同发展的局面，如何形成文化共同体的意识，又如何铸牢中华民族共同体意识这样的观念。这个就是从过去二元对立到互惠共生的转变。在过去二元对立的观念下，不同民族间总会有高低之分，即"先进民族"和"落后民族"；你是"主体民族"，我是"边缘民族"。这个观念现在应该转变过来，放下差异，走向互惠共生。

我读研的时候看过王铭铭的一本书《无处非中》，如果站在地球的视角来讲，地球是圆的，它可以说任何一个点都是中心。过去强调的中心和边缘，而现在视角转换，地球上的任意两个点都可以互为中心或边缘，所以我们现在要彻底转变这个观念。我记得周建新老师2007年出了一本书，《从边缘走向前沿》现在周老师也提倡边疆中心视角。过去讲中心和边疆，现在反过来，我们借用《无处非中》的观念，可以用边疆中心的视角来看问题，整个观念就变了。所以我认为本体论的转变，需要丢掉过去根深蒂固的形而上的东西；在方法论上，要对所谓的差异保持开放的态度。过去我们强调中心和边缘的对立，强调主观和客观的对立，现在能不能把它们统一起来，强调两者的互惠共生，强调发展的增量，这是第一点。

再详细地来看，基于笛卡尔二元论上传统的人类学研究主题，过去我们提出很多的概念，比如说小传统与大传统，这就是典型的笛卡尔二元论，然后还有边缘与中心的视角、族群与国家的视角、结构主义中的生熟观念、原始与现代、自我—他者、全球化—地方性，还有价值多元，被称为多元主义的"诸神之争"。什么意思？就是以亨廷顿（Samuel P. Huntington）为代表的一批学者发现，在现代世界各个社会中很多的宗教信仰完全不一样，他们之间就会存在冲突。以上就是在笛卡尔二元论的基础上人类学的研究主题，这就是过去人类学形成的观念，看起来比较笼统对立的二元观念。这种二元对立观念也长期存在于美国的人类学研究中。

现在我们发现，过去强调英法两国的人类学，而现在更多关注美国人类学研究。美国的人类学派也存在着二元对立，过去的英国和法国的人类学思想都在美国人类学派二元对立之中得到体现。比如说德国的马克斯·韦伯提出的意义之网，格尔茨提出的"文化主义者"，这些都是明显阐释个人思想、强调个人主义的一种文化方法，以这样的新方法来思考文化——也就是文化如何在日常生活中为人们提供意义，以及人类学家如何得以理解诸般意义。在文化主义者看来，政治经济学派将人们的动机简约为"利益"，并且人们的生活被当作机械的反应。

马克思和沃尔夫则不一样，他们站在唯物主义的立场，反过来认为韦伯、格尔茨这一派就是"文化主义者"，他们往往缺乏斗志，把文化想象得过于美好，把文化当作诗意的文本，忽略了主宰大部分人类历史权力的严酷现实。比如说阶级权力，大部分人类都是被少部分阶级统治的，大部分时间我们都在强调抗争，强调阶级的对立。举个例子，我们在现实生活当中也会遇到这种困境，解释一个现象，你可能会从社会的角度去解释，或是从个人的角度去解释。

在这个过程中我发现社会唯实论与社会唯名论的对立，以及集体主义与个人主义的分歧。实证主义派强调社会事实的先在性、普遍性与强制性，而对偏心理学的个人主义往往不屑一顾。在他们看来，为了理解社会对自身和其周围世界的表现方式，我们必须考察的是社会的性质，而不是个人的性质。比如说迪尔凯姆对自杀现象的研究，更多是从社会团结、宗教生活各方面这样比较整体的视角去研究。

另一方面，人文主义社会学则反对实证主义社会学对社会现象冷眼旁观式的研究，主张把社会行动者的主观性作为一个根本问题去研究，他们主张把社会行动者的主观思想和行为作为根本问题。它是一门解释性地理解社会行动，并且通过这种办法在社会行为的过程和影响上说明其原因的科学。具体来讲，就是某一社会现象都能找出个人原因来解释，然后再对各种解释进行评估。由此看出两者明显的对比性。

布迪厄有一个重要的尝试，他说你们一边强调集体，一边又强调个人，能不能用实践论把两者统一起来？就像我们每个人在社会上遇到什么问题，那你会从哪个方面来思考？实际上这个实践论在实行的过程中能够化解很多冲突。毕业之后，如果你们要找工作，那么找工作的事情，更多的是靠你个人的努力还是去找关系、找人脉？在现实生活中我们发现，这两个要素并不矛盾，这就是实践的统一，该找关系就找关系，个人也一定要努力。所以布迪厄的观点相对现实，是一个比较统一完善的解决方案。

举个例子，我最喜欢看的是他的《区隔》，他在这本书里对人的品位进行社会学研究。很多人喜欢在家里面搞点格调，客厅、餐厅搞一个印象派的名画来显示个人的品位。但其实这个品位背后有更深层次的社会问题，一方面是人背后的文化资本，如果是一个农民，要么没有想过要把客厅布置得很有文化，要么他的方式也和城里人的方式不一样。这个品位背后代表着你有一定的文化资本和社会资本，同时还有经济资本。比如说暴发户想提升自己的品位怎么办？除了买名车之外，他大概会买一些艺术品放在家里，可以瞬间提升自己的品位。看，我们家有世界名画，或者搞个书法作品什么的。另一方面，他会想到将自己的经济资本转化为文化资本和社会资本，比如送自己的小孩去最好的学校读书，希望他将来考名校、当官来获得社会资本。我认为这是布迪厄的尝试，他通过这个观点能够更充分地解释现实社会、解决现实问题，不像前面讲的那么抽象。

第二个，现在在美国流行一种"正能量人类学"。过去的人类学被称之为"黑暗的人类学"，经常去关注社会生活的艰难，关注农民工的问题、留守儿童的苦难问题、社会压迫、不平等的问题以及关注少数民族被奴役的问题，这些都是黑暗的社会现象，所以我们称之为"黑暗的人类学"。有本书《动情的观察者》，里面有句话说得真是让人悲哀："不让你伤心的人类学就不值得从事。"人类学很凄惨，这在过去维持了相当长一段时间，因为确实存在很多现象，比如说人类社会经历过"一战""二战"这样非常惨痛的经历，出现很多不平等的现象，所以人类学家中自然有一部分会去关注这些黑暗人类学，关注那些苦难、贫穷和暴力的问题，在一段时间里它们甚至占据了人类学的核心位置。

这是一方面，我们称之为"晦暗人类学"，也就是人类学对人类经验中冷酷、无情一面的强调。"晦暗人类学"的转向部分，既是对前述内部批判的回应，也是对新自由主义影响下面，日渐困难重重的现实世界的回应。这个现象我们从韩剧、美剧中也可以得到检验。"经济不景气，靠鬼出出气"，在韩剧、美剧、日剧里都有一种惊悚片，就像我们去年看的《隐秘的角落》和《摩天大楼》，类似的惊悚片为什么会火起来？有一些人的解释是因为经济不景气，大家通过这种途径来发泄。在全球范围内，几乎每一次全球性经济萧条都伴随着一次悬疑惊悚题材热潮的兴起。从影视制作的角度讲，传统的影视制作方都将悬疑惊悚类型视为一种收益高、成本低的保底选择。所以在"晦暗人类学"的背景下，依然有学者提出来要做积极的、正能量的人类学。

刚才讲到"不是伤心的人类学就不值得从事"，除了人类学研究内容之外，我们人类学研究者本身也很苦难。你们如果做过长时间的田野，就会发现这是相当艰难的。我记得我有一个师弟去做田野，就在人家村里放了半个月的牛，每天就是放牛、抽烟，实在太无聊了。我没有这个体验，因为我大部分时间都是带着一大堆人跟着我一起去，有同伴吃吃饭喝喝酒也是好的，但是大部分的田野都十分艰难。这里有这样一篇文章——《田野是危险的工作吗？》，谈美国人类学家的死亡之谜。书里面有个统计，在1970年到1980年间，在北美一共有70位人类学家死于田野调查，其中还包括一个被雷劈死的。人类学家在野外发生意外事故也属正常，经常会遇到各种意外，人类学家在田野工作确实易受伤害。另外，本尼迪克特的爱徒也在田野中试图上吊自杀，在后面田野过程中神经有点错乱，逢人就说自己得了梅毒。列维－施特劳斯当时也在巴西做田野，他们俩还相遇一起睡过一个晚上，列维－施特劳斯把这件事情写到自己的自传里面去了。对这个故事感兴趣的同学可以自己去看一下。花这么多时间讲这个，目的就是提醒大家，做田野请注意身体健康，保持心情愉快，不要轻易产生黑暗的心理。刚才我们讲了"晦暗人类学"，本身在田野的过程就很艰难了，再加上做的田野调查对象是比较贫困的、偏远的乡村，心情自然就会很压抑。

反过来，现在人类学里面有一派认为，这个世界有贫困、有黑暗，但是从数学的角度上讲，这个世界是中性的，有一个好人就有一个坏人，有一个贫穷就有一个富裕，有一个衰落就有一个发展，所以有人去关注贫困、晦暗的人类学，就有人去关注积极的、正能量的人类学。最早是罗宾斯（Joel Robins）在2013年发表的一篇文章，叫作"超越受苦主体：关于善的人类学"。他主要是研究人类社会中的价值、道德、幸福、礼物以及希望等主题，我看这本书时觉得忽然间就被照亮了，我觉得可以多做这方面的研究，我相信人类社会不断向前发展，100年的社会难道没有进步吗？

我们在中国感触非常深，现在跟 10 年前的变化是非常大的。我在 1999 年上大学的时候，我们宿舍 6 个人，只有一部电话，那部电话还有专门的人负责。有一本书《理性乐观派》，用实证和数据让我们看到了这个世界一直在向好的方向发展。

善的人类学是研究关于价值、道德性、福祉、同情共感、关怀、礼物、希望、时间与改变等主题，这应该是我今后研究的一个主要方向。我们可以称它为"善的人类学"，也可以称其为"积极的人类学"，也能称之为"正能量的人类学"。下面介绍一位代表人物。

康宁的人类学，被称为人类学的幸福转向。这些研究案例都是我个人找出来的。第一个研究是贫民窟的研究，有一本书叫作《落脚城市》，我觉得这本书写得很好，书里写的是一个 14 岁的法国女孩和家人离开乡村的故事，她来到城市，在几个家庭当过佣人，之后又进一家缝纫厂打工，先是通过分期付款买了一张床，之后又买了一间属于自己的房子。这个过程她总共用了半辈子的时间，最后在城市扎下根，不回农村了。这个故事发生在 1879 年。我还找了一个纪录片《宵夜江湖：旺盛的南宁》，里面的第一个篇章就是说一个南宁人奋斗的故事。

第二个研究我认为要做一个有力量、有启发的人类学。埃文思－普里查德就写了一本书《努尔人》，其实应该翻译为《努尔牛》，因为这本书从头到尾都在讲牛。这本书的作者讲，在土著人的眼中，一头牛不是牛，一群牛才是牛。翻译过来的意思就是说，一个团队、一个班级中，只有你一个人好不是真的好，要全部都好才是真的好。这个观点对我非常有启发，刘瑜有一句话讲得很好，他说"人类学就是一门从猴子的角度观察人类的学问"。刚开始讲的珍妮·古道尔的例子，上东区的那个妈妈，人和过去的猿猴是一样的，猿猴捡一个可口可乐的瓶子，你要买一个铂金包；猿猴要互相帮梳毛，我们要跟人家喝酒、跟人家互相伤害、跟人家八卦，这些都是差不多的。还有一个女权主义者，她讲了现代人类学家最大的贡献之一，就是不断扩大"正常人"的范围。学了人类学之后，你的思想会非常的宽容，很多问题、很多所谓的异民族、很多奇奇怪怪的现象就都能理解了。人类学让我们更加宽容，所以从这个角度来讲，每个人都应该学一点人类学，应该把它作为一个通识选修课，所有专业都要学一下人类学。

第三个研究就是迈向人民的人类学。斯科特（James C. Scott）曾说过这样一段话，我们人类学的研究过程中，研究的都是在过去宏大的历史叙事中从来就没有过的无声者，或者叫无名氏，我们研究这帮无名氏。我原来在博士论文的后记里面这样写：

> 这个地球有过约1000亿人（卡尔·豪布，1995），只听到身在名利场的王侯将相以及大国的声音，大多数人和民族似乎从未存在过。有些民族已经灭绝，你还没有了解过这些民族。所幸"沉默的大多数"以民谣、民歌、无名诗的名义被流传下来，佚名是最伟大的作者！人类学继承、延伸了他们的工作，并将他们的智慧和留给世人的思考用文字记录下来。

迈向人民的人类学来自费孝通曾做的一篇报告，他说"我们要做迈向人民的人类学，学术必须回应真实世界的挑战"。举个例子，这张合影是费孝通和许倬云的合影，许倬云现在在美国，他从台湾去的美国，是著名的历史学家。他说过去的历史，就是王朝家族历史。《甄嬛传》不就是皇帝家的那点事吗？所以他们现在做研究要为常人写作，比如他写的《汉代农业》，这就是迈向人民的历史学，也是迈向人民的人类学的转向。

时间关系，我就讲到这里，今天讲了人类学的三个转向，辛苦各位了。

罗彩娟：谢谢郝老师！感谢他今天精心准备的这个报告，我也从中得到很大的启发和收获。我相信在座的，还有在线上的同学也跟我一样。关于他的讲座，我在这里简单说我一下个人的一些体会。首先这个讲座给了我们很大的信息量，一方面是列出了很多书，我不知在座的各位读了几本。所以一个是要求我们多读书，包括让我们多了解人类学发展的脉络。我们可以发现，就像杨绛所说，很多时候是我们想得太多而书读得太少。为什么头脑里很多问题，都没有办法用人类学的眼光来理解，然后进行研究，对选题各方面都有很多的疑惑。通过这个讲座我们会发现，读书越多就会越清楚，就越会有一个清晰的思路。

第二个就是郝老师告诉我们，在学术传统的基础上如何进行学术创新。我们非常强调创新，今天做的这个研究究竟在什么样的程度，如果我们完全不了解，做重复研究，那就没有太大的研究价值。他在这里就对我们接下来的研究，在选题的时候、在各个方面有很大的指导作用。他梳理人类学的几大传统，美国的、法国、英国、德国的，通过这些不同的传统，了解人类学演进的历史。我想只有在比较全面地、深度地把握人类学发展的历程后，才知道前人在这个领域做的程度是什么样的，以及未来我们可以从哪些角度进行创新研究。这是第二个体会。

第三个就是后来他讲到人类学的三个转向，也非常具有启发性，尤其是告诉我们在田野工作当中的很重要的提醒。有人告诉我们田野工作当中可能存在危险或者晦暗的历程或者经历，可能会让一些人对田野工作产生一种畏难的情绪，在田野当中会很难走出来，所以要注意身心健康。但是同样有人提出快乐的人类学或者是善的人类学，那我们如何积极地开展工作？或者开展什么样的人类学研究？这些也值得我们去思考。所以，他后面给我们总结出来的，把握人类学的多元化以及各种各样的传统，或者说不同的路径，在这个基础之上我们应该怎么去做。我觉得这些对每一个同学来说都值得去思考，然后再具体到我们每个问题的研究中。

我觉得今天这个讲座的信息量确实非常大，我相信大家可能会有一些问题或者有自己的体会。我们再留一点时间跟郝老师进行交流。下面我把时间交给大家，让大家跟郝老师交流，大家有什么问题都可以提出来。

郝国强：你们有什么生活上的问题也可以问我。我觉得人类学可以解决生活中的一些现实问题。有一个东西很重要，如果说人类学的研究能够对我们每个人都有意义的话，这就非常有意义。人类学家曾对婚姻进行研究，他们去印度，发现部落里面既有包办婚姻，又有自由恋爱。在结婚之后的两到三年里，包办婚姻的人们满意度不断增加，而自由恋爱的人们对婚姻满意度却在不断下降。换句话说，从人类学家的研究结果来讲，包办婚姻的幸福度要高一些。你们能理解为什么吗？因为自由恋爱的人对另一半的期望非常高，但是包办婚姻不同，就像过去我父亲曾给我介绍了一个对象，我对她的期望值就是非常低的。所以在这种情况下，实行包办婚姻的人，在结婚之后的关注点是不一样的，他们的关注点是在婚姻关系的维持上面。通过这样一个研究，我发现一个很重要的问题，和谁结婚都是一样的，大不了我退回到传统社会，我父亲就给我找过包办婚姻，在很多地方现在还有这种现象。预期很重要，否则的话就是一个不断失望的过程。

以前初中的时候我看过《故事会》，里面有一篇文章，就是讲乾隆吃瓜的问题。世人吃瓜，就是普通人吃瓜是怎么吃的。你们小时候是怎么吃西瓜的？拿个勺子把中间最甜的部分挖出来，这种吃瓜的方式就和自由恋爱是一样的，第一口是嘴甜的，结婚之后你不断地失望、不断地失望，就像吃西瓜，吃到边角之后你就直接丢了，没有任何意义了。乾隆吃西瓜不是这样吃的，他从旁边往中间吃，会发现越吃越甜，这就相当于婚姻当中的包办婚姻。所以我认为人类学的研究真地能够解释并解决问题的。人类学研究的东西很可能跟你没有任何关系，但我做研究一般都是跟我自己有关系的，比如说我研究一个公司，如果我觉得好，我可以再买点股票。课题做完了，股票又赚了钱。就是看你如何选择，如何将你的科研、学习、教学、工作统一起来，这样的话，人类学也不会分裂，你也不觉得很焦虑、很辛苦。这就是我最后和大家讲的一点。

罗彩娟：非常好的建议，我们从中也得到了启发，为我们自己的生活带来引导。今天郝老师嗓子不舒服，在这种情况下还能给我们做这么长时间的讲座，给我们带来这么有趣的话题，让我们再次感谢郝老师。

应用古 DNA 追溯人类起源、迁徙和
演化的历史

主讲人：王传超（厦门大学　教授）

主持人：罗彩娟（广西民族大学　教授）

时间：2020 年 10 月 23 日

罗彩娟：各位老师、同学，大家下午好。今天是我们"百川交汇"主题学术论坛民族学前沿系列讲座的第四讲。很荣幸邀请到了厦门大学王传超教授为我们讲解"应用古 DNA 追溯人类起源、迁徙和演化的历史"。王老师是复旦大学的人类生物学博士，哈佛医学院、德国马普所博士后。现在是厦门大学健康医疗大数据国家研究院、厦门大学人类学研究所教授、博士生导师、所长，生命科学学院细胞应激生物学国家重点实验室双聘教授。王老师的成果很丰富，以第一作者或通信作者在 Nature、Science、Nature Communications、Current Biology 等国内外期刊上发表 SCI、SSCI 或 A&HCI 论文 40 余篇，累计被引用 2000 余次，h 指数为 25，i10 指数为 46，主持的科研项目经费累计达 300 余万元。同时他还担任 SCI 期刊 Historical Biology 副编，SSCI 期刊 Human Biology 副编，SCI 期刊 Frontiers in Genetics 副编，SCI 期刊 Scientific Reports、PLoS One、Mitochondrial DNA、Annals of Human Biology、Annals of Human Genetics 编委，Journal of Forensic Science and Medicine 编委，《人类学学报》编委等，研究成果由中央电视台新闻联播、中央电视台新闻频道、《探索发现》等全国多家知名媒体广泛报道。我就介绍到这里，下面请王教授做讲座，大家欢迎。

王传超：谢谢大家，非常感谢罗老师的邀请，也非常感谢大家。很高

兴今天有这么多老师同学来听我的报告，同时又非常抱歉，没有能够到广西民大亲自拜访各位老师。因为我今天上午有学生的课程，刚刚下午一点还给浙江大学的学生们做了个在线讲座，时间排不开。其实，我和广西民大的很多老师都有密切的合作，比如说徐杰舜先生，比如说最近我的一个好朋友李大伟刚刚转工作到了广西民大。我也希望下次有机会到广西民大亲自拜访各位领导、各位专家学者。

感谢有今天这个机会，来介绍我们的最新研究进展。我们主要是用跨学科的方法去回答人类的起源、迁徙和演化的历史。稍后我会用几个具体的例子来给大家来进行更详细的介绍。通过这张片子大家可以看出来，我的主要研究对象是血液、骨头还有干尸，我们是用生物学的方法，从这些考古遗址出土的人骨里来提取 DNA 和古蛋白，通过古今人群的比较，去回答同人类的迁徙和演化有关的一系列比较大的科学问题。

有同学看到我们这些照片和工作场景可能会觉得比较恐怖，整天拿着一些骨头，其实这是我们特殊的研究材料。我下面会用一个一分钟的短片来给大家更直观地介绍我在厦大实验室做的一些工作。（观看一分钟短片）

现在如果让大家去回答这个问题，比如说你是从哪里来？10 年前我肯定知道我是从什么地方来的，但是如果让你回答 100 年前、1000 年前你们家是从哪里来的？可能也有同学可以答上来，但是如果我们回溯到 1 万年前，老师和同学们还能够知道自己是从哪里来吗？再往上，比如说 10 万年前、100 万年前呢？这就是我们做的事情，去回溯有历史记载之前的历史。

人类的历史可能只有 3000—4000 年的时间是有文字记载的，但从人和猿分离的 500 万年前到我们 3000—4000 年前才有文字记载的历史，其实中间有 99% 的历史是没有任何的文献可以去追溯的，叫作史前的历史。我们的研究就想去回答在绝大部分空白的史前历史里，我们的祖先是从哪里来，又是经过了怎样的演变的过程。另外，还有一个问题，现在不同地域的人的各项体貌特征会有差别，比如说欧洲人多是金发碧眼，就像这个图中的龙妈一样，而我们中国人更多是黑头发、黄皮肤，那么我们这些表型特征又是怎样形成的？

这些其实都是和人类的迁徙与人群的混合密切相关的，今天我们就去回溯这些历史。我们使用的工具叫作古 DNA，是从考古遗迹或者是古生物的化石标本里边获取的古生物的遗传物质。古 DNA 研究是以分子生物学技术为基础发展起来的一个新兴的领域，通过古 DNA 可以回答古代生物的谱系、分子演化理论、人类的起源和迁徙以及在农业起源过程中动植物的家养或驯化等。

20 世纪 80 年代开始就已经有古 DNA 研究，在过去的 30 多年的时间里，研究者们一直在为探索古 DNA 的实验技术和建立古 DNA 的质控标准而努力，为什么？因为古 DNA 其实是非常容易受到外界环境的污染。比如说我们从考古遗址拿到一块骨头，如果我们对着它吹一口气，骨头表面上可能就都是我们的 DNA 而不是样本本身的 DNA 了。正是由于古 DNA 自身的特点，在技术标准的建立上其实就花了很长的时间。

最近的 10 多年里，随着古 DNA 扩增和测序技术不断地成熟，尤其是有了高通量的测序技术，古 DNA 研究已经发展成为一个用途广泛且很有发展前景的领域。下面这两张照片是我在厦门大学建立的古 DNA 实验室，可以看到我们有风淋室，就是在你进去古 DNA 实验室之前，要用风吹一下，把身上的头屑、皮屑、花粉都要吹掉后才能进去。并且，我们是要全副武装的，就像我们现在在电视上看到的去应对新冠疫情的医护人员的防护一样，我们需要有相同的防护才能进入实验室。我们实验室里还有这种外科手术室的紫外灯，起到消毒灭菌的作用。我们还有空气过滤机，需要把外界的空气过滤完之后才能排放到我们实验室里，也是为了排除可能的污染。

讲到古 DNA 的研究历史，就不得不提到中国的马王堆汉墓古尸 DNA 的提取。20 世纪 70 年代末，上海实验生物学研究所跟湖南医科大学就从马王堆汉墓的女尸身上提取出了 DNA 和 RNA，这是世界上最早的古 DNA 研究。如果大家现在去湖南省博物馆的话，也可以看到他们的镇馆之宝马王堆一号墓女尸辛追。

我们拿到样本之后在实验室里又怎么样进行实验操作？就像在这个片子里面呈现出来的，我们需要用钻头去钻取粉末来提取 DNA，需要构建古 DNA 的文库，需要去对 DNA 进行扩增，然后进行测序。这台仪器叫作测序仪，它的作用是来读取我们 DNA 上的每一个这样的遗传标记。我们可以把每个人的基因组都看成一本书，由一个个字符所拼成的一本书，那么测序仪的目的功能就是把这本书里的每一个字符都读取出来。读取完数据，我们就需要进行大量的数据分析，就需要用生物信息学的方法对海量的数据进行处理，我们需要使用高性能的服务器，因为我们现在的个人电脑已没有办法处理这么多的数据了，你可以想象我们每一个人的基因组就有 30 亿个 DNA 位点，如果我们一次处理几十上百个人的话，这个数据量是非常大的。通过这个实验步骤可以看到，我们是结合了考古学、生物学，还有大数据的分析等不同学科的综合交叉的方法。

我们主要的研究对象是人类的 DNA，在我们的基因组里，我们的 DNA 其实是分成三个部分，一个部分是常染色体，这是我们 DNA 的主要成分。每个人都有来自父母双方的 22 对常染色体。另外，我们还有单独来自父亲的 Y 染色体；女性是没有的 Y 染色体的，它只能从父亲这边来单向传递，这个遗传规律其实就和现在每个人的姓氏传承非常相似，我们的姓氏也是通过父系这边不断地传递下去的。相对应地，女性有线粒体 DNA，线粒体正好和男性的 Y 染色体是相对的，它只能够从母亲这边传递下来，在精子和卵子受精的过程中，线粒体只能够由母亲传给后代，而精子的线粒体是不会对后代有任何影响的。正是由于常染色体、Y 染色体和线粒体的不同传递规律，给我们提供了不同的标尺，可以去分析父亲，也可以去分析母亲这边的历史，还可以去分析来自父母双方的遗传混合。

我们主要的研究对象是 DNA 上一个个的基因突变，我们知道我们的 DNA 由 ATGC 这 4 个碱基位点排列组合而形成，上面的每一个突变，比如说由 G 到 T，就是我们研究的主要的目标，也是我们主要的研究对象。我们每个人身上有多少个这样的基因突变位点？简单来讲，我们每两个人之间的差别大约有千分之一，千分之一大约有多少个位点？我们前面讲到我们每个人有 30 亿个基因位点，那么千分之一的话大概就是 300 多万个位点，也就是说，我和在座的各位老师和同学任何两个人之间的差别就有千分之一，也就是 300 多万个位点是不同的，也正是由于这 300 多万个位点的不同，造就了我们这么一个丰富多彩的世界。比如说，和非洲、欧洲的人相比，我们的身高、体重，高矮、胖瘦，也包括我们的肤色、头发的颜色其实都是不一样的。这正是由于我们有着 300 多万个基因位点的区别；我们的研究对象也正是这 300 多万个有区别的位点。由于最近 10 多年时间里的技术发展，我们可以对古代人的 DNA 进行研究，我们现在可以从 50 万年前到现在几百年前的样本里提取和测序古 DNA。

在过去 10 多年的时间里，我们在很大程度上几乎是重构了人类的起源、迁徙和演化的历史。就像这张图上给大家展示出来的，上面的每一条人类迁徙路线都是我们用古 DNA 验证过的，我后边会给大家分开来具体地讲解这些路线。

第一个话题是介绍人类起源和古人类与我们的基因交流。人类起源其实是我们一直以来孜孜不倦地提问的话题。我想在座的每一位老师和同学在小时候可能都问过"我是从哪里来的"这样一个问题。

在过去的 100 多年的时间里，其实一直是由古人类学家在古人类学的领域内去研究我们人类的起源地。按照所发现的化石材料，我们可以把人类进化大致分为以下的这四个阶段，最早是 500 万—700 万年前的南方古猿，然后再到距今大概是 160 万—250 万年前的能人，由能人再演化为直立人，在距今 30 多万年前由直立人再演化为智人。对于前边的三个阶段，也就是由南方古猿到能人到直立人的这三个阶段，学术界普遍认为是没有什么争议的。

因为前面这三个阶段，古人类化石材料大多都是出现在非洲的，比如说非洲最古老的人类可以追溯到 500 万—700 万年前的，如南方古猿，但是在欧洲和亚洲的话，人类化石却最多只能够追溯到 200 多万年前，所以大家认为前边三个阶段在非洲发生是没有问题的，有问题、有争议的是最后一个阶段，由直立人到智人是发生在什么地方？现在是有两种不同的理论，第一种理论叫作多地区起源学说，就像这张图上给大家展示出来的，该理论认为人类的进步演化是在 200 万年前的非洲发生的，变成了直立人以后，直立人再走出非洲，到达欧洲、到达亚洲、到达澳洲，到达亚洲的直立人经过了 100 多万年的演化，变成了我们中国人。多地区起源学说认为，我们的祖先是来自非洲的，只不过是 200 万年前的非洲，到达了亚洲以后演化为了北京猿人，由北京猿人再逐渐地过渡成为我们现在的中国人。这个学说的支持证据主要来自古人类学的研究，比如说古人类学家发现，包括北京猿人在内的很多古人类，到我们现在的中国人的门牙大都是这种铲型的，我们把门牙翻过来看，它的外观就像小铲子这样的形状。这种铲型的门齿在非洲和欧洲出现的频率是比较低的，可能还不到 10% 的比例，但是在我们中国人里能够达到 90% 以上。在北京猿人里出现的这种铲形的门齿在我们现在的中国人里面也是普遍的，当然还有很多其他表型特征的相似性，这就让古人类学家得出结论，现代人类是多地区独立起源的。

与之相对的是在 30 多年前由遗传学家提出来的非洲起源学说。如图所示，非洲起源学说跟多地区起源学说相比，最明显的是中间有一个断层，认为我们的祖先可能不能追溯到 200 万年前的非洲，或许只能够追溯到 20 万—30 万年前的非洲，也就是说人类有了第二次或者是说第 N 次走出非洲，到达欧洲和亚洲，再替换掉原来存在的直立人。非洲起源学说的主要支持证据来自遗传学，或者叫作基因组学，因为我们发现我们身上的 DNA 只能够追溯到非洲，比如说在 1987 年 1 月 1 号，加州大学伯克利分校的一个研究组在 *Nature* 杂志上发表了《夏娃理论》这样一篇研究论文。这篇论文通过对全世界的 147 个样本的线粒体 DNA 进行分析，发现无论是黑人、白人还是中国人，我们的 DNA 都可以追溯到非洲，并且这个时间是距今大约 20 万年前。作者们推断我们的祖先可能生活在 20 多万年前的非洲，并且大概在 5 万—10 万年前，他们走出非洲，到达了世界各地。在非洲以外的现代人没有和当地土著发生融合，当地的土著居民对于中国来讲就是北京猿人的后代，可能都已经灭绝掉了。不单是线粒体 DNA，我们从男性的 Y 染色体上也观察到了同样的现象，不管你的肤色，不管你来自哪里，你的 Y 染色体都可以放到这样的一棵进化树上，这棵男性的进化树最古老的根部节点也是出现在非洲，距今大约是 20 万—30 万年。

这些遗传学的证据都指向我们的祖先其实是起源于非常晚近的，也就是二三十万年前的非洲。如果是按照遗传学的观点，我们的祖先其实就和 200 万年前分化出来的这些直立人，包括北京猿人、蓝田人、元谋人、爪哇猿人在内的这些直立人没有直接的关系，我们的祖先很有可能是来自图中左边的这一分支，是在非洲演化出来的，像罗德西亚人、克罗马农人跟山顶洞人这一个分支上。

通过遗传学对现代的样本分析可以推出"晚近起源非洲"这一结论，但是同时我们古人类学家还提出了这样一个问题：如果说我们的祖先和 200 万年前的直立人没有直接关系，那么我们的祖先和同时代的还生存在地球上的另外一些古人类之间有没有关系？

我们通过这张图可以看到，在我们的祖先生存的年代，其实当时世界上还存在着其他的一些古人类，比如说尼安德特人。尼安德特人是生活在欧洲的古人类，一直存活到了 3 万多年前。如果我们的祖先由非洲走出来进入欧洲，他们在很大概率上会碰到尼安德特人，并且两者还可能共同生活了很长时间。在东南亚还有弗洛勒斯人，身材非常矮小，是电影里的霍比特人的原型，他们也可能存活到了3万多年前。

我们的祖先跟这些3万多年前还活在地球上的古人类之间有什么关系？这个问题，我们是无法用现代人的DNA去回答的，而需要用古人类的DNA去回答。我们用什么古人类的DNA？一个最好的代表性样本其实就是尼安德特人。

我们前面提到过，尼安德特人在欧洲是广泛分布的，并且一直活到了3万多年前。尼安德特人最早是在1829年被发现的，1856年在德国尼安德山谷里发现了更有代表性的头骨和其他的骨骼，然后被命名为尼安德特人。他们的体质特点，我们可以通过左边这张图有一个大概的了解，他们的骨骼比较粗壮，尤其是眉骨，我们的眉骨是很平缓的，而他们的眉骨是非常粗壮的；他的额头是向后倾的，你几乎看不到他有额头，而我们现在的额头是很平缓、很明显的。并且，他有向前突的下颌骨，造成嘴巴前突；他的身材比我们稍微矮一些，四肢发达，肌肉是很粗壮的。尼安德特人至少是活到了3万多年前的，也就是说他跟我们的祖先是有长时间的共存的可能性的。根据考古发现，尼安德特人可能已经有了一些抽象的思维，因为他们会刻意地去埋葬同伴，并且在墓葬里面发现陪葬品，比如有一些鲜花，说明他们其实已经知道一个人的去世，已经有了抽象思维。

这是64000多年前尼安德特人留在岩洞里的一些画作，我们可以看到他们当时已经开始会用画笔去描绘他们所观察到的或者他们所想到的一些事物。这里好像是画了一个在打猎的场景，我也可能讲不太清楚，但是能够看到他确实把抽象的东西用画笔表达了出来。也就是说，他们其实已经演化到了一个非常强、非常高的阶段。他们的分布范围也是非常广的，比如说他们可以由最西边的西班牙一直分布到我们亚洲的阿尔泰山附近，那么阿尔泰山在什么地方？出了中国的新疆就是阿尔泰山，所以你可以看到尼安德特人是横跨了整个欧亚大陆的。

我们的祖先如果由非洲走出来，到达欧洲，可能首先就会碰到尼安德特人，那么他们碰到以后会发生什么事情？有没有发生过，比如说基因交流，或者简单来讲，有没有发生过通婚？通婚以后还能不能产生出可育的后代？这就是一个很大的科学问题。因为我们知道，马和驴杂交以后产生的后代骡子是没有办法再产生后代的，因为它的父母双方的染色体的数目是不一样的，在形成生殖细胞的时候染色体无法重组配对。

我们就想问尼安德特人跟我们的祖先这两个人种能不能产生可育的后代？我们就需要用古 DNA 的方法，从他们的化石里去提取 DNA。这件事情是在 2008 年到 2010 年之间，由我读博士后期间所在的德国马普所来完成的。他们的基本技术路线是从骨头里来提取 DNA，然后通过高通量测序，再和我们人类的参考基因组序列进行比对，去除掉可能的污染序列，最后再去分析尼安德特人跟我们之间有没有基因上的交流。

有一个非常有趣的发现。就像这张图呈现出来的，和现在的非洲人相比，比如约鲁巴人、桑人，其实就是非洲典型代表性的土著人群，尼安德特人很明显地和我们汉人和法国人以及巴布亚人、新几内亚人这些东南亚的土著人群共享了更多的遗传位点。什么叫共享更多的遗传位点？简单来说就是说我们这些人的祖先很可能身体里就带有尼安德特人的 DNA。

跟非洲人相比，我们跟尼安德特人更近。科学家们就推断，这可能出于什么原因？很有可能是我们的祖先在走出非洲之后，当时还是欧洲人和亚洲人共同祖先存在的状态，碰到了尼安德特人，和尼安德特人发生了基因交流，可能是尼安德特人娶了我们的祖先当老婆，也可能是我们的祖先抢了尼安德特人当老婆等。但是无论如何他们发生了通婚，有了基因交流，并且产生了可育的后代。这些后代就把尼安德特人的基因传遍了现在的整个欧亚大陆。无论是欧洲人，还是我们中国人，还是东南亚的这些小黑人，我们身上都带有尼安德特人的 DNA。

我们前面讲到和尼安德特人相同时代的，还有一种古人类叫作丹尼索瓦人，丹尼索瓦人也是一种已经灭绝的古人类，他们也活到了大约 3 万多年前。他们主要生活在什么地方？生活在阿尔泰山附近。他们留存下来的化石样本其实非常稀少，考古学家在阿尔泰山的一个洞穴里找到这一块小指骨还有一颗牙齿，正是从这些非常少量的样本里，古人类遗传学家提取出了丹尼索瓦人的 DNA，而且更进一步说明了他们其实从遗传学上看，和尼安德特人是兄弟关系，他们的关系是非常近的，然后才和我们的祖先开始追溯到一个共同祖先。

也就是说，我们的技术已经进展到了仅仅通过一段小指骨和一颗牙齿就可以去判别一种古人类从进化上应该是属于哪一个分支。这是之前的古人类学通过体质测量或者其他方法所无法达到的精细程度。对于阿尔泰山区的丹尼索瓦的研究，还发现另一个有趣的结果，就是来自东南亚的土著人群，比如美拉尼西亚人、巴布亚人等，他们身上带有非常多的丹尼索瓦人的DNA，多到什么程度？多到占有5%—6%的比例，但是这在我们和欧洲人身上的比例是非常低的，可能只有百分之零点零几的比例。

东南亚的这些土著人群身上带有了大量的丹尼索瓦人的DNA，我们通过对这些已经灭绝的古人类的研究，揭示出了古人类和我们之间发生基因交流的这两个重要事件。第一个事件就发生在我们的祖先走出非洲以后到达的中东或者可能是近东这个地方，他们很可能碰到了尼安德特人，发生了基因交流之后，我们的祖先带着尼安德特人的基因可能到达了欧洲，变成现在的欧洲人。另外一个分支就沿着海岸线继续走向亚洲，很可能是在中国南方或者是在东南亚大陆这块地方，碰到了另外的一种古人类叫作丹尼索瓦人，和丹尼索瓦人发生了混血，然后带有了6%左右的丹尼索瓦人的DNA走向了东南亚，走向了大洋洲。这个过程其实就是在一定程度上改写了我们前面提到的现代人起源的理论，我们现在修正一下，就是说我们现代人应该是起源于非洲并且还附带了杂交，什么叫附带杂交？现代人的祖先走出非洲以后，碰到了非洲以外的一些古人类，并且还带有了5%以内的这些古人类的DNA。我们体内95%的DNA是可以追溯到20万—30万年前的非洲的，而5%以内的是可以追溯到非洲以外的这些古人类的身上去的。这是我们修改之后的人类起源模型，也就是说，我们还是支持现代人的晚近非洲起源，只不过附带了杂交。

当明确了人类起源这一个基本问题之后，我们下一个问题就是讨论这些古人类和我们的祖先通婚以后，给我们留下的这些基因是有利的还是有害的？我们可以想象，这些跟我们的差距非常大的基因片段就像是外来东西，当它们突然进入我们的基因组里，对我们来讲会不会有什么样的影响？或者说会有多大的影响？那么下一步，人类学家、遗传学家就开始想办法去探究这些古人类的片段对我们有利还是有害。

我们发现有一些基因片段对我们来讲是有利的。比如说我们现在发现在中国人身上有一些跟辐射变化有关的基因，以及跟紫外线辐射应答有关的、跟叶酸代谢有关一些基因突变，就很可能是来自尼安德特人的。为什么说是来自尼安德特人？我们这些突变跟尼安德特人的非常吻合，但是在其他地方是没有发现的。那为什么是跟辐射、跟紫外线、跟叶酸代谢有关？其中一个可能的原因是，我们知道非洲的紫外线是非常强的，当你走出非洲来到欧洲，再来到亚洲的时候，因为纬度比较高了，紫外线其实并没有那么强了。在这种低紫外线的情况下，人类为了适应环境，还要产生出足够量的各种维生素，就需要让皮肤颜色变浅。

所以，欧洲人的皮肤会变白，但是我们的皮肤会变黄，当然不管你是变白还是变黄，其实你的肤色都是变浅，这样你就可以接受足够多的阳光的照射，足够来合成包括维生素 D 在内的多种维生素，这些维生素对于我们维持生命活动是必不可少的。我们可以去体会，如果按照达尔文的进化论，我们要适应环境，适者生存，那我们可能需要经过非常长的时间，要淘汰很多不适应环境的人，最终才能够保留比较稳定的基因突变来应对辐射的变化。这个过程非常残酷，而且消耗的时间是非常长的。但如果我们能够从古人类身上，比如说从尼安德特人身上特异性地来借一些适应环境的基因突变，那就不用经历残酷的自然选择了。因为尼安德特人在欧洲、亚洲已经生活了几十万年的时间，他们肯定已经适应了这里的环境。我们通过和已灭绝的古人类的基因交流，可以获得一些适应性的基因突变来适应欧亚大陆新的环境，来弥补我们自身遗传多样性的不足，这是对我们有利的方面。

另一个非常有趣的一个例子是藏族人的高原适应。我们知道藏族人在青藏高原上是不会发生高原反应的，但是如果我们汉族人尤其是平原地区的人群去拉萨旅游可能会出现高原反应，比如头晕、恶心、头痛，等等，严重的话可能会出现肺水肿、脑水肿，但是藏族人在高原上却可以活得非常好，并且非常厉害的是他们还可以怀孕，还可以生孩子。也就是说，其实藏族人是非常适应高原缺氧的环境的，那么是什么原因让他们非常适应？经过遗传学分析之后发现，这些藏族人身上很可能带有了来自丹尼索瓦人的一些基因片段，这个基因片段集中在一个叫作 EPAS1 的基因上，这些基因突变在全世界的其他人群里面可能都没有，但是唯独就出现在了丹尼索瓦人以及藏族人的身上。丹尼索瓦人所指的就是前面讲到的在阿尔泰山附近的一批已经灭绝的古人类，也正是丹尼索瓦人给藏族人贡献了 EP-AS1 上的这些基因突变，使得藏族人可以在高原上面适应缺氧的环境，可以让他们的红细胞的运载效率提高很多，这是适应高原环境的一个有利的条件。

　　事物往往都是有两面性的，古人类带给我们的既有有利突变，还有一些有害突变。比如说有害的突变会让我们得抑郁症，会尼古丁上瘾，还会让我们得血栓、营养失衡、尿道功能失常，还有光化性角化病等。这些基因突变现在看来非常可能是尼安德特人带给我们的。当然，这些特征我们现在看起来可能是有害的，但是在几万年前他们生活的条件下，对他们来讲可能是有利的。比如说血栓，凝血功能强，血液凝固比较快，那么就容易形成血栓。我们可以想象，在我们的祖先还处在打猎阶段的时候，血液凝集比较快可能是一个有利条件。比如说你外出打猎受伤了，如果你的凝血功能有问题，你的血一直止不住，那么你可能就会没了。但是如果你凝血比较快，你或许就可以活下来。而我们现在是在一个没有危险的、和平的社会环境下，血栓在当时来讲可能对人类是非常有利的一个条件，现在反而成了疾病。也就是说，我们需要在进化的角度上去判断它是有利还是有害的。

　　通过前面的介绍，通过 DNA 回答了我们更可能是晚近起源于非洲的，同时还与非洲以外的古人类有 5% 以内的基因交流。听到这里，有老师和同学可能会问，如果我们不是北京猿人的后代，那为什么古人类学家发现我们和北京猿人的牙齿都是铲型的，这要怎么去解释？

　　北京猿人有铲形的牙齿，我们也有铲形门牙这个现象，其实是一个非常棘手的问题，我们从生物学上该怎么去回应这个问题？我们发现了什么？我们发现这个可能是受基因突变的影响，比如有一些科学家发现我们带有一个叫作 EDAR 的基因，这个基因可以控制我们的多项外貌特征，比如说可以决定我们头发是卷的还是直的，可以决定我们的门牙是铲形的或不是铲形的，可以决定我们的下巴是凸起的、平缓的还是向后凹的，还可以决定我们耳朵的形状，我们可以看到这一个基因控制了我们的多项外貌特征。那么这个基因有什么用？科学家们通过了一些动物学的实验，用转基因的方法在老鼠身体里把这个基因突变掉，然后发现带有这些基因突变的老鼠会出现毛发变粗、乳腺变小、汗腺变多等特征。在我们人的身上有着同样的效果，我们90%以上的中国人的头发会又粗又密，但是有一个不好的效果，就是女性的乳房会变小。这也就是跟非洲人和欧洲人相比，东亚人群的女性乳房都普遍会小一些的原因。由于我们大多数中国人都带有这个基因突变，这个基因突变最重要的效果是可以让我们汗腺密度增加15%，汗腺密度的增加其实就是我们出汗的能力提高了 15%，这个很有用。我们可以遥想，我们的祖先进入东南亚和中国南方时，可能非常炎热，到处是密集的森林，在非常闷热的环境下，如果你的排汗能力很强，那么你的生存几率可能就会提高。比如说，你去追逐猎物，如果你能够很好地通过散热排汗来降温，那么你可能最后能够追上猎物。如果你的汗腺比较少，又体温升高，你可能还没有追到猎物，自己就已经晕倒了，你可能就会有生命危险。也就是说，有了这个基因突变，让你对环境的适应能力、打猎能力都会提升很多。所以，我们推断很可能是由于这一基因突变造成汗腺密度增加，同时它有一个附带的效果，就是会让你的门牙变成铲型的。更简单来讲，比如说我去超市买一盒牛肉，售货员非要送我一斤青菜，这青菜是不拿也得拿，因为它是捆绑在一起销售的。这一 EDAR 基因突变的主要功能是让我们汗腺增加，我们可以散热，但同时它有一个附带的作用，就是让我们的门牙变成铲形的。因为我们想象不到牙齿是铲形还是不是铲形在进化上有什么不一样的影响，但是能不能出汗就可能是决定你生死存亡的一个关键。

这一 EDAR 基因突变，我们推断可能是在 3 万多年前出现的，现在我们 90% 以上的汉族人其实都带有这一突变，所以我们开玩笑说，为什么汉族人叫汉族，因为容易出汗，其实它是受到基因突变的影响。通过这个解释，我们可以看出来，包括北京猿人在内，也包括我们的祖先，他们很可能是到了东亚这个地方都适应了环境，这一适应对 EDAR 这一基因突变或其他可能决定牙齿形状的基因有特异性的自然选择的作用，就造成了铲形门齿在我们和东亚的古人类中的出现频率比较高。

我用了 40 多分钟的时间讲解了关于人类起源这个重大的话题，后面我会把时间尺度缩到几万年内继续介绍。现在介绍大家比较熟知的，比如说汉藏人群、壮侗人群，比如说欧洲的各个古人群，他们之间的起源和演化的历史。

我们首先看汉藏人群的形成历史。说到汉藏人群，我们还是从 5 万多年前我们的祖先走出非洲开始讲起。大约在 5 万多年前，我们的祖先从非洲走出来，其中一个分支就向东沿着海岸线到达亚洲，同时到达东南亚和大洋洲，到达中国以后，经过了几万年时间的演变，在中国独立发展出了农业。中国是世界上的两大农业起源地之一，黄河流域的农业是粟黍（小米），而在南方的长江流域有水稻，也就是现在的大米。这张图上用每一个点代表当时的一个考古遗址，北方是粟黍，南方是水稻。由于农业的发展，人口增长，有了一个非常大的人口基数。因为有了农业，大家可以吃饱饭了，可以活下来了。这是我们在 2012 年左右做的一项研究，对中国境内有代表性的男性样本进行了 DNA 研究，通过构建生物学谱系树去计算这些样本有共同祖先的时间。我们就发现有三种 Y 染色体类型，分别产生于 5400 年、6500 年及 6800 年前，它们产生了很多的后代，后代的数量多到什么程度？多到占了现在的中国人口的一半左右。也就是说，今天在现场听讲座的有一半的男生都可以追溯到 5000—7000 年前的这三个祖先中的一个。

我们可以想象，在 5000—7000 年前，肯定在中国存在着几个比较大的农业部落或者说农业集团，他们有了充足的食物来源，孕育了很多的后代，并且有足够的食物可以养活这些后代，这些后代又有了更多的后代。经过了五六千年的演变，这些人就奠定了现在整个中华民族的遗传基础，有一半的人都可以追溯到这三个老祖宗身上。

同时，我们发现现在的汉族人跟藏族人其实是共享其中一种男性的 Y 染色体类型的，这种类型就是我们前面提到的叫作 Oα 的类型。这一类型大约是 5400 年及 5800 年前产生的，在汉族人里的频率可以占到 12%—13% 左右，也就是十分之一以上的汉族人都是这种类型，它在藏族人里也占到了非常高的比例。也就是说，汉藏人群其实是可以追溯到 5800 年前的一个共同祖先的。这个共同祖先，我们推断非常可能是新石器时代生活在黄河中上游的农业人群。由于农业的发展，他们由黄河中上游开始经由藏彝走廊进入青藏高原，同时还进入云南、贵州、四川等地，然后逐渐演化为我们现在看到的这些说藏缅语的人群。这是在男性的 Y 染色体上的证据，我们在 22 对常染色体上也看到了同样的现象。在这张图上，科学家用不同的颜色来代表不同的祖先成分来源。我们可以看到在汉族人里面，红色的可以占到 92.3%，同样这种颜色在藏族人群里边可以占到 81%，这就非常形象地告诉我们，汉藏人群有百分之八九十的 DNA 成分是同源的，这个相同的来源都可以追溯到前面提到的 5000—6000 年前的黄河中上游的农业人群。这是来自 DNA 方面的证据。

我们再看来自语言学上的证据。这是我在复旦的一个好朋友张梦翰去年发表在 *Nature* 上的一篇论文，他用计算语言学的方法，对汉藏语系的109 种语言的 949 个同源词汇进行了研究，推断出来汉藏人群的共同祖先大约是生活在 5800 多年前。语言学的结果和我们前面提到的 DNA 的结果是非常吻合的，语言学的结果也印证了汉语人群和藏缅语人群有着非常近的共同祖先。

汉藏同源的模型就变成了这张图里所呈现出来的：黄河流域的农业人群由于农业的发展而进入青藏高原，逐渐演化为藏缅语人群。另外的分支向东、向南，经过了几千年的演变，成为现在的汉族人群。现在的汉族人群的遗传基因的分布情况，我在这张图上呈现出来。我们用蓝色来代表黄河流域的农业人群的 DNA，用棕黄色来代表跟水稻农业有关的南方的农业人群的 DNA。我们可以看到，现在的汉族人群由北方到南方，北方的蓝色成分逐渐减少，南方的棕黄色的成分逐渐增加。也就是说，从北方到南方，是有着这样一个遗传梯度的。但是不管如何，我们都能够看到农业人群对现在的汉藏人群有着巨大的影响。另外，从这张图上看起来，最南方的比如福建、广东和广西的一些汉族人群或者是其他人群好像也都带有北方的成分，比如说像福建、广东汉族来自北方的成分也能够占到一半以上。为什么南方这些汉族人群里也会带有这么多来自北方人群的祖先成分？这里就要提到汉族形成过程中一个模式，按照文献记载，在汉族的形成过程中有大规模的人群南迁。比如说，第一次是西晋永嘉之乱的时候，出现了士大夫阶层的衣冠南渡，就是由北向南开始迁居到南方的这个过程。第二次是在唐朝的安史之乱时期，北方连年战乱，中国的经济重心就开始由北方转移到南方。最后一次是在南宋，当时北方的游牧民族不断南下入侵，发生了靖康之难，金兵南下入侵到了黄河中下游地区，这些汉人也就不断南迁。第三次南迁持续了 100 多年的时间，统计下来大约有 500万名北方人迁到了南方。这就可以解释为什么在现在的南方汉族里面还能够观察到如此高比例的来自北方的遗传成分。你可以理解为，北方的游牧人群打过来，北方人抵挡不住就会往南方跑，那么南方人会往更南方的地方跑，比如他们来到东南亚，来到了大洋洲等。这是汉藏同源、汉藏人群起源和演化的主要模型，我们通过遗传学来证实汉藏同源和汉民族的演化的历程，这和文献记载、语言学的证据也都是非常吻合的。

下一个话题是东南亚和大洋洲地区的人群形成历史和环境适应。前面提到，东南亚的土著人群是一些小黑人，就像这张图上呈现出来的，他们叫作尼格利陀人，身材矮小，只有 1.3—1.5 米，皮肤黝黑，头发卷曲等。现在看起来他们和非洲人非常相近，但是他们其实是和非洲人有着非常远的遗传距离的。只不过，可能由于环境的影响，他们的这种外貌特征使得他们和非洲人比较相近。中国的一些文献有说到昆仑奴，昆仑奴很可能指的就是来自东南亚和南亚的这些小黑人。

在东南亚和大洋洲还存在着另外一批人，也就是南岛语人群。大部分的南岛语人群从外貌特征上其实和我们没有太大区别，他们和土著尼格利陀人群可以明显区分开。这张是南岛语人群的分布图，分布范围可以由台湾到东南亚到大洋洲，甚至到达非洲的马达加斯加。他们的分布范围是非常广的，它的东西距离几乎跨地球圆周的一半。南岛语的源头，现在大家都公认是在台湾。

关于台湾南岛语人群的来源，在 100 多年前一直有一种说法叫作"南来说"，主要由一些日本学者提出。台湾最早是由荷兰人占领，后面又改为被日本殖民，在日本殖民期间就有很多日本学者到台湾考察，想去探寻台湾原住民，也就是南岛语人群的来源。比如说，有一个著名学者叫作鸟居龙藏，他在《台湾有史以来的遗迹》里面就提到"所以从台湾的石器时代的这些文物来看，很可能是马来种族的遗物"。马来是在台湾更南的地方，他们认为人群可能是由更南的地方来到了台湾，是一个由南向北的迁徙过程。这些早期的日本学者的研究忽略了中国大陆跟台湾的关系。一直到 20 世纪的 60 年代，考古学才开始用跨学科的方法去研究大陆和台湾的关系。比如说张光直先生，他提出把华南的绳文陶文化和南岛语族联系起来，提出"华南闽台学说"。"华南闽台学说"后来经过皮特贝尔伍德的进一步发展，就像这张图呈现出来的路线一样，南岛语人群的祖先人群在 5000 多年前由台湾开始发源，当然更远可以追溯到中国的东南沿海地区，然后由台湾再到东南亚，一直到公元 700 年左右，也就是唐宋时期才到达太平洋上的夏威夷、复活节岛这些地方。

南岛语的发展是以台湾为跳板，不断地经过东南亚再到大洋洲的一个过程。皮特贝尔伍德的观点其实就发展了当时张光直先生的"华南闽台学说"。这一观点在语言学上也得到了支持，比如说 Russell Gray 和他的学生用计算语言学的方法处理南岛语数据，发现南岛语的起源地也可以追到台湾，年代大概是 5200 年前，这跟考古学上的年代也比较吻合。南岛语经历了由台湾到东南亚的停留和对外扩张，然后迅速地穿越太平洋的过程。

从遗传学上看，这个故事就要追溯到 8000 多年前的亮岛人。亮岛人是生活在福建周边沿海地区的人群，是闽江流域发现的最早的新石器时代人骨，也是南岛语族发现的最早的人骨。Mark Stoneking 教授对亮岛人进行了 DNA 的研究，发现亮岛人的线粒体 DNA 属于单倍群 E 这一类型。这一类型正好处在连接着大陆的 M9a 以及在台湾和东南亚的众多单倍群 E 类型的中间，在图中就是五角星所在的位置。用 DNA 去研究人群的迁徙路线，非常好的一点就是可以发现很多这样的中间类型。DNA 上的突变就像编家谱一样，可以不断地追溯上去。我们追溯到 8000 多年前，发现它是亮岛人这种类型，然后亮岛人这个类型再不断地繁衍生息演化出更下游的，也就是现在分布在台湾东南亚的分支后代的类型。这个结果就无可辩驳了，说明包括台湾在内的这些南岛语人群最早可以追溯到 8000 年前，可以追溯到中国的东南沿海这块地方。如图所示，这里用红色来表示，是亮岛人 8000 年前的这种线粒体类型在现在的东南亚的分布情况，可以看到它在好多人群里所占的比例比较大，也就是现在还能够在东南亚发现这些类型。这个发现给出了一个无可辩驳的证据，南岛语人群应该是起源于中国的东南沿海，再到台湾，最后到东南亚的。

我们最近跟台湾"中研院"以及台湾成功大学合作，对台湾的 1500 年到 3200 年前的汉本遗址的古人的 DNA 进行研究。汉本遗址非常有趣，是一个很重要的考古遗址，出土了金箔、玛瑙、玻璃，还有青铜器等外来物品。我们的合作者刘益昌先生用"最早的台商"来形容汉本人。我们想去看汉本人在遗传学上和谁的关系最近。我们拿到汉本人的样本，提取了 DNA，就像左边这张图所呈现出来的，这张图叫作"主成分分析图"，上面的每一个点就代表一个样本，两个点之间如果靠的比较近，就说明这两个样本的遗传关系比较近。我们用绿色来表示中国大陆的壮侗语人群，壮侗语人群指的是说壮侗语的这些族群，包括壮族、侗族、水族、仫佬、毛南、仡佬等族群，在广西比较常见的民族大部分都属于壮侗语人群。我们发现红色的台湾汉本遗址的样本和这些绿色的中国南方壮侗语人群的遗传关系非常近。我们用最直接的证据证明了台湾的这些古人其实和中国大陆南方的壮侗语人群的关系非常近。这个发现也符合语言学上的结论，南岛语和壮侗语在语言学上也有比较近的关系，他们可能都是来源于同一个祖先人群。我们的结果也证实了南岛语人群由中国的东南沿海进入台湾的起源和扩张的历程。

下面我再用十多分钟来介绍欧洲人群的史前历史。欧洲人群的史前历史比我们东亚人群的更复杂。追溯到5万多年前，我们的祖先与欧洲人的祖先分离之后，沿着海岸线向东迁徙到达亚洲，同时，欧洲人的祖先也一路向西进入欧洲。我们要去回答"现在他们的金发碧眼是从哪里来"这一问题，其实他们的"金发碧眼"并不是与生俱来的特征，而是经过了人群迁徙和混合之后才有的。

当我们回溯到8000—10000年前，我们发现那时候的欧洲人的外貌特征其实跟现在是很不一样的，比如说当时他们是蓝眼睛，他们的头发跟我们一样是黑头发，他们的皮肤颜色很深，不一定是黑色，但是颜色会比较深。就像这张图上用示例图所描绘出来的这种外貌特征，这就是最土著的欧洲人，他们的外貌特征显然跟现在很不一样。那么他们的金发碧眼从哪里来的？

大约1万多年前，在安纳托利亚，也就是近东这个地方的两河流域发生了一件非常大的事件，就是产生了农业。前面讲到，在中国的黄河和长江流域产生的农业对人口的增长起了非常重要的作用，并且农业的扩张推动了包括汉藏人群在内的东亚人群的史前大迁徙。同样地，安纳托利亚的农业起源也对欧洲人群的形成产生了巨大的影响。

通过遗传学发现，9500多年前的安纳托利亚农业人群，图中我们用棕黄色来表示，由于人口的增长，他们一路向西迁徙到欧洲。当时欧洲的土著人群还是蓝眼睛、黑头发、深肤色，还处在采集和打猎阶段。这样采集和打猎的土著人群肯定是经受不住农业人群的强势入侵的。很快，在遗传学上，他们就被农业人群几乎换了一遍血。我们可以看到这种棕黄色在7500年前的欧洲人群里几乎占了80%—90%的比例。

农业人群进入欧洲，给欧洲人群带去了什么？带去了这种浅肤色。农业人群把这些基因带到了欧洲，然后形成了我们现在所能够看到的欧洲人白皮肤的特征。这是安纳托利亚的农业人群经过了人群扩张以后，在7000—8000年前进入欧洲、给欧洲换血的过程。

在农业人群进入欧洲的过程中，还有另外一群人顽强地对抗了这批农业人群，那么这批人群是在什么地方？他们在波罗的海周边地区沿海而居，就像我们现在的广西有很多贝丘遗址，这就是沿海而居而遗存下来的。在波罗的海周边，当时也存在着靠打猎和捕鱼来生活的渔猎人群。当农业人群进入欧洲以后，肯定也到达了波罗的海周边这些地方，只不过，当时海边的土著人群用打鱼和捕猎也可以有非常丰富的食物。由于有食物来源，并且北欧的泥土比较黏重，可能不适于农作物的种植，所以就使得波罗的海周边的渔猎人群的漏斗颈陶文化又得以重新延续了 1000 多年的时间，最后才被农业人群所取代。

这个现象非常有趣，因为它展示了农耕文化和采猎文化在这个地方共存和对抗的过程。我们知道欧洲有很多地方有巨石阵，也就是巨石建筑，一些考古学家认为这些巨石建筑很可能就是渔猎人群建造起来的，目的就是为了向农业人群宣示不同，并且这是对外展示自己武力的一种方法。这是在英国伦敦西南的巨石阵，叫作索尔兹伯里巨石阵。我们看到的是非常大的石头，人和石头比起来显得非常渺小。这些巨石阵很可能就是渔猎人群为了和农业人群分开而宣称领地的一种方法，昭告自己与众不同的人群和文化。

在这些农业人群给欧洲带去白皮肤的同时，他们也把代谢牛奶的能力带到了欧洲。中国人尤其是成年人喝牛奶很容易出现肚子不舒服情况。这是因为代谢牛奶需要乳糖酶，而我们到了成年，乳糖酶的活性就没有了。但是从这张地图上可以看到，现在的欧洲人成年后还可以分泌乳糖酶，他们可以正常喝牛奶的比例还是很高的。然而，七八千年前的欧洲不是这样的状态，因为这种可以代谢牛奶的乳糖酶起源于安纳托利亚农业人群，他们在 8400 年前才进入希腊，在 8000 年前进入巴尔干半岛，在 7500 年前这种乳糖的代谢才开始在中欧出现。这个时间正好跟农业人群进入欧洲的时间是非常吻合的。一直到了 6500 年前，欧洲人才可以普遍地代谢牛奶，也就是说，这个时候乳糖酶已经在欧洲普遍地出现了，这也得益于农业人群由安纳托利亚进入欧洲的迁徙的过程。

再到 6000—7000 年前，欧亚草原上又诞生了以有高封土堆的墓葬为代表的考古文化。我们把这群人叫作青铜时代早中期欧亚草原上的游牧人群，这些游牧人群是继农业人群之后的第二批强势扩张的人群。他们为什么可以强势扩张？因为他们从蒙古高原借来了马，马最早是在蒙古高原驯化的，草原游牧人群把马借过来。他们还发明了轮子、发明了车。当一个族群有了马，有了轮子，有了车以后，把这三者拼起来，就是一种非常强大的力量。首先，他们的活动范围，以及他们行动的灵活性和速度都得到非常大的提升。另外，他们快速的移动方式，以及熟练的骑马技术，使得他们的战斗力得到了非常大的提高，让他们几乎在欧亚大陆上横冲直撞，在很短的时间内横扫了整个欧亚大陆。

他们扩张到了什么程度？我们用这张图来表示。在这张图上，用深蓝色来表示草原上的 6000 多年前游牧的颜那亚人群的 DNA 成分，用浅的颜色来表示当时欧洲本土的遗传成分。可以看到，在距今 4000—5000 年以前，这些草原上的游牧人群疯狂地进入欧洲，几乎是在给欧洲换血，换了有一半甚至到 3/4 的比例，也就是说继农业人群之后，这些游牧人群又给欧洲换了一遍血，同时这批人还向东到达了阿尔泰山附近，变成了我们所说的阿凡纳谢沃考古文化。他们还来到南亚，南亚的主要国家是印度，印度人群主要由两批人群组成，其中一批就是和尼格利陀人比较相近的印度土著小黑人，另一批就是来自草原的游牧人群。印度有很多诗歌、史诗，这些史诗和神话传说就记载：骑着高头大马的白人从北方而来，经过打仗，占领了很多的城等。这些高头大马的白人，被称为雅利安人，这些雅利安人很有可能就是来自草原的游牧人群，他们对印度贡献了大量的血统。比如说，现在的印度有种姓制度，把人分成不同的等级。我们现在发现，等级越高的族群里带有的白人的血统会越多，阶级越低的族群带有的像尼格利陀人、安达曼人小黑人的土著血统会越高。这也非常直接和形象地说明了这些草原的游牧人群扩张的范围很广以及扩张强度很大。还有一个非常有趣的例子，他们甚至还来到中国的西北，来到中国的新疆。比如说 3800 年前小河墓地就发现这些有明显的东西方混合特征的干尸，把小河公主复原以后，可以看到她是明显的高鼻深目，很明显受到了来自西方人群的影响。印欧语里有一种吐火罗语，是 20 世纪初在新疆发现的一种已灭绝的语言，分为两类，一类叫作月氏语，另一类就是龟兹语。吐火罗语主要被一些西方的学者所研究，被认为是印欧语里第二古老的分支，最古老支系是安纳托利亚语。虽然吐火罗语是印欧语里面非常古老的一个分支，但它不是出现在欧洲，反而是出现在中国新疆的塔里木盆地。那么这些印欧语为什么会突然出现在中国新疆？我们跟吉林大学的边疆考古所、西北大学的文化遗产学院合作，对新疆哈密巴里坤县天山北麓一个叫作石人子沟的考古遗址进行研究。我们成功地做出了 2200 多年前的 10 个样本的DNA 数据，发现这些数据的祖先来源主要有两个，一部分是可以追溯到东北亚地区，现在的满蒙通古斯语人群的祖先；另一部分来源于欧亚草原上的游牧人群。由此可以看出，当时的游牧人群不单是进入欧洲，进入南亚，同时还来到中国的西北，来到中国新疆，并且很可能是他们在传播印欧语里的吐火罗语，他们带着印欧语来到了中国西北。

关于印欧语起源的假设，印欧语很可能是在安纳托利亚起源的，并且其中一个分支很早就融入欧亚草原里面去，后面又经过欧亚草原上的像颜那亚这种青铜时代的游牧人群的扩张，使得印欧语在现在的欧洲、南亚等多个地方有广泛的分布范围。通过这样的研究范例，我们把考古学、生物学和语言学非常好地结合了起来。

欧洲史前历史主要是分为两个阶段，一个阶段是农业人群的扩张，另一个阶段就是这些来自欧亚草原上的青铜时代游牧人群的大扩张。这两次扩张就是不断改写欧洲人群的遗传结构，并替换掉它原来的人群的遗传背景，这就是关于用古 DNA 去探究欧洲人群的史前历史的几个比较有趣的故事。

以上是我讲座的主要内容，在讲座的最后，我想用几分钟的时间来介绍跨学科研究。我们的人文社会科学研究非常需要引入自然科学的实证分析。我们前边所研究的人类起源、汉藏语同源、壮侗和南岛语人群的形成和演化，也包括欧洲史前历史的推演这些过程，如果单纯通过文献研究去考证，其实有很大的模糊性。如果我们引入自然科学的方法，包括生物学的方法、化学的方法以及与实验等有关的自然科学的方法，可以极大地增加研究的精确性。这张照片是我挂在实验室墙上的一句话，其实是想启发我的学生们，能够把自然科学和人文社会科学综合起来，用跨学科的眼光、综合多学科的视角，把定性研究和定量研究结合起来，全方位、多角度地探索人类起源以及族群演变中众多重大的科学问题。

我经常跟我的学生说，学科其实是人为设置的界限，但是一些重大的科学问题，比如说像人类起源，像汉藏人群的形成，像南岛语系的扩散等这样一些重大的科学问题，其实往往是没有学科边界的。我们需要打破边界，用跨学科的方法，综合多学科的角度，不再是盲人摸象，而是综合利用不同学科的技术和方法，综合性地去看待和回答问题。

我们在厦大实验室，无论是从研究课题，还是从研究队伍上，都做到了学科交叉。我们可以在社会与人类学学院人类学专业招学生，同时也可以在生命科学学院生物学专业招学生。我们的学生来自不同的学科和专业，有来自人类学、民族学、语言学、考古学，还有来自生物学、法医学。我们有这么多不同的专业方向，当大家聚在一个实验室，在一间办公室里讨论问题、头脑风暴时，你可以想象这是怎么样的效果。我们可能每天都会有一些新的科研想法随时迸发出来，这也是我们培养学生的最基本的出发点，鼓励学生用文理交叉、跨学科的方法去参与科研项目，以科学问题为导向，综合运用多学科的方法去研究一些重大的科学问题。这是我对于跨学科的一点思考，希望能对我们在座的老师和同学们有所启发。

这是我今天报告的全部内容。最后，我再次感谢罗老师的邀请，再次感谢广西民大众多领导、老师和同学的热情，谢谢大家来听我的报告，谢谢大家！

罗彩娟：王教授刚才给我们带来一场非常精彩的讲座，尤其是古DNA对于我们很多同学老师来说可能是比较陌生的话题，所以对我们的启发非常大，尤其是这样的跨学科研究，你们的成果非常丰富，所以收获很大。我想也借这个机会请教王教授，就是我们如何去引入自然科学实证的分析？在厦大你有专门的实验室、有这样的条件，我们这里有体质人类学的实验室，但是跟你们的应该很不一样，我们体质人类学目前发挥实验室的作用不是很明显。很多老师和同学也没有自然科学的学科背景，之前也不是医学出身，也不是类似考古学或者其他生物学这样的学科背景，您觉得我们怎么更好地结合运用试验室？请您给我们一些建议。

王传超：非常感谢罗老师对我的讲座的点评，以及您的提问，您的问题是我在很多次做报告之后都会碰到的，大家特别关心的问题是我们如何综合多学科的方法，尤其是在没有跨学科背景和基础的条件下。您刚刚提到广西民大是有体质人类学的实验室的，体质人类学是应用传统的生物人类学的一些方法，主要是依靠体质测量的方法去比较族群之间的关系。

我们现在用的方法叫作古DNA的方法，其实这是近十多年的时间随着我们技术的发展所演变出的新兴的学科方法，我们的基础还是体质人类学，只不过是我们用了新的方法去做这些事情。我们厦大的实验室也是由体质人类学逐渐改造成我们现在的古 DNA 实验室的。我是 2019 年来到厦门大学，也就是经过了短短的三年的时间，我们才发展成一个比较有规模的、学生比较多的实验室。主要还是需要开拓新的研究方向，引入相关的人才。比如说我们这边就有很多毕业生，如果您那边需要，我们就可以推荐到您那边去。

另外，您提到在没有背景、没有学科基础的情况下，怎么去做跨学科研究。我这里举一个例子。我们有一个学生，她原来是比较纯粹的语言学专业。她后来来到我这个实验室，是因为觉得用纯语言学去发文章很困难，厦大的博士毕业标准又非常高，她面临毕业的压力，希望能够参与我们的课题来发一些论文，以达到毕业要求，这是她最初来实验室的目的。没想到，她的语言学研究可以非常好地融入我们跨学科的研究里面。虽然她没有生物学尤其是 DNA 的基础，但是她的语言学功底是非常好的。对于东北亚地区满蒙通古斯语，我们从跨学科角度做了很多研究，我们可以从生物学角度探究人群关系，同时她还可以从语言学上讨论语言接触和演化，我们合作发表论文。经过两三年的实验室里的耳濡目染，她也开始涉猎与遗传学相关的论文，把我们生物学的文献内容转换成语言学内容写出来，很受语言学界的欢迎，等于是引入一个新的研究维度。她毕业之后去了华侨大学，今年也中了一个国家社科一般项目，就是用跨学科的方法去研究东北亚地区的语言演化。所以，你可以看到，一个完全没有生物学基础的学生，经过短短几年的学习以及她自己的文献阅读，就可以成长为一个比较优秀的跨学科领域的年轻学者。我们可以看到，其实跨学科不一定要求你自己要去做实验，不一定是自己要去拿样本、去钻一些骨头，更多的是要求你能够读懂其他学科的论文，读懂别人已经发表的成果，然后把别人的成果引用到你的研究里面，把他们的语言变成你们这个学科的语言，然后再综合表述出来。

我去很多地方做报告，如果我讲比较多的生物学的内容，可能大家会听不懂。我就需要去照顾听众，把生物学的这些复杂的语言转换为民族学、语言学和考古学的语言，以大家可以听懂的方式，把大家关心的问题用另外一个学科的方式表述出来。所以，我鼓励大家可以多看一看其他学科的论文，来看一下你的研究课题能不能从不同的学科里有所借鉴。

第一步把借鉴和综合做好，我们再进入下一阶段，比如说去实验室参与实验等。我们需要循序渐进、一步一步地去完成。这是我的一些基本的想法，也是我过去三年在厦大培养学生积累的浅显经验，供罗老师和其他老师参考，谢谢！

罗彩娟：谢谢王老师。您的经验给我们很大的启发，将来我们努力朝着这个方向多做一些跨学科的研究。

还有另外一个问题我想问，我看了徐杰舜老师对您的访谈，您提到跟传统的 DNA 分子人类学研究相比，你们要有更进一步的超越。过去的研究方法是对现代人类 DNA 的提取对吗？您现在是从古人类的化石上面去提取 DNA，这两者是有很大的差异吧？它们的研究对象不同，可能要回答的问题也是不一样的吧？您能不能再介绍一下。

王传超：我们用 DNA 去研究人类的历史，最早是可以追溯到 30 多年前，最开始由于古 DNA 技术的限制，大家主要是集中在用现代人，也就是现代还活着的人去提取 DNA，去反推古代可能发生的事情。这里就存在一个由现代去反推古代的过程，那么在反推的过程中可能会有很多的不确定性。

第一就是古代族群可能会不确定，因为反推过去之后，你不知道在5000 年前推导出的这个人是来自什么样的人群。第二是年代的不确定性，一个重大事件发生在什么年代，你不知道是推到 3000 年前还推到 5000 年前。这样就造成一个问题，我们在用现代人的 DNA 试图去回答考古学、语言学或者民族学的问题的时候，人文社会科学界的学者可能普遍会不太相信。因为我们这种反推存在一定的模糊性，就是我们对历史、古代样本、古代的推断的模糊性，因为我们全部是基于现代样本反推过去的。

在最近的十多年的时间里，由于技术发展，我们可以直接对古代样本进行研究，在很大程度上回应了人文社会科学界的学者们对我们之前研究的担心。因为我们可以直接对古代样本进行提取和数据分析。比如说，我们在某一个考古遗址，发现某个样本，我们可以直接提取 DNA，直接比较考古遗址的样本跟现在的族群，比如说广西的壮族、侗族、水族有什么关系，这个就是更明确、更直接的方法。

古代样本越来越多，我们所得到时间序列也会越来越全面，我们有5000 年前的、4900 年前的、4800 年前的、3000 年前的，时间越密集，样本越多，我们可以涵盖的范围、可以回答的问题就会越多，我们对于史前历史的描述的准确性也会越来越高，可信度也会越来越高。我们很大程度上抛弃了原来的以现代反推古代的方式，直接由古代来推现代，这确实是我们跨学科飞跃性的进步，让我们有了更直接的证据去证实我们的推断。

这给考古学、语言学、民族学、人类学等众多学科融合起来做跨学科研究提供了一个桥梁，一起去回答人文社会科学所关心的科学问题，古代的样本就是一个桥梁，这是现代样本无法做到的事情。这也是徐杰舜先生访谈我时我们重点讨论的内容，我们通过古 DNA 增加了一个古代的维度，多了一个角度为史前的历史提供更多的坐标和参考。希望我回答了您刚刚提到的问题，谢谢罗老师的提问。

罗彩娟：好的，谢谢王老师。

我们在线上也有同学提了一些问题，也请王老师回答。有一个同学问，现在考古出来的人骨有统一地建立数据库吗？

王传超：现在还没有，我们也在不断地向国家文物局提出申请，或者通过政协提议的方式去推动，希望能够建立起一个出土人骨的统一数据库。我们知道考古学是有地域划分的，你在这块地方，你就负责你这块地方的考古工作，比如说广西的考古队不可能到福建来做发掘。这样就会造成很多的人骨材料出土之后无法有效地统计起来，在考古上很难做到成果共享。很多地方都是把出土人骨储存在当地的博物馆或者当地的考古所，我们就希望能够推动全国建立起一个统一的标本库，至少是一个标本的信息库。我们想研究什么样本是可以通过全国的数据库去查询和找到的。现在还是不行，现在基本上是一盘散沙的状态，大家各自为政，没有一个非常好的、完整的数据库可用。这也就使很多非常珍贵的考古样本不能够很好地发挥它的作用，可能会面临被回填。因为地方考古所可能空间有限，库房里不可能堆满这么多人骨，可能最简单的方法就是回填，把土挖出来再把人骨填回去，这就会造成很大的浪费。我们正在推动全国建立一个统一的标准数据库。

罗彩娟：我看到还有一个同学提问，依据铲形门齿的 EDAR V370A 基因是怎么推断到 3 万年前的？为什么只有汉族人出现基因突变？

王传超：推算时间是我们在遗传学上常用的一种方法，我们可以通过基因突变以及它周边的一些 DNA 序列去计算时间。因为我们的基因突变有一个突变率，在多少年的时间内会发生一次基因突变。我们有了这个突变率，就像我们有了一个汽车的速度一样，我们可以数一数有多少个突变，然后可以用突变数目除以这个突变率，就会得到时间。在人类进化上有个分子钟的概念，突变会随时间不断增加，根据这个近似线性的关系可以反推出来时间。

为什么只有汉族人出现基因突变？其实不是说只有汉族人出现，而是说在汉族人里的突变频率是非常高的，能够占到90%多。我们再退回到PPT里的那张图给大家来看一下，右上角这张是它的基因突变频率的分布图，颜色越深代表这个频率越高。我们可以看到最中心就在中国的中原地区，其他地方也是有的，比如在南方，在这个东北亚，这一突变也都是存在的，只不过频率会稍微低一些。这个突变频率在汉族人群里面能够达到93%，而在其他地方会稍微低一些，占到10%—20%。不是说只有汉族人才有，只不过是在汉族中的频率非常高，你可以认为这个突变在整个东亚地区都是普遍出现的。其中一个原因可能是东亚核心地区经历了长期的人群的交流，在这个地方没有什么阻碍，人群都是可以流动、通婚的，等等，所以这一基因突变在东亚是普遍存在的。

王传超：还有一个同学提问，欧亚草原上面的游牧人群最早的活动范围在哪里？他们和北亚人种有什么关系？

我发现很多同学的提问还是非常专业的，说明大家对这个事确实非常感兴趣。我们回到欧亚草原这张图上，他们最初的活动范围就是在这张图上的里海和黑海中间的这个欧亚草原的核心地带，后面他们又延伸到了阿尔泰山附近，他们的范围就由最核心的地带到达了中亚，比如说哈萨克斯坦，然后再到达阿尔泰山区，基本上就是这么大的地理范围。

他们和北亚人种有什么关系？他们和北亚人种其实非常不一样，你可以理解为北亚人种基本上和我们还是有更近的遗传关系。如果我们把欧亚大陆简单地分成东和西的话，其实北亚人种还是属于是东方的，从遗传学来看，他们属于东方。而这些草原上的游牧人群，从整个遗传学上来看，他们其实就属于西方了。东方和西方分开的时间大约是4万多年前，不到5万年，也就是说他们其实已经分开了很长时间，跟北亚人有非常大的差别。

现场提问：刚才您提到壮侗民族的基因来自南岛的问题，从语言学的角度印证了壮侗民族和南岛语系民族的关系比较密切，可是在国内关于壮侗语在语言学上的划分，还有另外一种说法认为它是从汉藏语划分过来的。我的问题是，从基因的角度上说，壮侗到底是跟南岛的关系密切一点，还是说跟汉藏的关系更密切？或者是存在时间层次上的问题？谢谢。

王传超：好，谢谢您的提问，您这个问题也是比较专业的。我们的研究其实不是说壮侗是来自南岛，而是说壮侗和南岛可能是有一个共同的祖先，这个共同祖先很有可能由长江中下游最早的农业人群演变过来。他们可能最开始活动在东南沿海，就是我鼠标箭头指的这一块位置，大约是在七八千年前分化出来为两个分支，一个分支越过台湾海峡走向台湾，就演变成了南岛语，另外一个人群可能就是走向了中国的西南，逐渐地演化为现在的壮侗语。如果回溯到七八千年前，从遗传学上看，南岛语和壮侗语人群关系是非常近的，他们的关系是远远要比和汉藏语更近的。

随着时间的推移，随着这些人群逐渐向西南地区迁徙，他们有一个分支走向了海南，变成现在的海南黎族。我们知道黎语和其他的壮侗语还是有一些不一样的。一个分支走向了海南，那么另外的分支在西南逐渐演化，在西南的壮侗人群逐渐受到了由藏彝走廊下来的汉藏人群的影响，尤其是来自黄河流域的农业人群的影响。从遗传学上看，也能够检测到壮侗语人群受到了来自北方的农业人群的影响。你刚刚提到为什么在语言学上能够看到壮侗和汉藏之间似乎也有一些相近的地方，是因为受到汉藏人群南下的影响。汉藏人群南下的时间可能是在 3000—4000 年前这个时间段。简单来讲，分不同时间段，最早的 7000—8000 年前肯定是南岛和壮侗的关系更近，他们是由一个共同祖先分化出来的。然后再到 3000—4000 年前，在大陆上的壮侗语人群受到了来自北方农业人群，可能是汉藏祖先人群的影响。在海南岛上的黎族受到汉藏的影响弱一些，汉藏的成分就会比大陆上少一些。

也就是说，一个是前期的起源，一个是后期的混合，在起源的过程中肯定是壮侗和南岛更近，后来壮侗才受到了汉藏的一些影响，是这样的前后关系。希望我刚才的解释对你理清楚汉藏、南岛和壮侗的关系能够有所帮助。

现场提问：王老师您好。我非常好奇刚才说的丹尼索瓦人和藏族人，因为在基因上测出来，他们都有一个突变基因，让他们适应这种高原生活。通过这个相似的突变判定他们可能存在一种继承关系，我觉得有没有可能存在这种状况，就是他们都是为了适应这种环境，单独发生这种变异，而非一种继承关系。

王传超：非常感谢这位同学提问，您刚刚提出这种可能性其实也有，但是我们从数据上来看，这种可能性不太高。因为如果按照达尔文的进化论，人群中要有这些基因突变，还要经过自然选择，要经过非常严酷的生存竞争，这些突变才可能在人群里面固定下来，这个过程所需要的时间以及所需要消耗的代价其实是非常大的。并且，如果说基因突变是各自产生的，前面已经讲到汉藏人群在5800年前是有一个共同祖先的，那么就很难去解释藏族人群走向青藏高原才两三千年的时间，就可以让他们百分之八九十的人都带有这种适应高原环境的基因突变。在人类进化上有这样的可能，但是它出现的概率会比较低。

另外，我们可以通过这边的图来看一下，这个图指的是 EPAS1 基因的单倍型在全世界的分布，最右边这些代表的是藏族人群，和它最相近的这个颜色就是已经灭绝了的丹尼索瓦人。我们可以看到它们之间的关系是非常近的，反而藏族和全世界其他地方的其他人群，包括汉族在内，都有着非常大的差异。丹尼索瓦人和藏族人在这个基因单倍型上的关系异常密切。你可以想象这两个事件独立产生的可能性其实是非常低的。

所以可能最简单的一个解释方案，藏族人来自已经灭绝的丹尼索瓦人的遗传学贡献。今年五一的时候有一篇论文，笔者在青藏高原上发现了16万年前的丹尼索瓦人的半截下颌骨，这也就为丹尼索瓦人由阿尔泰山到青藏高原就提供了一个证据，也就是说，青藏高原上在史前时代应该是有丹尼索瓦人分布的，这也就为丹尼索瓦人为藏族人提供这些基因突变增加了可能性。

这是我对你问题的回答。非常感谢你的提问，你的问题也是非常好、非常深入、非常专业的。

现场提问：王老师您好，我有一个关于现在的非洲起源的问题想要请教您。2008年的时候，我们在河南许昌县发现了许昌人的很多人骨，通过一些体质人类学的研究，发现他们的头部比较薄，李占扬老师就提出了一些观点，认为他们可能是中国境内古老人种和欧洲尼安德特人的后代。然后李老师提出了现代人起源的另外一种假说，认为可能是多地区起源，就跟您之前说的现代人非洲起源附带杂交有一点冲突，我在想关于这个问题是不是有一些关于古 DNA 这方面的一些考证？比如说哪种基因占有主导地位之类的。

王传超：好，非常感谢这位同学的提问，您也是非常关注我们学界的最新的研究进展。您刚提到许昌人，包括许昌灵井遗址出土的将近 10 万年左右的一些古人类，古人类学家认为他们可能是早期的现代人，可能是古老型的智人，他们这个假说可能对非洲起源说是一个挑战。

其实这个问题是很容易解释的，就是说人类走出非洲的过程可能是有多个不同批次的，可能在 10 万年前左右，也有这些现早期智人从非洲走出来，到达了欧洲、亚洲。比如说尼安德特人的祖先，他们其实就是最早期的一批人，在 50 万—60 万年前到达欧洲，然后再逐渐演化成了在 3 万多年前还遍布欧洲的尼安德特人。同样，在 10 多万年前很有可能有一批早期的智人，他们由非洲到达了中国，比如说像福岩洞，包括您刚提到的许昌人，包括许昌的灵井人等，他们可能都是这批人的后代。

那么关键的问题是什么？关键的问题是通过这些人骨的考证，没有办法说明他们是我们的祖先，没有办法说明我们是他们的后代，对不对？我举一个最简单的例子，我们现在为什么需要用 DNA 亲子鉴定的方法去看这个孩子是不是亲生的？比如我们讲孩子的鼻子像你，眼睛也像你，通过这种外貌特征，没有办法说明这个孩子究竟是不是亲生的，反而用 DNA 亲子鉴定的方法，百分之百可以告诉你这个孩子究竟是不是亲生的。我的意思是说，外貌特征其实是不能够反映真正的生物学上的亲缘关系的。这些 10 多万年前到达中国的早期人类，有可能真的是属于早期智人，但是他们可能不是我们直接的祖先。就像 3 万年前还遍布欧洲的尼安德特人不是现在欧洲人的直接祖先，其实是一个道理。他们出现过，但是不代表他们对我们有遗传学的贡献。从遗传学上看，我们其实 95% 以上的基因都是来自可能是在非洲演化出来的晚期智人，只有不到 5% 是和非洲以外的古人类的基因交流而获得的。这是我的一个解释，就是说他们出现了，但是他们不一定是我们生物学上的祖先。

罗彩娟：我们今天的讲座无论是线上还是线下的讨论都非常的热烈，我们王老师也花了很多时间做了精心的准备。我们也非常感谢王教授，特别期待您能够抽出时间来到我们民大现场，来到学校跟我们面对面地交流。

　　王传超：非常感谢罗老师组织这一场线上的讲座，通过我的报告以及跟老师和同学们的互动，我也感受到了民大老师和同学们对科研的热情，对学术的一些非常严谨的思考，以及对于学术前沿的关注，这对我的触动还是比较大的。我在很多学校做过报告，但是像民大这样的能够非常深入地进行讨论和交流的还是非常少见的，让我感受到了民大浓厚的学术氛围和同学们的强烈的求知欲望。再次感谢罗老师的组织，感谢老师和同学们来听我的报告，期待有机会跟大家线下见面，有更多的交流。谢谢大家，谢谢罗老师。

　　罗彩娟：谢谢，我们期待将来再见面。我们今天讲座到此结束，感谢王老师。

弗里德里克·巴特的伊朗游牧文化研究

主讲人：张经纬（上海博物馆　副研究馆员）

主持人：罗彩娟（广西民族大学　教授）

时间：2020 年 11 月 12 日

罗彩娟：今天晚上是我们民族学研究前沿系列讲座的第六讲，很高兴能够邀请到上海博物馆的张经纬老师来做这场讲座，因为他比较繁忙，所以这次我们以线上的形式进行。请允许我先介绍今天的主讲嘉宾——张经纬老师，系上海博物馆副研究馆员，是非常有名的人类学家和作家，我相信很多同学和老师也都知道他的名字。张老师长期从事人类学民族史、艺术史等方面的研究，而且在向公众传播人类学知识和学术新知方面做了大量的工作，他的代表作主要有：《四夷居中国：东亚大陆的人类简史》《博物馆里的极简中国史》《与人类学家同行》《从考古发现中国》等。而且他还翻译了《石器时代经济学》《伊隆戈人的猎头》《20 世纪神话学的四种理论》《像人类学家一样思考》等译著，成果非常丰硕。所以我们很荣幸邀请到张老师今晚来做讲座，题目是"弗里德里克·巴特的伊朗游牧文化研究"。我就介绍到这里，下面就把时间交给老师。

张经纬：非常感谢罗彩娟老师的邀请，让我有机会跟各位同学、各位老师在线上进行这次分享活动。那先说一说今天的主题：弗里德里克·巴特的波斯伊朗游牧文化研究。

按照罗老师给我的要求，最好能介绍现在或者是当代的西方人类学比较前沿、比较主流的一些研究，特别是还没有引介到中国的成果，这样大家可以紧跟时代潮流。我觉得这个想法很对，从个人的角度上来讲，对我启发最大、我自己也最感兴趣的就是游牧文化这个方面。而当代游牧文化研究的代表作首推弗里德里克·巴特先生在 20 世纪 60 年代完成的《波斯南部的游牧者》（*Nomads of South Persia*），时间是比较早，有点对不住罗老师的期待，20 世纪 60 年代的作品居然还把它当作一个比较新的东西来引介，有点惭愧。但是话又说回来，我们比较熟悉的学者，比如王明珂先生，他写过《游牧者的抉择》，还有美国阿富汗研究会的会长托马斯·巴菲尔德，写了《危险的边疆》。这两本书的作者在自己的作品当中，学术综述部分提到游牧文化时都绕不开巴特的《波斯南部的游牧者》。

这部作品是很经典的研究成果，而且我差不多也有五六年的时间一直都在试图推进这本书的中译工作，现在已经初步把它列到了一个译文集里，希望在不久的将来可以把这部游牧文化研究著作引介到中国。因为我一直想把这本书翻译过来，所以对这本书作了初步的翻译，有了这样的基础，我想今天来交流就更加有底气了。这就是我今天跟大家分享弗里德里克·巴特先生的《波斯南部的游牧者》的一个初衷。巴特先生的名字在中国的翻译中有译为巴斯的，这实际上是同一个人。

今天来参加这个在线讲座的朋友大部分都是广西民大的老师或者同学，我想大家比较关注的可能是西南地区或者整个中国南方乃至东南亚一带的民族文化的研究。那么为什么要把北方的这个游牧文化的研究思路推荐给大家？因为人类学所研究的领域不光是我们接触到的中国南方或者是东南亚的文化，所有的人类学研究都能找到一个相通之处，就是怎样从社会结构的角度来理解人类的文化。从中获得超越区域、超越地域的一些思考。这是我今天想要跟大家分享这个研究的基本出发点。

跟大家分享的内容主要分成两个版块：第一部分先介绍巴特有关伊朗南部的这个部落——巴涉利部落以及以巴涉利部落为代表的游牧文化的核心内容；第二个部分想跟大家讨论伊朗南部的民族志如何让我们中国学者抽取具有普世价值、普遍意义的研究思路，从而在我们理解中国当代民族或者中国古代，尤其是中国古代历史文献当中提到的各种各样的民族史方面的细节时，帮助我们得出全新的思路。

一　研究预热

（一）何为游牧？

我们带着问题来阅读这个游牧文化民族志，这个问题就是"何为游牧文化?"大家可能都学习过世界民族的相关课程,知道世界上有农耕文化、游牧文化,在中国的南方还有游耕文化,像游牧一样,但以刀耕火种的形式在山区种一块地,过段时间再换一个地方种地。主流的文化再细分还有采猎文化,以狩猎采集为主;还有渔猎文化;等等。而游牧文化应该算是全世界分布范围最广、人数虽不是最多但同样是整个人类社会当中非常主流的文化形式。

那我们对游牧文化的基本印象是什么?我们没有接触到游牧文化之前,大概有一个朴素的认识,问的第一个问题可能是游牧文化是否全民游牧?在历史文献或者影视民族志当中我们看到的游牧民族,好像是全员都骑在马上,赶着牲口来来去去的。那么他们是否也有内部分化?他们之中是不是也有人是种地的或是手工艺者?

我们做的第一步就是通过巴特的研究打破刻板的印象,揭开游牧文化的神秘面纱,了解它内在到底是什么样子。第二步是通过这个民族了解游牧社会的家庭结构、内部怎样分工。从巴特的研究角度来说,他认为是生态的因素导致游牧社会的家庭结构、内部分工与农耕文化有非常大的差异。有怎样的生态,就有怎样的文化结构。第三步就是认识游牧社会的社会结构。它同样也是一个很有层次感的、有层级的有机的整体,并不像我们想的那样所有人全都骑在马上放羊。它实际上也有很复杂的社会内部结构,有人做酋长、有人做头人、甚至有人做法官等。对于社会各种各样的冲突和矛盾,它都有一套处理方式。第四步是了解游牧社会的家庭如何与生态、经济大背景进行互动,怎样因地制宜地发展家庭关系。最后一步,打破游牧文化的刻板印象,我们还要重新看待牧业和定居农业之间的关系。两者之间的关系在中国的历史文献当中往往呈现出多种多样的冲突和矛盾。巴特的研究为我们呈现出了怎样的关系?我们在展开分享之前,先带着这几个问题思考自己的答案,然后再对照巴特的研究,这样就可以了解我们在哪些方面对游牧文化存在认知上的偏差或者误区了。

(二) 分享自身田野调查经历

下面我想先跟大家分享一个我自己的田野考察经历,这是一段我自己通过田野调查打破自己对游牧文化刻板印象的经历。我是在上海博物馆工作,我们每年都需要去民族地区征集少数民族的文物,不光是把这些文物征集到博物馆里，还要了解这个文物的生产环境、工艺技法乃至它在整个社会当中所起到的沟通作用。因此我就有机会去了一趟新疆和田地区，和田地区盛产一种叫作花毡毯的毯子，大家可以看到这张图片就展示了花毡毯的制作过程：一个手工艺匠人在地上先铺一张席子，然后席子上铺好彩色的羊毛图案，再把弹得很碎很松散的羊毛铺在这个毡毯上，很均匀地铺好以后再把席子上铺好的羊毛和底下的彩色羊毛卷起来，洒水让它更加紧实。经过几小时的踩踏碾轧，毡毯和花纹之间的缝隙变得非常紧密。再经过几小时加工，展开清洗就是下面图片上的一张成品花毡毯了。

对于我来说，不仅仅是为博物馆征集一张毯子，我还想知道毯子背后的故事。所以我就问匠人制作一张毯子需要用多少斤羊毛，他说差不多需要 50 斤羊毛。我很好奇，他生活在一个农业定居点上，附近也没有看到有很多牧羊的人，所以我就问他这 50 斤的羊毛从哪里来，他的回答给了我非常有意思的启发：他告诉我，羊毛不是从市场上买来的，他们虽然生活在这些定居点上，但是他们有一帮朋友生活在牧区，有差不多七八十户，这些牧民与定居点的居民有联系。这些牧民会定期和他联系，因为牧民住帐篷，因此建造帐篷、铺地毯都需要这个羊毛毡。当牧民缺这种毡毯时就会把他羊群的羊毛全都剪下来打理好，然后送到 30 公里外的农业定居点上打制一张毡毯。我又问他，牧民和农区手工艺者联系做毯子中有没有金钱上的交易往来？毕竟别人帮你做一张毯子花了精力、时间，也是有成本的。他说这种交往是没有经济往来的，却是一种很有意思的交换——比如说做一张毯子需要 50 斤羊毛，牧民需要一张毯子时他不仅会拿来 50 斤羊毛，还会一次性带来 100 斤或者 120 斤的羊毛提供给这个工匠。打完毯子剩下来的 50 斤或者 70 斤的羊毛就全都留给这个匠人。匠人会用剩余的这些羊毛做毯子或者是做其他的羊毛制品，再把这些羊毛制品拿到农区的市场上卖来换取人民币。这个手工艺者的生活是有参与到市场活动的，通过市场上的交换得到金钱报酬，但是这个手工艺者与牧区的朋友之间是没有金钱交易的。我又问他这种羊毛换羊毛毡的联系经历了多久？是最近十年或者二十年才建立起来的吗？他说这好像是昆仑山地区祖祖辈辈定下的不成文的协议。牧民家只要缺了毡毯，就会拿现成的羊毛到他这边来请他帮忙打，打完了以后，多余的羊毛就作为他的报酬。

我以前对农业生活和牧业生活没有一个很直观的认识，但从新疆收集来的这个故事打破了我对游牧生活的一个想象——牧民不是隔绝的一群人，他们和农区的农民之间实际上有一种很有机的联系，而且这种联系非常稳固，甚至超过了一百、二百年或者可以追溯到更久的时代。这种联系让我们发现游牧社会和农耕社会其实并不是很遥远，他们通过这种有机的方式加入整个世界的运行当中。

听了这个故事，我想大家对前面我提出的对游牧文化的这几个问题已经有了一些自己的初步想法。下面我们就进入巴特的波斯南部游牧者的研究。

二 波斯南部的游牧者研究

（一）研究结构

第一部分我引用的是巴特作品的封面，这本书很薄，有 200 页左右。去掉附录、英文参考文献、索引，正文部分也就只有 140 多页到 150 多页。大家如果有兴趣可以把这本书的英文版找来看。1961 年，联合国教科文组织开展了一系列针对游牧文化的调查活动，巴特正好有机会参与其中，他虽然是一个挪威人，但是机缘巧合地被分到了波斯，也就是今天的伊朗伊斯兰共和国南边一个区，在这里进行为期不到一年的人类学调查。我左边列出来的是书里面的基本框架：第一部分是关于他所研究的伊朗南部这个区域的历史生态和经济；第二部分是家庭单位；第三部分是营地；第四部分是部落组成；第五部分是酋长与牧民之间的联系；第六部分是牧民和周边的吉卜赛部落的往来；第七部分是整个地区的经济过程；最后他做了一个关于整个游牧社会的组织形式的总结。

当我们对他的研究目录做一个粗浅的分类后，就发现这完全是一个由内及外的过程。除了第一部分是介绍整个区域大环境生态背景外，后面就是研究这个游牧社会的内部。实际上是一种由小到大、由内而外的关系。这样我们对巴特的研究就一目了然了。这其实跟我们现在中国学者写民族志很像，第一部分先介绍当地的背景，然后介绍研究对象的名称，这个村落是怎么样的情况。下面我给大家做进一步介绍，就会发现巴特对整个巴涉利部落游牧文化的记录，实际上每一部分都是环环相扣、紧密结合在一起的，这对于中国的学者写民族志是有很大启发的。他梳理的每一个部分的背景材料并不是一个可有可无的信息，而是为整个分析系统脉络提供了一个基本出发点而存在的。

大家看这张图，是我从巴特书里面截出来的，就是他最早进行参与观察时为他提供住宿的户主。巴特就住在这位老人家里，他有一个很可爱的孙女跟随他们一同进行游牧，巴特可能有六七个月的时间跟随他们游牧。左边这张图就是这个游牧部落的帐篷营帐，从外观看可能在中国不常见，但了解户外旅行的人就知道，这种帐篷和中国的一种户外野营形式很像。春天大家外出的时候就会发现公路尤其是省道边上，会有一些养蜂人搭建临时帐篷，因为他要跟着油菜花的盛开时间，从平原到高山让蜜蜂去采蜜，中国的这种养蜂人实际上就很像游牧部落里的游牧者。

（二）研究背景

我们继续往下看，这个地图的左下角就是波斯湾，下面就是阿拉伯半岛，这是一个海湾地区。巴特所研究的这个巴涉利部落位于伊朗南部的法尔斯省，这里有一个很著名的城市叫设拉子。这个部落的游牧区域是设拉子的东、南和北边，这一区域是介于丘陵干旱山地和水分比较充足的河谷平原之间的，长约300公里、宽约50公里的一个走廊形的地带。1961年，整个巴涉利部落差不多有16000人，平均下来就是3000帐。当地人进行人口统计的单位是帐，相当于中国用户来进行人口统计。每一个帐就是每一户的人口，5人左右。当时巴特之所以要到当地去研究，有一个更大的背景。当时的伊朗政府正在尝试把游牧人群定居下来，因为伊朗在20世纪60年代进行了一个所谓的现代化进程，当时的执政者希望能让游牧人群定居接受教育。在考察游牧文化定居的可能性之前，这个步伐迈得没有这么大，然后伊朗执政者就和联合国教科文组织一起，了解游牧文化到底是怎么一回事。正好巴特就借这个机会来到了伊朗南部进行长时段的研究。

（三）关于游牧

下面给大家看一些有关游牧文化的结构性的、基本性的观点。巴涉利部落的生活来源来自放牧，这个放牧的过程是季节性的。主要的牧场是冬牧场和春牧场。冬季来临时，高山温度比较低，通常在平原地区进行放牧。等春季来临，温度回暖，直至夏季，他们会逐步向中高海拔地区进行迁移，原因之一是高山地区有牧草；之二是海拔高，不利于蚊虫繁殖，能够保证牲畜的健康。这种冬天在平原放牧，夏天在高山放牧的方式与我国南方苗族、瑶族早期的游耕文化比较类似。他们当时在高山中生活，身体都比较健康，但是在平原生活反而会生病。因此从古至今形成的高山放牧，从生物免疫学上来说是有科学性的。

放牧的周期性特征决定了游牧者并不在意他是否必须在固定的地区放牧，正是这种干旱、湿润，平原、高原的周期性转换，使得牧民逐渐适应了这种不断迁移的生活方式。他们在迁移的过程中不是只和自己或是自己所在部落的同胞打交道，他们还和附近的农民有交集。农民对他们有一个基本态度：当秋天牧民开始陆续向平原迁移时，农民是非常欢迎牧民在农田里放牧的。一方面，牧民的牛羊可以食用农田中的植物；另一方面，牛羊的粪便可以为农田提供养料。对于巴涉利的牧民来说，他们有着独特的游牧路线——"伊尔哈"路。每一个部落，具体到部落里结伴放牧的小的社群单位，都拥有自己的"伊尔哈"路。在定居农耕者眼中，他们好像每年赶着羊群很随意地经过这些路线，但是在游牧民的世界中，他们的这些路线并不是随机凭着一时兴趣来选择的，他们自己心中有一条固定的路线。这个路线的好处就是相当于有一个人安排一个日程表，安排大家错开使用特定材料的时间，某年某月某日是谁能使用这个仪器。在游牧部落当中，不能所有的牲口、所有的牧群都在固定时间同时进入某个区域，那会造成食物的短缺，以及交通的拥堵等各方面的问题。所以这个"伊尔哈"路实际上就是这个部落内部的一个地方性知识体系，这是属于每一个小的部落乃至每一个家庭所固定的一套知识。

除此之外，我从书中还截取了一些有趣的图片，在迁移赶场的这个过程中，牧群实际上是有分类的。他们的分类因为环境、部落资源而有差异，但本质上可以分成这么几类：最重要的就是羊群，这是部落的财富；然后是要驮部落的帐篷等生产生活物资的骆驼或驴；接下来就是骑马的男人、骑驴或骡子的妇女和孩子。这样的分类就保证了在迁移的过程中有人负责到下一个定居点歇脚的地方安营扎寨，有人因为羊群步幅小而赶不上骡马的大幅度迁移速度，所以他们会相对晚一些出发。这样就使迁移具有节奏感，有人做先头部队，有人中间，有人断后，使部落的牲口在迁移过程中得到最大的安全保证。

(四) 基本生计和食物

当地人并不是每天都吃得非常荤，食肉频率并没有很高。我们通过这个研究可以发现，牛群羊群这些牲畜实际上是这些部落尤其是游牧部落里的生产基础，大家不会在没有原因的情况下宰羊杀牛，不会做破坏生产资料的活动。大家都采用一种可循环、可再生的方式，以牛或者羊的乳制品作为主要食物，牛和羊身上产出的毛发作为主要的建材或是身上所需的纺织品材料，甚至是和农村农业部落进行交换的基本来源。当然，他们养了这么多的牛群羊群也不是光挤奶，也会把它作为食物来源。在生产和生计的过程中，牧民对这些牲口有一个基本的性别选择，雌性是可以作为生产基础的，配种的雄性动物数量就比较有限，雄性动物在每年发情期会非常激烈地争夺配偶。所以，为了保证畜群稳定，他们会把比较年轻同时又不具备配种能力的小公羊宰杀，然后把羊皮出售。通过乳制品和雄性羊羔的交替补充，最终维持了游牧部落主要的食物来源。

他们还有其他的食物来源，除了一些野生的食物，如大型的狩猎、采集植物和野生的蘑菇，谷物和粮食也占据相当大的比重。巴特在研究中发现，粮食在巴涉利部落食物当中所占比重在以前是没有这么高的，以前是豆制品和肉类的比重相对较高，他们食用小麦和其他谷物比较少，但不是丝毫没有，也是占了一定比重的。这里我们就发现很有意思的一点，实际上粮食作物也是游牧人群食物来源非常重要的部分，打破了我们的刻板印象。虽然我们看到后来很多学者，比如王明珂先生的研究，已经把粮食作物在游牧部落当中所占比重作为一个共识，并作为讨论的出发点，但是现今还是有很多研究游牧文化的民族志作品存在这样的误区：他们认为游牧部落不吃粮食，粮食在他们的饮食当中占比很小。其实这是有问题的，我们通过巴特对巴涉利人的研究就发现，谷物占了很大比重。

(五) 家庭的内部

下面我们来看劳动性别分工的问题。羊毛是整个部落物资的非常重要的来源，当地妇女会在闲暇之余用羊毛来进行编织，加工成绳子或者其他的部落财产。我们下面讨论到两性性别分工时，还会进一步看到巴涉利妇女在整个部落文化中占据很大话语权的现象。

劳动分工在巴涉利人家庭内部的情况是有别于农耕文化的，二者有很大的差异，不像传统农业文明中扩大家庭、联合家庭这种形式。我们现在在城市文化中经常能听到房企销售的话术，他们给你描绘一个理想的家庭结构，一个核心家庭住在几房几平什么样的房子里。这样的话术对于房屋销售者来说是有利的，他肯定希望最少的人组成一个核心家庭，如一个核心家庭为三口之家买一套房子，那对他来说收益是最高的。如果是一个七八口人的大家庭住一栋房子，那么对他来说，卖出去的房子就很有限。这种建筑人类学的道理其实也适用于游牧文化基本的家庭结构。巴涉利游牧部落的基本家庭形式是核心家庭：一个家庭里有一对夫妇及其未成年子女，有时会带一个寡居或者独身的亲戚暂时依附于此，这在人类学上称为扩大家庭。户主一般由男性担任，如果处理家庭内部事务时，妇女的话语权就会更大一些。我们发现游牧部落的这个核心家庭的形式和我们今天现代社会的核心家庭其实很像，下面我们再来详细说说这是为什么。

巴特在研究中发现游牧部落家庭内部比较平等，每一个成年人在处理家庭各种各样的事务，如孩子、婚姻、亲属关系、和外界打交道等方面，不管男女都具有平等的话语权。在这个家里谁比较能干、谁比较自信、谁善于和外人打交道，那人就可以主事，不分男女。在这种家庭性别平等关系的背景下，家庭内部还是存在劳动分工的，比如说男孩和女孩也会有各自要做的事情。在营地搬迁过程中体现得更加明显：男孩需要引导羊群最先出发，我们前面也说了羊群步幅比较小，所以要在部队出发前先走；然后步幅比较大的骆驼、马、驴相对较晚出发，家庭当中的女性就跟在后面，跟着驼队，跟着整个家庭的旅队，在羊群出发差不多三小时后接着出发。这就是家庭内部适应这种游牧文化的表现。

接着往下看，我选取了两张图片，左边那张是因为要举办婚礼，这位老人在确定邀请谁来参与；右边是一个孩童在营帐的摇篮中，他从孩童起就要体验游牧文化。

（六）婚姻关系

我们前面说到巴涉利社会中男女之间相对比较平等，为什么会造成这种平等？我们可以再进一步往内在探究，探寻这种典型的核心家庭是如何运作的。

这部分的内容是我摘录的对巴涉利文献的翻译：

> 一个核心家庭里的所有成员年龄相对一致，一个丈夫和一个妻子。在家庭里男女双方在整个游牧事务中起的作用也是基本相当的，家里没有吃闲饭的人。所以每个人在这个家的生产生活方面都起了很重要的作用，就奠定了核心家庭里每一个成员在处理家庭事务中相对平等的基础。这个家本来就小，要再出现矛盾，没有很好地倾听对方诉求，导致家庭出现各种各样问题，那对整个家庭来说就变成了一个烂摊子。正因为在整个游牧文化当中，每个人都在家庭当中起到很重要的作用，使得丈夫和妻子甚至和他们的孩子之间形成了一种很平等的关系。

（七）"预先继承"习俗

我们继续往下看，巴特思考这种平等关系继续往前推进导致了核心家庭的出现，他发现当地人有一个很有趣的习俗，叫作预先继承。在农耕民族的印象中，继承制度一般都是等到家里老人去世的当天或者去世的前后，他的遗嘱会规定他的财产由谁来继承。但是巴涉利人的预先继承，是一对核心家庭的夫妇还在世，甚至他们还处在壮年的情况下，只要儿子结婚了，就会预先得到他们的畜群。父亲有几个孩子，就将所拥有的牧群分成几个部分给孩子。这就意味着结婚后的儿子和他的妻子有机会提前获得长辈的财产，从而变成一个核心家庭。

作为一个独立的社会单位，这对新婚夫妇有了自己的牧群，以后还要独立面对游牧过程中发生的种种挑战，有时候如果没有完成这些任务，会找自己的朋友或者是其他未成年的兄弟一起来完成这个很艰辛的放牧工作，分担他的劳动。

刚才我们说的全都是关于巴涉利游牧部落内部的种种的信息。比如他们的孩子是怎样成长起来的，在一个由父母组成的空间中，他慢慢成长到了一定的年龄，等到他自己结婚以后就拥有自己的牛群羊群，然后变成一个独立的牧人，再开始属于他自己的人生周期。这有点像我们以前听到的一个笑话：有人问一个放羊娃，你的目标是什么？他说他的目标是放羊。放羊是为什么？放羊是为了让羊群扩大。扩大的目的是什么？是为了把羊卖了以后娶媳妇。娶了媳妇干什么？生孩子。生了孩子干什么？生了孩子继续放羊。巴涉利游牧部落就有点像这个周而复始循环往复的故事。

当然这种游牧部落内部的生活周期会受到外界很多因素的影响，其中一个因素就来自与这个部落有关的定居人群。这张图片是我自己拍摄的，是新疆北边阿勒泰地区，这里生活着一群进行游牧的图瓦蒙古族人，在高原中他们有自己的牧村。他们不是居无定所的放牧，实际上他们也有自己固定的村子。

（八）政治组织

我们来看一看这种固定的村子对游牧文化会产生怎样的影响，这个固定的村子里住着什么人？住着这个部落的酋长。我们以前看匈奴或者契丹的历史文献时会产生一种印象，就是酋长或者可汗是跟着游牧人群一起参与放牧的，但是对巴涉利人的研究得到一个结论：实际上这些酋长是定居的，这很有意思。

酋长是不参与游牧，甚至是远离游牧活动的。他们拥有土地、房屋、村庄，还有成千上万的羊群。这些羊群由谁来替他们看管？酋长定居在一个固定的区域里面，在部落里他会任命头人来替他执行一些命令。在巴涉利部落当中，酋长上面有国家机关任命的省长，省长上面还有国王。省长如果要求酋长在他的领地里修一条马路，或者开展一些市政基础建设，他也会指派底下的头人来传话，让他属下的牧民出力出工参与建设。酋长就相当于游牧部落与更高级的、更遥远的，比如生活在城市里的省长或者国王之间的中介。

酋长其实也不仅仅是发号施令，他实际上也起了很重要的作用。虽然每一个部落、每一个小家庭都有他自己的"伊尔哈"路，他们知道自己每年搬迁的时候会往什么路上走，但是保证不了今年的羊群是变多了还是变少了，就有可能会占用到其他人的草场。这就需要由酋长来扮演判决者的角色，组织迁移、解决争端、代表部落和外界交涉，这些全都是酋长的工作，因此酋长要做的事情也很多。

（九）定居化过程

除了酋长之外，还有另外一些人定居下来。我们前面也提到酋长有非常多的羊群，但是他自己不参与放牧，那谁来替他放牧？巴涉利人实际上有一个要平衡的过程，即逐渐失去羊群的人群，可能由于天灾人祸，比如说遇到了传染病、瘟疫导致他失去了羊群，生活无以为继，怎么办？他会接受酋长的邀请，从为自己放牧羊群变成替酋长放牧羊群。另一方面，一个家庭大部分的羊群会在儿子结婚的时候预先继承分给儿子，然后大的牧群变成小的牧群，但是有些家庭缺乏男性继承人，那羊群怎么办？他们会将羊群换成可以循环支配的财富，把羊卖了，购入土地，然后变成富裕的农民。种种方式都促成了巴涉利人的定居化，因此讲巴涉利语的不仅仅是游牧者，同时也有农民。

这些农民的来源非常多样，有的是世袭的贵族，包括酋长，他的家族是不参与放牧的定居者；还有一些可能是在放牧过程中，由于种种因素失去羊群的牧民，或者是因为没有继承人而选择定居的人群。我们以往所认为的定居文化和游牧文化是两个世界的、是无法调和的，这种想法是错误的，围墙就这样被打破。至少我们看到在巴涉利社会当中，定居和游牧并不是铁板一块、非此即彼的事情，而是动态的过程。

巴特对此进行了一段总结，大家可以看到，右边的这张图有一个向上的箭头，右边分为三组人，4 个黑色三角代表牧民，分别指向了两个虚线。他们有可能往下走，变成 7 个三角，代表农民，还可能往上走变成一个三角，代表土地所有者，也就是地主。这就是说，游牧者极有可能出于种种原因向农民或者向地主这个两方面进行转换，两者之间并不是不可调和的状态。左边的这张图是在迁移过程中，一个牧民正在对羊皮进行加工。

（十）维持游牧社会的动态机制

继续往下看，巴特总结了维持游牧社会存在的一套动态机制，就是在游牧和定居之间的这种转换，内在地受到当地的生态大背景的影响。游牧社会中会出现这样的机制，首先部落中存在"伊尔哈"路，就是部落之路。部落之路就是每一个部落或者每一个家庭从冬天到春天、到夏天周而复始地在山地和平原河谷之间来回迁移的固定路线。他所能使用的草场位于这个路线两边，这部分草场相当于农耕社会中的每家都有自己的责任田。虽然我们作为观光客，看到草原上一片绿油油的，但是对于一个非常有经验的牧民来说，他就可以看出来当中哪一部分是他可以使用、可以迁移的路线。

"伊尔哈"路决定了牧群的规模大小，不能很多也不能很少。原因很简单，畜群太少家里人就不够获得食物来源，乳制品或者是肉类制品不够丰富，就没有办法维持整个家庭。但是这个牧群也不能过大，过大会导致其他问题出现，巴特就观察到当地如果出现牧群过大的情况，就是牲口与牲口之间的接触频率变大了以后，会导致牧群中出现传染病，如羊瘟、牛瘟等，这样牧群的损失就很大。所以对于放牧者来说，初期他刚刚从大家庭分出来，有了自己的核心家庭时，会追求牧群的扩大，但是当牧群达到一定规模之后，他又会有节制地控制牧群，不然他会遭受很大的风险。这种控制牧群的艺术，实际就是巴涉利人出现核心家庭的关键因素。可能当地人一开始也不重视他们需要什么样的家庭形式，核心家庭、扩大家庭还是联合家庭，但是牧群的规模使得他们不得不在数量不可控之前将牧群进行分群，大群分成小群，这种行为在社会结构上的体现就是当地人的分家制度。我们看到在当地人的家庭中，只要男性继承人结婚了就把牧群大群分小群，建立起新的家庭参与到放牧过程中。表面上这是一种牲畜控制的手段，实际则衍生出当地人的家庭模式，这是由牧群来决定的。

我们结合前面可以看到，在核心家庭中需要处理的问题，就是大家庭可能会养闲人，有人可能不干活或者少干活，但是在小家庭，人人都要干活，是不允许养闲人的。这就导致了家庭中的每一个成员对于家庭都非常重要、不可或缺，结果就是当地人的性别关系高度平等。

对于小规模牧群来说同样存在风险，可能因为放牧管理不善，或者遭了天灾人祸、瘟疫影响，使得当地的游牧文化变得十分脆弱，这时就需要一种制衡、一种保险机制。酋长就是这种保险机制，他本身不参与游牧，却拥有大规模的牧群，牧民也十分认可酋长的权力。普通牧民家如果拥有200只羊的牧群就足够满足他们生活了，但是酋长家拥有将近8000只羊的庞大牧群，他就为散居的游牧民提供了一个保险机制，是类似银行的存在。这些游牧民每年给酋长上税，就如同"普天之下，莫非王土，率土之滨，莫非王臣"，巴涉利的全部草场名义上都属于酋长，因此牧民们每年会交一些富余出来的羊毛或小羊羔，相当于存在银行里。当牧民因为种种原因遭遇不幸的时候，酋长会出来主持公道或为牧民提供羊群，保证他们基本的生产和生活，酋长就相当于当地的银行。

对于整个牧区富余出来的人口来说，还有一种机制用来平衡牧群的数量，就是成为农民。从巴涉利游牧社会的研究中发现，他们虽然有点看不起农民，觉得农民被土地束缚，不像牧民那般显得意气风发，充满游侠精神，但他们也承认农民与他们的关系非常紧密。就像我在最开始展示的那个新疆和田的例子，农民有闲暇时间制作毯子为游牧社会补充手工艺产品。游牧社会与农业社会的这种动态机制，一方面补充了游牧社会的物资，比如农业社会会定期进行集市交易，将农业生产中的剩余产品拿到集市上进行交换；另一方面农业村落可以吸收富余的游牧民，使参与游牧的人数维持在相对稳定的状态。像海绵一样，如果游牧的人口少了，农区就会释放一部分人群到草原上去，如果草原上游牧的人群变多了，羊群把草吃完了，就会导致很多羊吃不到草，牧民因此变穷了，这时海绵又能发挥吸收富余劳动力的作用，使当地的游牧机制维持稳定。

以上就是我花了一个半小时给大家介绍的巴特的游牧文化研究，很有启发性的一点是它帮助我们打通了游牧文化与定居文化之间的隔阂。游牧和定居并不是截然对立的，尤其是在游牧社会边缘和他们有实质性接触的这些农业定居聚落，他们和游牧人群之间的关系非常紧密，甚至可以说是你中有我、我中有你。农业村落就像海绵一样，干旱的时候放水，水多了他会吸水，使得游牧文化保持旺盛的生命力。

从巴特的一整套研究脉络中，我们对游牧文化从社会结构的角度进行了整体性的解读：所有的细节构成，家庭模式、性别关系、生计类型、政治制度等都不是孤立存在的。这个时候我可以"王婆卖瓜，自卖自夸"一下，植入一个软广告，就是我曾经翻译过的一本书，马歇尔·萨林斯的《石器时代经济学》。他在这本书的前言部分就提到一个观点——虽然他在这本书进行了一项经济人类学研究，但经济人类学不仅仅是经济人类学本身，我们应透过经济人类学去发现生态人类学、政治人类学和性别人类学，等等。

社会结构当中的每一个部分、每一个板块，实际上都是有机结合在一起的。比如说我在这里做了一组用箭头表示的反馈关系，第一个来自整个区域，游牧文化存在一个生态适应的关系。生态适应很重要，因为当地人生活在这个介于干旱和湿润之间草原荒漠的区域，为了更好地开发利用当地草场资源，当地人需要进行一种生态适应：夏天时来到高山，冬天时回到平原、河谷地带。这种生态适应就决定了当地人的生计类型，他们吃什么、生产什么，他们生产的这些产品特异性高度分化，他们不直接生产粮食，而是生产羊毛，然后通过羊毛与农业人口交换粮食。辅助这些粮食性食物的，是他们的乳制品、奶酪制品、肉类制品。

这是他们独特的生计类型，并影响到当地人的家庭模式。那种核心家庭模式并不是人们故意选择的，而是适应当地独特的生计类型、生计方式所演化出来的一种和环境相适应的家庭模式。这种家庭就导致男女两性关系的平等模式，最后这种性别关系又影响了当地人对财富积累形式的选择：究竟是追求羊群更大化，在几个孩子之间进行分配，还是把羊群转换成土地，变成一个土地所有者定居的农民？这是基于他的家庭模式性别关系进行权衡的结果，这种财富积累的方式就产生了当地的政治制度——酋长。酋长相当于当地人的银行，而且起到了金融中介者的作用。当地人如果失去了羊群，可以从酋长那里得到补偿，为酋长放牧也可以维持生计，或者他平时向酋长交税、交羊皮、交小羊羔，就相当于在银行里面有一笔储蓄，当有不时之需的时候可以提取出来。这种维系牧群的方式最后又回到了当地的生态平衡，有多少羊群就可以消耗多少土地，有多少土地就有多少羊群。那么多出来的人口就被农耕村落吸收进去，完成了一个较完美的生产物质交换的大循环。

三 对民族史研究的启发

我们从这个当代民族志中得到了一个归纳性的启发，就可以来看中国古代或者当代的一些民族志或者民族史的研究可以有哪些新的知识、与众不同的观点。

接着看这样一个案例，我在上海财经大学的《法制史》课上也举过这个案例，我觉得很有意思，这是一个关于财产法的案例。

在中国古代有很多关于分家法则、财产继承的原则，我大致举了五条。第一条和剩下的四条有一些差异。第一条是来自很古老的《礼记》："父母在，不敢有其身，不敢私其财。"意思就是父母健在的时候绝对不允许分家，要以一个大家庭的方式相处，大家和和睦睦地生活在一起，这才是完美的和谐家庭的模式，即鼓励不要分家，不要以小家庭的形式存在，除非父母过世了才允许分家。

但是《礼记》之后，中国历朝历代，如《史记》代表秦汉时期，《隋书》是隋唐时代，《唐诏令》是唐代，再到宋代。从汉代一直到宋代一直往后，中国人在立法上关于分家的观点与最早的《礼记》有很大的分歧。举一个例子，《史记》里面讲秦国的商鞅立法，提道："民有二男以上不分异者，倍其赋。"就是如果一个家庭里面有两个成年男子，所谓两个成年男子不一定说是两个成年的兄弟，也可是一个父亲和他已成年的儿子。这里提到了一个惩罚的制度，如果家里有两个成年男子，你如果不分家，你的税要比别人高一倍，所以强迫你们分家。后边几篇大约表述的都是和《商君书》里同样的意思。比如宋代的苏轼提道："富人子壮则出居。"就是家庭富裕一点的孩子长到成年以后他就要到外面居住了，就不允许再维持一个大家庭。这个原因其实很简单，古代的政府会收人头税，人头税针对的对象是成年男性，就是一个成年男性包括他的家庭就收一份税，如果成年男性的儿子成年以后不分家，那相当于还是由他的父亲来交税，这有偷税逃税的嫌疑。对政府来说，税收就少了至少一半，所以要求成年男性必须要分家。

中国历史上的这种税收制度非常有意思，大家是否觉得和游牧社会的分家制度有本质的相同之处？但是中国最古老的《礼记》是反对分家的，这又产生了冲突。我们再回到巴涉利人的案例当中，从生态学的角度再来咀嚼一下它的味道，前面我们咀嚼出一个生态学的解释：游牧人群并不是铁板一块，所有的人都去放牧，这实际上是混淆了两种继承制度、两种家庭模式的。其中一种是酋长模式，酋长家族不用放牧，因此也不需要分家，可以维系大家庭的模式，因为下面有很多牧民、头人替他放牧，也有比较贫穷的牧民代管，所以酋长可以稳定地住在一个地方过他的酋长生活。

我刚才漏了一件事情，可以补充一下，就是酋长之所以不参与游牧，还有另一部分很重要的因素，就是从实用主义的角度上来讲，牧民会有很多纠纷需要到酋长的那个营帐告状。如果酋长也参与放牧，也有固定的路线，夏天在高山，冬天在平原，也来来回回的，那么有人要去找他评理或者省长的特派员来给他下达任务的时候，就很难找到他。上面的人找不到他，下面的人也找不到他，就会造成整个部落管理的混乱。所以酋长固定住在一个地方，住在他的领地、他的村子里面，他的孩子也不分家，实际上是有一个固定的住所能让所有人可以随时随地找到他来解决问题。

而部落里除了酋长以外的其他普通牧民必须分家。这种分家不是说他们的亲子关系不够紧密，他们也有很密切的亲子关系。虽然中国古代很多文献尤其是汉朝的文献，特别喜欢吐槽匈奴，说匈奴非常不守孝道，不像中原人士一样一家人不分家、和和睦睦地生活在一起，他们孩子一大就分家别居。从汉朝的观察者角度上来讲，认为是孩子抛弃了父母，觉得很不孝，当然从游牧民的角度上来讲，同样可以理解为父母把成年的子女赶出去。实际上这种成年就分家的做法有一个不可或缺、无法避免的生态学解读，就是如果不分家，这个草原就得不到更高效、更合理的利用。

如果不分家，羊群就会变得越来越多，有人做过一个统计，就是每平方公里草原上放牧的牛羊是有一个最优数量的，如果超过了这个数量，短期内看似你的羊群牛群蓬勃发展，漫山遍野都是牛羊，但是过了这个临界点以后，牧群的数量会节节下滑。所以出于非常实用的经济或者生计的角度，都要分家，实现放牧的最优化。那么在游牧部落中就出现了两种截然不同的家庭模式：一种是聚族而居，这是只有酋长和贵族、次级酋长才能实现的；另一种对于普通老百姓来说，每个牧民最终都会走上分家的道路，这是无法选择的。

这张图是我在新疆天山北坡拍到的一个牧村的景象，选择定居的酋长就生活在这个很简陋，但是相对来讲比较集中的牧村。那么我们现在提出一个比较大胆的想法，就是在中国古代社会当中，实际上也同时存在两种分家制度，一种就是《礼记》里所提到的"父母在，不敢私其财"，拒绝分家，拒绝大家庭变小家庭；还有一种就是《商君书》《史记》等文献看到的鼓励普通百姓分家的制度。我们可以提出一种假设：可能中国古代的社会、家庭原则有类似游牧部落里的这种二分制度。就是贵族和普通的牧民之间存在两种并行不悖的生活方式，"你过你的生活，你分你的家，我过我的"聚族而居的生活，并不是所有人都过同一种生活。我们通过这样的分析，或许就可以理解在中国古代社会当中，分家制度背后可能有游牧和定居并存的状态，两种制度同时存在。比如说唐代建立者的祖先来自鲜卑等游牧部落，那么他对于普通百姓则鼓励分家，这个做法就像牧区中增加牧群的制度，继承了按人头收税的法则。而对于上层贵族来说比较容易接受"父母在，不敢私其才"的大家族制度。

我们现在通过来自波斯南部的民族志案例就可以理解中国古代的分家制度存在两种并行不悖的原则，其原因可能就来源于农业社会及其边缘的游牧社会两者之间的互动。我们刚才看到的来自巴涉利人的案例，其实可以把它作为一个非常典型的游牧社会，尤其是作为生活在农耕社会边缘并与之有非常密切联系的游牧文化来研究。我们通过他们的生活，还可以解读很多中国历史上民族志留下来的难解之谜，通过这种超越时空的方式给我们提供有意思的启发。

那我今天跟大家分享的部分就先到这里，下面把时间交给罗老师。

罗彩娟： 非常感谢张老师！他花了这么长时间，很详细生动地给我们阐述了巴特关于伊朗南部游牧文化的研究。我想大家都跟我一样有很大的启发。特别是带着5个问题来阅读民族志，通过张老师的梳理和阐释，我们对这5个问题也都有了自己的答案。在讲到游牧文化、游牧社会，我们以往可能都会有一些不全面的理解，或者说误解，甚至充满着想象地认为它与我们农耕社会有很大的不同，是截然对立的。但是通过张老师的解读，我们对民族史的研究也有了新的认识。我相信线上的老师同学也有很多问题，下面就把时间留给大家提问。

提问： 请问张老师是把这篇民族志翻译出来了吗？

张经纬： 这本民族志虽然不是很长，总共有150多页，我一直在推动这部作品的出版，差不多进行了四五年的时间。我一直想将它列在社科文献的优先出版书目当中，但是现在还没有正式地将它翻译完成，现在我做的是摘要性的翻译，差不多有1万5千多字，构成了我刚才给大家分享的内容主体。

提问： 巴特进行田野调查的这个时间是巴列维王朝时期，那中央政府对这个部落的生活有没有影响？具体有哪些政策？

张经纬： 这个问题很专业，是个挺好的问题。巴列维王朝对于部落文化产生了比较大的影响，有几方面：第一个方面，当然我也不能说他这个定居的政策有问题，只是比较早。20 世纪 60 年代时政府没有特别考虑这些游牧部落自身的情况，他们只是出于"游牧文化不好、不够文明，农业定居生活方式比较先进"这样有历史局限性的标准，让游牧民进行定居。巴特去调查时，这个定居政策已经执行了 10 年，巴特调查期间这个政策有所松动，所以当地的巴涉利人有一部分又回归到了游牧生活当中。

巴特还观察到很多定居政策给游牧生活带来的消极影响。他是一个人类学家，不会觉得游牧文化相对落后、定居更加文明，从人类学的角度上来讲，他认为游牧和定居不分优劣、不分彼此。再讲一些细节，就是巴特还观察到普天之下大家都差不多的行为：游牧的巴涉利人会给那些要求他们定居的官员行贿。这是一个比较有趣的现象，定居官员其实也是完成任务，就是让他们住到国家盖的房子里面、住到村子里面。但有些牧民非常想回去过那种游牧生活，于是就给那些官员送点羊羔皮、送点羊肉，然后那些官员就高抬贵手。有很多这样的情况存在，10 年的定居过程当中也有一部分游牧民没有按照政府的要求去定居，一直维持游牧的生活，这个现象巴特也观察到了。希望这本书正式出版以后大家能更全面地了解巴列维王朝对巴涉利人部落文化的影响。

提问：请问张老师是不是曾在豆瓣说过人生史方法在民族志中的应用是误入歧途？如果是，您为什么这么说呢？谢谢。

张经纬：我要辩驳一下，我感觉我没有说过这句话，即使说过也是在某种背景下来说这句话的。因为我自己翻译过《伊隆戈人的猎头》，那本书完全就是人生史在民族志运用中的典范，所以我是不可能反对人生史这种方法的应用的。但我可能会觉得人生史方法在中国民族志写作过程当中存在一些误用、存在一些问题。我们很多民族志在写作过程中会用人生史尤其是口述材料替代民族志的分析，可能一篇 10 万字的论文里有 60%—70% 都是口述材料，用口述材料替代分析、替代民族志中本来应包括的因素，比如生计方式、家庭结构、社会结构、婚姻关系、政治组织。我批评的是一种偷懒的方法。很多人说，我用的是人生史的方法，贴上很多访谈的材料，张大爷怎么说，说了很多，王大妈怎么说，说了很多，李大姐又说了什么……这对于人类学来讲是不太负责任的。我们应该从这些访谈对象的第一手鲜活的材料中有方向地、有取舍地对其进行裁剪。我们可以把民族志写作比作一个裁缝，有很多好的布料，但布料是不能全都堆在一起当衣服的。我们应该做一个裁缝，进行有节奏的裁剪，这样布料才能变成美丽的服装穿在身上。所以我们要提倡人生史这种方法，但要更好地运用人类学的眼光，运用人类学关于社会结构的分类来裁剪，这样才能得到一个很好的人生史作品，这是我的观点。

提问：请问牧民和农民之间的交易是定向的还是随意的？我是指交易的双方，谢谢。

张经纬：不论是我自己的田野调查还是巴特的巴涉利人研究，都可以明确地说，牧民和农民之间的关系是固定的。这种关系还是双向的。固定的关系我们可以通过《射雕英雄传》来理解。郭靖与小说中的蒙古王爷忽必烈是好朋友，郭靖在小说中是以农民的形象出现的，由于他与蒙古王爷的关系非常好，他们结成了一种类似"结对子"的关系，互称对方为"安答"，这种称呼是双向的，指彼此心目当中最好的朋友。这种称呼在我们今天进行民族志调查时也是存在的，对于牧民来说，它的意思就是固定地与自己进行物品交换、劳动交换的农民，这种固定关系就称作"安答"。

农民除了种地也需要很多畜牧产品，比如羊毛做垫子、羊皮做皮袄，甚至需要羊群到田地去施肥（羊群的排泄物有肥田的作用）。为了保证自己田地的肥沃，农民也需要跟他结对子的"安答"进行固定的往来。两者之前是一种互惠关系，农民从牧民那里得到实惠的畜牧产品，同时牧民也从农民那里得到了固定的帮助。所以两者之间的交换是互惠的、对等的，同时也不是随意的。可能好几代人都一直维持着这种固定的友谊，到最后这种关系就不再是纯粹的交换、互惠互利关系，会发展成亲密的友谊甚至还会发展为亲属关系，这在现实当中都是存在的。这也有助于我们打破常规印象：农民与牧民是截然对立的关系，这个想法是不对的。农民和牧民彼此之间都是存在互惠互利关系的。

提问：安答等于老同、老庚吗？

张经纬：确实是有这样的类比关系。在广西地区有结老同、结老庚的习俗。我有一个同学是壮族人，早在本科就写过有关老庚的一篇小论文，我感觉老庚从人类学的角度更像"年龄组"。比如我是村子里一个20岁的小伙子，还有差不多五六个跟我同年或相差一两岁的、在村里世代成长起来的同龄人，我们一起走上人生阶梯，比如一起上学、一起外出打工、一起结婚、一起盖房子，这个彼此年龄不相上下，要做的事也一样的一群人，可以结成一个年龄组互帮互助，可以超越我与其他年龄差很大的人之间的友谊，这更接近老庚的关系。但"安答"之间的关系有一些差异，它可能发生在距离很遥远、身份差别很大的两批人之间。比如一个农民的安答可能是一个牧民也可能是一个毛皮贩子，每年秋收的时候会到村子里来收毛皮，就如同大雁一般每年会有固定时间，长年累月地形成固定的关系。所以安答不一定像老同那样固定一个年龄组，可以距离更加远一些，由于生计需求结成固定的伙伴。我的理解是，安答和老同之间的差异还是存在的。我建议罗老师以后在人类学专业考试时，可以出一道名词解释，解释一下老同、安答，解释它们与人类学年龄组概念的差异，我觉得还是很有意思的。

罗彩娟：接着同学们的提问，我也向张老师提一个小问题：在您看来，游牧文化与农耕文化的不同之处，是不是游牧文化无法自给自足，无法成为独立的社会文化？前者必须依赖于农耕文化交换生活的必需品和其他的互动往来？

张经纬：罗老师提了一个很有意思的问题。我给大家推荐一个学者——萨尔茨曼（Philip Carl Salzman），他写过一篇文章叫作"游牧何日亦安居"（*When Nomads Settle*），这是我自己给它翻译的名字，大家可以按英文名检索。萨茨斯曼与巴特一样也研究过游牧部落，他发现游牧部落并不像我们想象的那样不吃粮食，牧民如果没有农民或村子里的安答帮他种点粮食，他自己也可以种，只是不如农耕社会那般精耕细作。一般春天离开营地的时候随便撒一点种子下去，然后就到高山上的牧场放牧，等秋天回到河谷平原去看一看自己春天播的种子有没有长出来，长得怎么样，如果长得好，就多一点粮食可以吃，如果长得不是很好他也无所谓，依靠奶制品以及畜牧制品也能够生活下去。当然，从农耕文化的角度来讲，他没有足够的粮食支撑，那么生活质量不会太高，可能存在饱一顿饿一顿的情况，但也不至于饿死。游牧文化的韧性是很强的，过一种纯粹的游牧生活也是有可能的。

但从统计学的角度来讲，世界上已知的游牧文化都会在自己的游牧路线上和周边的农村、聚落产生联系。这种联系并不是说缺少农耕居民就活不下去，这就有点农业文化中心主义了。实际上这种联系是互惠互利的，和游牧部落结成安答关系的农村，从统计学上讲一般也会比没有游牧联系的农村过得好，他们的生活质量比纯粹的农村要高。因为他们有游牧部落的朋友给他们提供游牧产品补充生活所需。所以这是一个互惠互利的过程，有农村朋友的游牧部落也会过得比纯粹的游牧部落好一些。长此以往，他们就发现朋友越多，生活状况越好，所以世界上的游牧部落都会与周边的农村有一个良好的互动。

从我自身的研究来讲，历史上的农耕村庄都与周边的游牧部落保持着和谐的互动，直到这种互动因为畜牧生产、物质交换导致生态极限。比如农业村落让跟它有互动的游牧部落从事军事服务，让他们去打仗，或是拿钱雇佣他们参与社会生产高度分化的活动时，就会导致游牧部落的社会结构遭到破坏，这时两者之间就会发生冲突。这也是我研究游牧—农耕的一点心得。

提问：请问老师，不参与游牧的酋长家庭是否有不同于牧民的分家制度存在？谢谢。

张经纬：确实是存在的，因为刚才我在分享时提到游牧社会中存在二元的家庭模式，就是普通牧民必须分家，不分家生活会越来越贫困，会遭到生活的打击。但酋长可以不分家，他有不分家的物质基础，他的大规模牧群，有贫穷的牧民替他放牧，相当于整个牧区的银行，可以在牧民遭遇不测时提供补充。所以酋长家以大家庭的形式存在，也方便牧民在某个山头或河边的村庄找到他，如果他一直分家，一直参与游牧，老百姓都找不到他，也不利于整个游牧地区的稳定。

罗彩娟：非常感谢张老师给我们带来的精彩讲座，时间也比较晚了，今天晚上张老师确实也非常辛苦！给大家做了这么长时间的讲座，还非常详细地回答各位老师和同学的提问。让我们再次感谢张老师！也期待张老师下个月或以后有时间亲临广西民族大学！

张经纬：谢谢罗彩娟老师，谢谢广西民大的老师和同学们！非常感谢大家晚上参与我的这个线上的讲座，感谢大家！

期望家园：欧洲苗族社群的田野调查侧写

主讲人：石　甜（比利时荷语鲁汶大学　博士）

主持人：罗彩娟（广西民族大学　教授）

时间：2020 年 10 月 9 日

罗彩娟： 今天请到了比利时荷语鲁汶大学人类学系的博士生石甜，来跟我们分享她在欧洲的田野调查。

石甜： 谢谢罗教授的邀请，非常高兴今天有机会可以跟老师和同学们讨论我在欧洲苗族社群做的田野调查。我先从说唱音乐开始。最近几年，说唱这种形式的艺术创作逐渐被大家熟悉，越来越多的少数民族说唱歌手用这种音乐形式来表达他们对社会、文化的观察和反思。尤其是在《中国新说唱》第二季，艾热拿了总冠军。

我们都知道，"说唱"这种形式一开始从美国非裔群体开始出现，他们用这种方式来表达他们对美国社会的不满，以及他们对自己族裔所处弱势地位的反思和思考，以及诉求和愿望。后来"说唱"这种形式逐渐在世界各地传播，被各个少数族裔群体、弱势群体、边缘群体所采纳。他们用"说唱"这种形式去呈现他们对社会不公平、社会暴力、结构暴力等主题的思考。

Louchia 是一位法国苗族说唱歌手，他创作了大量的说唱歌曲，有法语说唱的，也有苗语说唱的。他的说唱歌曲在网络上，尤其在 Facebook 和 YouTube 上得到了广泛传播，不仅是在欧洲苗族社群，还在美国苗族社群那里得到了回应。

Louchia 是法国苗族。每当我跟别人介绍我研究主题的时候，有一个问题就出现了，他们问："欧洲也有苗族？"我们都知道，苗族是中国西南地区的世居民族，像云南、贵州、重庆、四川以及广西的三江、融水、南丹等地，都有苗族同胞居住。而在明清时期，由于战乱的原因，一些苗族先辈们就逃难到了东南亚国家，包括越南、老挝、泰国。

东南亚国家的这些苗族，在 20 世纪初就被卷入殖民地的历史。"二战"期间，老挝被沦为殖民地。在"二战"之后，老挝虽然独立了，但由于各个派别之间的纷争，老挝苗族分别选择了不同的派别，也卷入现在被称为"秘密战争"之中。越南战争中，他们帮助 CIA，并且协助美国士兵作战。在 20 世纪 70 年代中后期，一些老挝苗族为了躲避战争的迫害而逃到泰国。在联合国难民署协助下，一部分老挝苗族难民被安置到了美国，另外还有一部分被安置到了澳大利亚、法国等，就形成了今天全球苗族离散的社群。

在以前的文献讨论中，英文文献比较集中地关注美国苗族社群，包括他们在安置初期遭遇的文化冲突、语言不适应，以及如何去适应这些文化冲突所带来的麻烦、困扰和艰难的处境。20 世纪 80 年代开始，他们本民族的声音逐渐出现，描述他们从苗族难民到美国苗裔的转变，他们对自己美国公民这个身份的认识，以及融入当地社会政党纷争，等等，这些都是目前学术界关注的热点，尤其是美国苗族女性发挥能动性，讨论怎样在传统和现代之间协商自己的身份、表达她们的意愿。但是目前的文献缺乏对其他聚居地安置点的一些讨论。

在法语文献中，一开始也是记录了安置过程，记录苗族难民怎样被安置到法国不同的城镇。他们记录在法国的文化政策框架下，苗族难民社群怎么样跟当地文化进行互动、尽快适应安置的情况。从 20 世纪 80 年代末到 20 世纪 90 年代初，难民的第二代成长起来了，也采用各种方式来表达他们的想法，反映安置的过程、集体的记忆和认同等。

安置在欧洲的苗族社群实际上经历了欧盟各国的融合政策。欧盟是一个多层治理的框架体系，换言之，欧盟各个成员国根据实际情况或者是历史遗产、文化语境等来制定自己的融合政策，所以还是有不同的维度和向度的。有一些学者提出，我们可以用社会—经济、法律—政治、文化—宗教这三个维度来评价这些移民和融合政策，来看看这些政策是不是成功的，它们存在什么问题，如何去改善等。

欧洲苗族社群被安置在荷兰、法国、德国，这三个国家的融合政策其实差异非常大，比如荷兰基于社会支柱而倡议多元文化政策，法国是基于共和国精神，对于整个共和国公民的一个同化政策，德国是基于对日耳曼裔血统的强调。但是最近几年，这三个国家的融合政策逐渐有一些变化。

融合政策这个概念，不管是基于学理讨论、概念梳理，还是对它成为政策以后的一些分析，学者们指出，它背后存在一个权利不平等的问题。谁融合谁？如果说都是共和国的公民，那为什么一些群体要融入另外一些群体？所以这个政策背后存在权利不平等，包括结构性的不平衡等，都被学者们所批评。同样地，多元文化政策也因为在执行当中出现了种种问题而饱受批评。一些学者不满前面的这些概念的同时，也提出了另外的概念，比如像超多元性的概念。学界尝试用不同的概念去理解、分析欧洲各个国家以及跨欧洲的多个群体之间互动、交流、交往现象。

尽管学者们有不同的意见，但欧洲苗族社群也确实经历了这种融合的历程。如果我们以社会—经济、文化—宗教、法律—政治这三个维度去考量，如果从社会—经济维度去看，欧洲苗族社群在某种意义上还是比较成功的。

20 世纪 70 年代末，难民群体来到欧洲时，基本上是一无所有，不管在住房还是职业方面，都是从零开始。在经历语言培训之后，苗族难民充分把传统技能和现代社会职业所需要的技能结合起来，在就业市场找到一些薪水不那么高、社会地位相对较低的工作，比如说清洁工、园艺工、出租车司机等。他们能够快速获得这个工作来养育全家。所以，如果用社会—经济维度去衡量欧洲苗族社群的融合程度，这个程度还是相对比较高的。

从某种角度上讲，欧洲苗族社群的社会融入是相对成功的。1984 年，德国斯图亚特当地报纸还把德国苗族社群的经历以及照片刊登出来，通过德国苗族社群融入的成功案例来介绍德国政府是怎样协助他们融入当地社会当中的。

从文化—宗教的维度来讲，欧洲苗族社群并不完全是被动接受、融入当地社群的。德国苗族社群全部都已经改宗为浸会派。法国苗族社群依然在当地社会框架允许的情况下进行传统仪式，比如一个给新生儿"叫魂"的仪式，根据苗族西部支系的传统文化，新生儿出生三天后是需要给他"叫魂"，然后取一个名字。

当我进入欧洲做田野调查的时候，我自己的疑问是，在欧洲语境这个框架下，安置计划过去四十年以后，苗族社群是怎么样保持族群认同的？

我去欧洲做田野调查之前，在中国苗族的一些微信群里收集了一些问题，就是大家对欧洲苗族社群有什么样的疑问？想知道哪些方面的信息？我收集到的提问包括但不限于，他们（在欧洲的苗族）还说苗话吗？年轻人了解苗族传统文化吗？他们知道苗族传统仪式吗？他们对苗族的认同是怎么看的？他们怎么看待他们自己的身份？这也是我自己想了解的内容。

我做的是传统的人类学田野调查。在进入田野之前，我收集了英文文献和法语文献，还收集了各个层面的档案，包括联合国难民署、欧洲议会以及法国、德国不同层级地方政府的档案。我想了解的是，安置计划的历史语境以及对当下他们身份协商、身份认同的影响。

我从 2016 年开始进行田野调查。一开始，我去了德国苗族社群，整个德国苗族社群的人数不到 100 人。此外，我也访问了荷兰的苗族难民家庭，他们是 2010 年被安置在荷兰的，由于是最近被安置的，所以整个群体都还在变动和流动当中。2018 年，我在法国遇到了之前在荷兰访问的苗族家庭，他们全家搬到法国了。所以，他们整个社群不到 50 人，非常小，还在继续流动，还需要更多的观察。

从 2017 年开始，我田野调查的主要时间都是在法国，同时我还跟整个苗族社群保持线上的联系，在 Facebook 以及 Messenger 上的一些交流。法国秉承着共和国精神去执行融合政策和难民安置政策，所以在安置时，把整个法国苗族难民社群安置到了全国各地，有大的城市比如巴黎、里昂、斯特拉斯堡，也有小一些的村镇。这也使得我进入田野时，必然有对多点田野的要求。

我的接触方式大部分是在 Facebook 上联系。一方面，他们会主动来找我，说"听说你是来自中国的苗族"，他们想跟中国苗族交流。另一方面，我也跟他们说我的下一步计划是什么，比如我想去南特或者我想去图卢兹，你有没有家人或者亲戚在那边可以介绍给我。这是我进入田野找到报道人的方式。

我主要采用的方法是对日常生活的参与观察。由于我的性别原因，大部分时间我是照看孩子、做饭、聊天，跟着大家拜访亲戚等，大家做什么，我做什么。参加仪式时，他们也会带我一起参加。在节庆活动时，可以更多地了解来自其他省、大区的一些苗族家庭。我同样也对一些宗教活动进行了观察。

在我的田野调查中，一方面验证了前人研究，包括前人对欧洲苗族社群的记录，提到公共社会福利系统给整个苗族社群生活带来极大的改变——公立教育、交通便利、基本医疗保险等，都提供了基本的支持和支撑。但我的田野调查也发现，欧洲苗族社群尽可能地遵纪守法，但是政治上采取回避的态度。这个是有原因的，后面我会展开介绍。

在文化交流上，欧洲苗族社群呈现多元文化共存的现象。因为德国、法国、荷兰有不同的安置政策，这就促使了苗族社群呈现多元格局。德国苗族社群人数比较少，不到 100 人，但紧密又团结。他们都被安置在同一个镇上，日常生活联系非常密切，有几户就是直接住在同一个小区里。在他们的日常生活中，使用德语、苗语、英语、法语，同时还有语码转换的现象。在婚姻圈方面，他们更倾向于跟苗族结婚，但同样也有跨族群婚姻的存在。

在饮食上，他们是一种混杂的饮食，有苗族的食物，也有德国的食物。

他们全部都改宗为浸会派，但是他们有自己的苗语版《圣经》，有自己的教堂，有苗族的牧师主持进行宗教仪式，他们的苗年在内容和形式都有很大的改变。

法国苗族社群呈现出来的是非常多元、动态的。在 20 世纪 80 年代时，法国人类学家已经观察到，法国的苗族根据工作时间来调整他们的仪式活动内容。以前的仪式是根据历法来安排，但是现在，他们基本上把这些仪式安排在周末，所以上班族可以在星期五下午从法国其他地方开车到仪式举办地来参加仪式。星期六举行仪式，星期天大家就可以返回各自居住的城市。这些是在前人的观察当中已经有的，而我的这个田野调查也证实了他们的这些观察，这些情况一直到现在还是如此。

但是到现在，也出现了一些新的情况。比如说语言方面，年轻人更加多元地去接触不同语言，但这并不会导致传统文化的丧失。同时，还要考虑融合政策以及当地学校政策的影响。比如在法国，除了法语是学校的第一教学语言以外，不同地方的学校还提供各种语言的学习。比如说在东部的学校，开设德语课程；在南部的学校，开设西班牙语课程，以及在一些有条件的学校，开设日语和汉语课程，这个取决于不同地区的学校要求。

因此，现在的法国苗族年轻人和德国苗族年轻人，在语言的掌握上是非常多样化的。

在饮食上也是呈现混合式，有芝士、奶酪、火腿，同样也有比较偏亚洲风格的一些饮食，比如我们很熟悉的青菜汤，还有番茄炒鸡蛋，等等。这种混杂性的饮食是做移民研究当中出现频率比较高的主题。在 20 世纪 80 年代到 90 年代的文献中，有学者将它解读为传统文化的丧失。年轻人已经不太喜欢传统饮食了，更加喜欢汉堡、麦当劳、炸鸡腿、炸鸡翅这些食物；但其实还可以从其他层面来理解这种混合饮食的现象。

在服饰方面，比较明显的是过年、过节的时候，尤其是苗年的时候，男性、女性都会穿上传统的服装来呈现苗族文化。一个非常有趣的例子是，在一家新教教徒的婚礼上，我跟一个大概 3 岁多的小女孩聊天，她拿着我的手机，看手机里面的一张张照片。我指着每一张照片，问她这个是什么？她就解释说这个是面包，这个是房子等，一边看一边解释说她看到了什么。我手机里有苗族服装的照片，这个小女孩直接就说这是苗族。所以，族裔服饰在多大程度上能够体现苗族文化，能够影响到下一代对文化的认知和认同感，这是我们需要去关注和讨论的。

仪式是我们人类学研究当中非常重要的一个主题，也是文化变迁、传承以及文化研究中非常重要的主题。以前的研究也观察到，法国苗族依然会在需要的时候举行仪式，比如说"叫魂"的仪式。我的田野调查也记录了这些仪式，同样也见证了来自法国全国各地的苗族家庭、亲人、朋友，他们聚集到仪式举办地来一起参加。

德国苗族全部是浸会派，在安置的初期，他们没有自己的教堂，但是他们觉得，参加由当地教会举行的这些仪式不够舒服，觉得不是他们要找的感觉。所以，在 10 多年前，他们跟当地市政厅以及当地一些社团协商，说他们需要找一个空间来做他们自己的礼拜。市政厅答应租给他们一个公共活动厅，改建成他们自己的教堂。同时，他们买到了苗语版的《圣经》，他们自己的牧师用苗语主持宗教仪式。

右边这幅图是一个故事布，它叫 paj ntaub，之前进行过的研究比较多了。苗族学者万顺也写了一篇关于故事布的文章，如果大家感兴趣可以在 CNKI 上找到这篇文章。简而言之，故事布是 20 世纪 70 年代末、80 年代初出现在泰国难民营的一种新的手工艺品，把传统的苗族刺绣工艺跟他们的逃难故事结合在一起。我们都知道，苗族在手工刺绣方面是非常闻名的，但以前刺绣的大部分内容是跟自然题材相关，花、鸟、树，等等，或者是跟宗教题材相关，或者是跟一些家族历史相关。但是像这种偏视觉化、直接呈现难民逃难历史的，反而是一种新的形式。

当时有美国和其他国家的社会工作者到泰国难民营去协助难民适应日常生活。他们到了泰国难民营后发现，难民们被要求只能待在难民营里，生活还是比较困难的。这些社会工作者指导了苗族难民妇女用手工艺作品的形式去讲述他们逃难的历程。这个故事布的上半部分呈现了他们怎么样从苗寨逃出来，游过湄公河、逃到泰国，故事布的下半部分有飞机、火车等，也就是讲述了他们怎么样被安置到世界各地、流离失所的故事。

德国苗族社群过苗年的时候，他们讲述两个方面的内容，第一个是跟《圣经》有关的故事，第二个是讲述苗族的历史。不仅仅是讲他们怎么从老挝逃出来的，而是从中国开始，一直到了老挝、到了泰国，等等，对年轻人熟悉自己历史文化进行教育。

2015 年，法国苗族决定举办一个夏日祭，每年夏天 7 月底举行，这也成为吸引整个欧洲苗族社群、把大家聚在一起的一个节日。关于欧洲苗族节日方面的情况，我之前写了一篇小文章，发表在《湖北民族大学学报》上，大家感兴趣可以去看一下，里面记录了更多的细节。总之，他们通过节庆的形式，把大家聚在一起，加深情感和认同。

苗族年轻人们采用不同的艺术形式来表达认同。比如像王永胜（Txeuying）的艺术作品就非常流行。王永胜创作的作品非常多，大部分集中于架上画以及 CG 绘画。他的作品包括对苗族传统文化进行视觉呈现，比如"叫魂"仪式以及讲述苗族逃难的过程和历史。

到目前为止，这些是我在欧洲进行田野调查的第一年里所观察到的内容。这些田野观察，一方面验证了前人的一些研究；另一方面展现了我自己的参与，见证了欧洲苗族社群如何保持自己的身份认同。

他们的族群认同还体现在非常渴望跟中国苗族的交流和交往中。很多时候，当我出现在一些仪式现场，就会有人过来问我，你是那个从中国来的苗族吗？你说说中国苗族的情况吧，任何情况都可以，比如说中国苗族一般都住在哪儿？一斤米多少钱？这些问题被问得非常详细，因为他们非常想了解居住在其他地方的苗族同胞的情况，是不是跟他们也一样。

但是我后来逐渐体会到的是，欧洲苗族社群还跟其他群体有交流、交往，包括阿拉伯裔、非裔、法国白人，德国白人等，跟各个群体都有交流交往。

那么另外一个问题就呈现出来了，欧洲苗族社群在多元语境下，是怎样在保持族群认同的同时又跟其他群体交流、交往的？

在这里我想介绍一个"conviviality"理论。有一些把它翻译成"共乐文化"或者"欢乐文化""共愉文化""欢愉文化"，但这些翻译并没有抓住这个理论的核心。"conviviality"理论其实在20世纪70年代时已经有人提出来了，只是最近十多年，一些学者发现这个理论其实有更多的潜力去帮助我们理解、分析当下多元族群共居共处的情况。

一些英国学者提出，以前的研究比较关注族群之间的矛盾、冲突，尤其是在欧洲的社会语境下的族群之间的冲突和纷争。但是，这也许导致我们可能会忽略另外一些社会现实，比如说群体之间是怎么交流的？他们最近的一些研究提出，我们共同居住在都市环境中，也许我们在很多方面是有差异性的，比如族裔背景、语言背景、宗教背景、文化背景，等等。可是我们有没有一些共同或者共通的方面，能够让我们在这个框架下进行交流、交往？当然，也有学者批评说，这些研究过于强调共通性，过于强调都市环境了。如果不是都市环境，如果不是都市提供的这些便利条件，有没有可能存在族群之间的交流交往？这样的交流交往又是怎样的形态？也有一些学者继续拓展这个理论，关注多元族裔共同居住背景下，不同群体怎么样沟通、协商？怎么样进行跨文化交流的？还有一些学者提出，我们到底应该怎么去测量这些跨文化交流交往的行为？有一些学者就提出具体的测量标准，比如可以从宏观的层面去看，整个社会体制、社会制度、社会语境，对这个跨族群的交流交往，对整个族群之间的互动是怎样影响的。在微观层面同样也是，探索外围社会环境以及当地的不同群体和个体，他们相互之间是怎么样相处的？

还有学者提出，从比较的视野去看，我们同样在这个空间下，怎么样去比较？有一个研究比较了新加坡和澳大利亚不同的居住环境对多元共居的不同族裔群体之间互动的影响，以及在这个空间中，这些群体是怎么样互动的，包括语言、食物、日常活动，公众活动等内容。这个研究非常恰当地运用了这个理论来进行个案的比较拓展。

也有学者提出我们要进行日常生活的观察。我有一些同事就研究这个everyday religion。他们研究在比利时的土耳其裔和摩洛哥裔，他们的宗教信仰和宗教认同在每一天的生活中表达和呈现，以及跨族群的互动和多元互动。

具体到我的个案上，通过田野调查，我也发现，欧洲苗族社群的日常生活其实是非常动态和多元的。比如住在法国南部的这些苗族同胞，每天早上会开车到一个当地的便利店里喝咖啡，聊一下天气、福利彩票，聊其他一些日常生活问题。他们当中有老挝裔，有柬埔寨裔，有苗族，也就是说在日常交往当中，他们有一个跨族裔的交往。法国南部比较流行的一项体育运动是打铁棍球，基本上是男性参加，但是年龄跨度从青年一直到中年，族裔跨度也非常大，从柬埔寨裔、老挝裔到苗族、法国白人都参加。

有一个研究是关于英国的公共活动怎样把不同族裔的群体聚集在一起的，它也讨论像这样一些日常生活中的活动，比如早上一起喝咖啡等；或者一些兴趣爱好小组，把不同族裔的个体聚集在一起。这些活动看似不起眼，但是营造了一个大家在共同居住的空间中互相交流、交往的环境。

我的田野调查也印证了这个理论的解释力。年轻人的体育活动非常多；对于宗教教徒来讲，周末去做礼拜这样一个活动，其实也是有跨族裔的交流和交往，包括法国苗族天主教教徒的礼拜也体现了这一点。虽然神父是法国白人，但是来参加礼拜的大多是苗族教徒。法国苗族举行的仪式中包括一个拴线（kites）仪式，它最初是跟南传佛教有关，通过在手腕上拴线表达一种祝福。法国苗族社群把这个仪式逐渐拓展，取其祝福之义。法国白人神父要退休了，苗族教徒就为他举办拴线仪式，希望他能够好好享受退休生活，健康长寿，有一个健康美好的退休生活。因此，法国苗族在生活中践行时，更多聚焦在祝福层面，而不是强调它的宗教层面。

法国的苗族社群举行各种各样的节日，包括2015年他们"发明"的夏日祭，他们最初的想法是，西欧国家都有从7月到8月有一个月的假期，既然有这么长的假期，可以举行一个活动把大家聚集在一起。参加的人不仅仅是苗族，还吸引了其他族群的个体来参加。他们也邀请了老挝人来表演老挝的传统乐器。这些老挝人非常乐于跟大家介绍他们的乐器，如何不一样，如何去欣赏等。他们也非常积极地向当地的法国白人居民介绍他们自己的音乐和文化，这也是跨族群的交流和交往。

在夏日祭的活动上，还举行了一些体育赛事，足球、排球等。这些体育赛事一方面吸引了很多年轻人参加；另一方面吸引了不同族裔的年轻人，包括柬埔寨裔、老挝裔、越南裔参加。

对于中老年个体来说，他们参加这个活动是想跟来自其他城市的亲人、朋友聚一下。对于年轻人来说，可能更多的是享受这些娱乐活动等。

法国苗族社群还修建了纪念碑，纪念碑上刻的文字表明，不仅是纪念苗族逃难的历史，同时也加上了东南亚其他难民群体的悲惨遭遇。在整个冷战环境下，东南亚国家因为种种原因被迫卷入冷战中，成为政治的牺牲品。他们希望下一代记住的不仅仅是某个群体，而是对政治、对历史的反思。

我前面提到了王永胜的作品，他创作的作品还有对逃难的视觉化呈现，这一幅作品，我给它取名叫《湄公河之殇》，它呈现的也正是大家所能看到的，非常直观。在逃难的时候，很多老挝苗族没有成功，在丛林里被炮火炸死，或者被淹死在湄公河里。这么悲惨的历史，对于被卷入那段历史的其他难民来说，同样也是他们共同的回忆。王永胜每一次完成作品以后，会把作品上传到 Facebook。在评论中就会看到其他族裔的人评论，说他们同样感受到了那段沉重的历史，让他们感动或者是触及了他们的记忆。他的作品在网络上流传非常广，在中国苗族社群当中得到了广泛传播，也同样引起了世界各地苗族的共鸣，甚至引起其他想要走进这段历史的人的关注。

最后，我想提到的是，从 kwv tshiaj 到说唱的一个转化。kwv tshiaj 是苗族西部方言当中的一个口头艺术形式。在我的观察中，中老年还会唱，年轻人不太会唱。而年轻人当中比较多的是说唱以及其他流行音乐。

Louchia 是法国苗族说唱歌手，他的作品主要表达法国苗族的遭遇，逃难历史以及对未来的期望，希望苗族应该在一起，互相帮助，不管是在美国、泰国还是在其他地方，都要相亲相爱。他的歌曲是关怀当下的，对欧洲社会语境的控诉，反映了在欧洲语境下，苗族被忽视，没有人知道他们，没有人愿意去了解他们的历史。

Louchia 后来加入了一个厂牌 Mekong Soul（湄公之魂），这个团体一开始是由 4 个说唱歌手组成的，都是法国籍的东南亚裔，包括老挝、高棉、越南人，后来吸收了其他东南亚裔说唱歌手。

这些说唱歌手在他们自己发行的单人作品中，都是用自己的第一语言唱的，换言之，都用母语唱的，比如说高棉语、越南语、老挝语、苗语。但是在这个厂牌发行的音乐作品当中，他们用法语来说唱。作为说唱歌手，他们有各自的风格、各自对节奏、对 hook 的把握。但是在他们共同创作的作品中，他们用法语说唱，其内容是反映在法国社会的少数族裔缺乏社会能见度，一直是被表述，而没有渠道表达他们的心声。

说唱这种形式在 20 世纪 90 年代的时候被法国的阿尔及利亚裔以及其他阿拉伯裔的年轻人所采纳，反映的是居住在郊区的非裔年轻人被歧视的现象。但是由东南亚裔组成的这个厂牌，他们表达的又是另外一个层面——直接被主流社会无视。Louchia 加入这个厂牌以后，他的创作同样也把苗族被无视的现状带进音乐作品中。这些东南亚裔的说唱歌手，因为其族群在法国社会语境中有类似的遭遇，他们想要表达，想要为自己发声，想要让他们的声音被听到、让他们被看到。

这也是"conviviality"这个理论所具有的张力，我们不仅要看到跨族群交融交往中和谐、欢乐的一面，还可以去把握那些矛盾、冲突、不一致的地方，去关注、讨论、分析去寻找可能的解决办法。

我的总结是，在过去 40 年里，欧洲苗族社群有一些物质层面的保持，例如对家的营造，族群服饰、饮食等。但是他们同样也进行了无形层面的努力，例如语言、仪式等。他们一方面强调苗族认同，强调怎样用不同的方式传承；另一方面他们也在探索怎么跟其他族裔进行跨族群交往和交流。

在 20 世纪 80 年代末时，苗族难民告诉一位法国人类学家："以前我们在老挝的时候，我们大部分住在山上，我们是老挝的少数民族，我们是被平地的这些人所忽视、所歧视的。但是我们被安置到了法国以后，我们发现我们平起平坐了，他们也是逃难的，我们也是逃难的。而且我们在法国公民社会的框架下，我们权利是一样的，我们要探索新的方式去跟他们打交道，不再是以前的那种唯唯诺诺，或者是他们给我们派指令，而是要有新的方式，大家要共处，大家都居住在这里。"

我的田野调查呈现的是，他们有了一套共处的策略和方式方法，去跟不同的族裔、族群交流。

另一个方面，他们在政治上是回避的态度。他们的法律—政治这个维度的能见度相对不高，从政的人员非常少，获得高等教育学位的人也相对比较少。他们的解释是，因为在法国社会不鼓励你出人头地，也不鼓励你能够出头，而鼓励的是一种平均、平等。所以，在他们看来，教育不是一个值得的投入，对教育的投入不能改变社会地位，不能带来向上流动，所以他们也没有积极性去完成高等教育。他们也认为，即便从政也改变不了这种社会固化的情况，所以他们没有政治参与的欲望。但这个情况也是随着具体的语境变化而有所变化的。

他们对家园的渴望还体现在对全球苗族社群的渴望，他们非常想要了解中国苗族的情况。

这个是我的总结。我以后想研究比较其他国家的苗族社群，各个国家或者各个地方苗族个体对文化传承的一些探索。这个是我今天跟大家分享的主要内容，其实我更期待跟大家的交流和讨论。谢谢罗教授的邀请，也谢谢在我田野调查中一直帮助我的全球苗族社群，谢谢！

罗彩娟：感谢石甜博士给我们带来的这个非常系统的欧洲苗族研究的分享。我们可以看到，她首先回顾了文献中关于苗族难民经历的研究，在这样一个前提之下，讨论了几个国家的移民融合政策等，最后重点讨论了在欧洲这个多元语境当中，苗族社群是如何保持认同的，又是怎么跟其他群体进行交往交流的。可以说，这场讲座有非常鲜明的主题，讨论了苗族的族群认同，也意识到了苗族跟其他族群相处过程中如何交往、交流。

她的田野调查经历非常深入丰富，包括节日、宗教仪式等，从很多方面给我们呈现了她的研究。大家可能也注意到，她在讲座开始和结束时，用了另外一种语言跟她的研究对象进行问候。她的田野调查时间非常长，并且是多点调查，在欧洲的法国、德国、荷兰都进行了详细的、深入的田野调查。另外，她对多种语言都有所掌握，据我了解，她掌握英语、法语、苗语、汉语等多种语言。

这给我们很大的鼓励，我们在座的同学，还有线上的同学，包括我们的留学生，要从中学习怎样去把握田野调查。第一是掌握去研究的这个国家的语言，还要掌握所研究的族群的语言，在多种语言的帮助之下，才让她能够深入地去进行田野调查。

第二是有比较的视野，进行多点调查，进行比较研究，还有前期的准备。调研工作要有理论支撑进一步深入讨论，再进行学术对话。这些对同学们做博士论文也好，做田野调查也好，都有很大的启发，所以我们非常感谢石老师能够参与到我们这个课堂当中，给大家呈现这么一堂课。

还有一些时间，我想交给我们线上、线下的同学进行互动交流，这个机会也非常难得，特别是在座的同学，我希望能够听到你们的声音。

提问：老师，我问一个问题，因为我毕业论文写的是苗绣中的一个关键点，但是我想了解的是，刚才您也讲到了服饰对于种族认同的意义，像现在在海外的这些苗族社群里面，他们的服饰是他们自己制作的？还是购买的？或者是用哪种方式获得的？

石甜：谢谢这位同学的提问，她刚刚的问题是，法国苗族的服饰是她们自己绣的还是从其他渠道购买的？首先，年纪比较大的苗族妇女，大概五六十岁以上的，还掌握这门刺绣的技艺，但是因为工作原因，平时没有时间绣完整的绣片。她们会制作一些小的绣片，用作杯垫、挂在墙上的一些小装饰，她们有时间制作这些。

二是年轻的，中青年、五十岁以下的这些苗族妇女，分为两种情况，一种情况是从老挝和泰国嫁过来的，她们从小在苗寨里长大，学了这些技艺；另一种情况是在法国本国长大的苗族女性，她们不会绣，服饰是从老挝、泰国或者法国苗年等集市上购买。但是现在她们发现了一个更便宜的渠道购买，就是淘宝，她们说更便宜，而且花样更多。她们更倾向于买那种更时尚的、有一些新的发明和改造的，包括一些图案和手工艺的改良。她们觉得这个很新颖，会带来一种新的感受。这是我在田野调查当中观察到的。

提问：在过去，刺绣技艺对女性的人生、婚嫁有一定的影响，现在刺绣，我经过的几个地方对这个的考量比较少了，在欧洲那边更不是很关注这个。比如您刚才说的有从泰国嫁过去的苗族女性，她们会在意这方面吗？

石甜：谢谢你的提问。在我的田野调查中，人工的织布机是没有的，但是法国有几个小工厂里面有那种机器制作的，大部分以平绣为主，没有更多绣法上的改变。你刚刚提问了一个很好的问题，刺绣手艺的变迁对苗族女性意味着什么？

在我的田野调查中，可以呈现的是几个方面的转变。第一个转变是从传统的整套服饰转变到故事布的意义当中去。"故事布"这种艺术形式，已经有很多学者写了文章来分析，故事布在美国苗族社群中的意义重大，在欧洲苗族社群也一样，把它用作关于苗族历史的教科书。第二个是转变到一些小物件上，而不再是大片的刺绣，或者绣一整套服装；她们经常仅绣一些小物品，杯垫、挂件等，但同样也倾注了个人的情感，刺绣其实是要倾注一个人的情感在里面的。另一方面是把它作为礼物赠送，我就收到了一位阿姨绣的一个背心，送给我作为一个礼物。

人类学家关于礼物的研究蛮多的。在礼物馈赠过程当中，个体情感的表达对于个体的意义都有呈现的。换言之，虽然他们没有整套服装的完整绣法，但有另外的方式去呈现和表达。

提问：我想请问一个问题，苗族现在有没有跨族通婚的那种状况？跨族通婚之后，那一部分人对于苗族的认同，是认同苗族更多一点，还是认同外族文化多一点？

石甜：谢谢这位同学的提问，她的问题是一个关于族际通婚的情况，也就是欧洲苗族社群的婚姻选择情况。

他们理想的情况，比如说父母讨论关于子女交男女朋友的理想状况，是希望他们交往苗族人，将来嫁给苗族人或者娶苗族的媳妇，这是一个理想的情况。他们有这个偏好，也有这个愿望。只是在实际生活当中，年轻人因为感情爱恋等，确实有族际通婚。总体而言，他们更偏好或者更希望跟苗族通婚，这个意味着他们要从其他地方的苗族社群中选择结婚对象。尤其对于德国和荷兰的苗族社群，因为他们的社群人数太少，在荷兰的苗族社群不到 50 人，在德国的苗族社群不到 100 人。20 世纪 90 年代末，那时候有两篇关于德国苗族社群的文章，文章末尾就很悲观地说，他们人数太少了，如果他们再跟非苗族的人通婚，整个社群就要消亡了。但是到了我去做田野调查的时候发现，他们人数少是一个事实，但是他们娶了泰国和老挝的苗族女性，所以整个苗族社群还一直在那里。

提问：婚嫁之后的苗族社群有没有什么变化？这种变化的原因是什么？

石甜：这个问题也是一个很好的问题，在我的 PPT 当中，由于主题选择没有展开讨论这个内容。

这是关于人口规模的问题。我们称之为直接安置过去的是 1.0 代，在难民营出生，再被安置到第三国的是 1.5 代，在安置国出生的被称为 2.0 代。1.0 代的苗族家庭是规模比较大的，他们的子女一般在 10 个到 14 个左右，男性、女性都有。在1.5代，家庭规模大约在7、8个，介于5—7个。在2.0代，他们子女的人口大约在3—5个。

你看这三代人当中，有人数逐渐减少的趋势。年轻的父母们也解释说，以前的父母希望子女多，生活更加幸福。但是对于他们来说，有实际的考量，尤其是对于2.0代，他们也同样是在工作、家庭、居住环境中周旋，在这些种种的影响之下，他们觉得3个就够了，5个孩子很好了。我也问过，你会不会想要再要一个？你对你孩子的期许是怎么样的？他说有3个孩子已经够了，就不再想其他的了。其实从这个方面也可以看出，社会语境对人口选择的影响。

我看了一下线上收到的问题，有一个问题是：这些苗人一般从事的职业是哪些？

1.0代他们是直接从老挝逃出来以后，被安置到了第三国，他们普遍的教育程度不是特别高，有的甚至没有受过完整的正式的学校教育，所以读写能力相对匮乏。最初被安置以后，他们接受了简单的职业培训，比如说清洁工、家政清洁、园林工、门卫，还有工厂简单的流水线工作。1.5代和2.0代，他们在法国本土长大，至少完成了高中以下的公立教育，他们觉得教育不是一个能够改变社会流动、提高社会阶层的渠道和方式，所以觉得这个不是很值当。对于2.0代来说，选择去读大学的不多，考上大学的也不多。经过考试以后出来就业的还是比较多的，有工程师，有做IT的，有做会计的，有做秘书的，基本上各行各业都有。

但是，很多职业对教育有一个最基本的要求，比如说某一些职位是有高等教育或者更高的学历要求。所以，在欧洲的情况，尤其是法国苗族当中，走到社会中上层的基本没有。德国苗族社群的人数较少，但是对于2.0代来说，他们有的是一边在职工作，一边读书，完成了硕士学位，这个已经非常不容易了，但这个情况还在进一步的变化当中。

我收到的第二个问题是，国外的苗族都是从中国迁过去的吗？

这个问题要看是从明清时期直接迁过去的，还是在不同历史时期迁过去的。比如说苗学专家石茂明老师，他的跨国苗人研究当中也分析了国外，尤其是东南亚的苗族社群是如何在不同的历史时期、因为怎么样的原因迁徙到了东南亚国家。不同历史时期迁徙过去的路线是不一样的，比如说有从贵州到广西再到越南的这个路线，也有从贵州到云南，然后从红河那边到老挝的，不同的路线有差异。

我收到的第三个问题是，请问海外苗族如何整合自己民族的迁徙史和近代的逃难史？

我不知道我是不是准确地理解了这个提问，实际上我今天分享的主题是比较聚焦的，所以有一个关于指路经的内容我没有介绍。在苗族葬礼当中有一个专门的仪式，唱指路经、指路词，把去世的灵魂一步一步地送回到他原来居住的地方，跟祖先在一起。在我们西部支系当中同样也有这个唱指路词的仪式环节；海外苗族同样也有这个环节。比如在我的田野调查中，鬼师唱指路词，指引去世的灵魂从里昂回到巴黎，回到他走过的地方，从巴黎到曼谷，然后从曼谷到老挝、回到中国，跟祖先住在一起。从这个指路经的内容上可以看出，逃难和去世是放在一起的，不是有时间上的区隔，不是说他们祖上几代人逃到老挝，老挝到泰国，就人为地把时间段给切断，而是有一个时间的延绵。我不知道对这位朋友的提问是不是把握准了，我的理解是这样的。

我收到的第四个问题是关于苗族流行文化的问题。从您的田野侧写来看，您觉得苗族的说唱和主流音乐，或者说主流的流行音乐文化的差别在哪里？您觉得如果苗族说唱想要进入主流音乐市场，从跨族群交流来说，他们需要怎样进入？

第一个问题，苗族说唱和主流音乐的差别在哪儿？我觉得差别体现在两个方面。第一个方面当然是内容的呈现，他们说唱的内容是跟逃难历史有关，因为被卷入秘密战争，导致整个苗族社群背井离乡，被迫逃到其他地方等。在欧洲或者在法国主流的流行文化当中，基本没有被听到过。我只在去年和前年看到有当地电视台制作了一些纪录片，采访被安置在法属圭亚那的苗族社群，即便这样也是非常少的。这个跟在法国的亚裔处于弱势地位是有关的，作为少数当中的少数，他们的声音更不被听到。所以主流流行文化当中就没有这一块，这也是为什么苗族说唱歌手跟其他这些东南亚裔一起合作、创作的这些说唱作品，都是表达他们被忽视，不被看见，没有渠道发声，完全被无视的这么一个情况。

第二个方面体现在我今天提到的说唱歌手 Louchia。在法国苗族社群当中，用说唱这种形式来反映心声的还有其他说唱歌手，他们的一些尝试很有意思，他们把苗族传统的口头艺术加进去，将像 paj huam 这样的形式伴进去，从节奏上来说，就跟主流的流行音乐的节奏不一样，这也是他们的一个尝试，他们把传统的音乐、传统的口头艺术跟说唱艺术伴在一起。

有一个说唱歌手叫 JinLee，他的说唱还结合了阿拉伯风格的音乐，这也是我之后想进行的研究，他们如何把这些多元的音乐伴在一起，来表达怎样的思想。我的理解是，如果说苗族说唱想要进入主流音乐市场，他们并不是想要苗族说唱进入主流音乐市场，而是他们想要这种声音被听到，他们想要苗族的这个悲惨遭遇，或者是难民、整个越南裔、柬埔寨裔、老挝裔的声音被听到。被听到之后，可能展开更多的延伸，但起码第一步是希望被看到、被听到。这也是为什么说唱艺术被世界其他少数群体、弱势群体所采纳的原因之一，因为他们也希望被看到、被听到。

我还收到了其他几个问题，谢谢线上的朋友。这位朋友提的问题是，**请问在苗族群体中，个体的认同是否存在差异？存不存在年轻人对群体的活动不热情、认同不深的情况？**

这位朋友的这个问题非常敏锐，因为在群体中是会存在个体认知的差异的。在我的田野调查中，也有年轻人完全不认同苗族，非常直截了当地告诉我：他是法国人。并且还从以下维度强调他的法国认同：从来不吃苗族的食物，只吃汉堡、薯条、芝士，不吃这些春卷、米粉；来这里参加这个公共活动，不是我对苗族有认同，而是我父母想要我来；听的都是法语音乐、法语节目等。但我更想展开讨论的是，他们如何呈现他们的认同差异。我在我的博士论文当中展开讨论了一些细节，在今天的分享中没有完全展开。

还有收到的一个问题是，目前欧洲苗族社群在多元化社群的交往交流中，主要是苗族社群本身积极推动的？还是政府或社会组织主导的？

这个问题非常好，抓住了我刚刚没有完全展开、完全呈现的内容。苗族社群一开始被安置到了法国、德国时，不太存在本身积极主导的情况。至少从前人的研究来看，那个时候，整个苗族社群侧重的是如何适应，毕竟有大部分难民是没有受过正式和完整的学校教育的，更不要谈积极主导。但也有一些例外情况，就是人类学家的积极干预。法国人类学家 Jacques Lemoine 在他协助的那个社群里，积极跟苗族家族首领进行沟通，苗族家族领袖也积极主动地推动跨族裔的多元表达。

在欧洲本土成长起来的年轻人们，在他们的生活经验中，本身就有这种多元族裔交流的情况，所以他们在某种程度上主动去接触多元族裔的交流交往。有一个例子是，我在他们的公共活动中出现时，往往会成为一个衡量他们接触多元族群的变量。对于这些主要是以家族成员聚会的场合来说，我是一个陌生的面孔，所以他们一开始接近我的时候，都会用法语问我，你是谁？我解释说我是中国来的苗族，他们就会切换到用苗语来跟我交流。

我同样也观察到在很多仪式场合下，他们跟非苗族群体做解释，说这是我们过苗年的一个仪式，请祖先的灵魂请回来，跟我们一起好吃好喝，带来祝福，等等。把这些文化向一些非苗族的个体进行解释，这也是他们积极主导的一方面。

另一方面，政府同样也提供了平台。荷兰、德国、法国对于移民有不同的政策。荷兰的理念是说每一个群体是社会的一根支柱，在这根支柱之上共同构成了我们的整个社会，他们倡导的这种多元文化主义也是基于每个群体都是一个支柱的理念。法国是同化主义，将每个群体同化成共和国的公民，所以在各个国家不同融合政策的前提下，政府提供的平台和提供支持的力度是不一样的。尤其在语言方面非常明显，法国并不提倡针对少数族裔语言的直接扶持和资助，这使得法国苗族没有双语学校、双语课程、双语老师等。德国苗族他们自己的解释是，我们人太少了，所以就是在 YouTube 上学苗文。但德国这边，地方政府给的支持是对他们宗教活动的支持，包括用公共活动场所过苗年等，这些都是地方政府提供的一些帮助。

至于社会组织的主导，法国苗族社群这边有代际差异。中老年、60 岁以上以及 40 岁以上的，仍然是以家族为合作的起点，有一点像美国苗族的十八姓协会，但没有十八姓协会的规模那么大、活跃度那么高。但是在年轻人当中，尤其是 40 岁以下，包括 20 多岁和 30 多岁的苗人，他们有一些跨姓氏、跨宗族的组织，活动也很多，包括烹饪培训、园艺培训，还有对一些青年组织的培训，尤其在推动苗族节庆活动方面的组织、协调、推行、举办等，这些组织都是发挥了重要的作用。

提问：据我所知，苗语差异是很大的？

石甜：她的问题是说苗语本身是有各个支系，苗语有三大方言，三大方言下面还有不同的次方言和土语。我在田野调查当中使用的语言是不是能够跟他们进行沟通？这个问题问得非常好，我是东部支系的，从地缘来说，我应该是讲湘西方言的。海外的苗族他们讲西部方言的几个土语。

我在去做田野调查之前，在云南文山壮族苗族自治州砚山县学了半年的苗话，去做田野调查之后，也是一直在学苗话和苗文。海外的苗族他们有白苗、青苗、黑苗，他们讲的苗话有差异，但这个差异在于他们自己的认知度。换言之，有的报道人跟我说，他觉得白苗话和青苗话没有什么差异，都听得懂，只是有口音的区别。但我也遇到有人告诉我说，他只讲白苗话，完全听不懂青苗话。

所以值得展开讨论的是，他为什么听不懂？以及他怎么去理解和阐释他的这种听不懂？我遇到的田野报道人中，大部分是讲青苗话的。我在文山学的是白苗话，我去之前查了文献，说海外苗族大部分是讲白苗话，我能够交流。但是当我到了欧洲以后，我发现文献对他们的描述是比较匮乏的，我实际遇到的是讲青苗话的群体，所以我自己需要在口音和具体词汇上适应。这个在关于语言那一章有详细介绍。一个有趣的现象是，他们会根据我的口音，来改变他们的口音。比如有一个例子是：koj naam puas nyob zoo os? 我在想，她问我谁身体好不好？我一脸困惑，然后她立马换成白苗话：koj niam puas nyob zoo os? 问我妈妈好不好。他们实际上会根据遇到的不同支系来调试他们的口音，进行内部的沟通。

提问：刚才的交流过程中，我有一个疑问，他们现在应该是信基督教，有教会的，那么关于信仰和一些节庆习俗，还有他们苗年会有一些仪式，他们怎么处理两者间的关系？会不会产生矛盾？因为好像信教应该有遵照信仰的这样一个倾向。

石甜：谢谢你的提问，对于改宗的这些教徒来讲，传统信仰对灵魂的强调，这些跟基督教、新教、天主教的教义不同，个体是怎么样去协调的？美国的一些苗学研究著作和文章，也都从个体角度去讨论，他们怎么去协调这两个看似有矛盾、有冲突的信仰体系。

但是我在我的博士论文中讨论了他们怎么样处理这种情况的策略，比如同一个家庭，哥哥改宗为基督教徒，弟弟一家人仍然是举行传统仪式，每一次仪式都要邀请全部成员、直系亲属以及一些姻亲来参加，哥哥全家每次都来。我也问过他们，他们怎么看这个问题？他们自己解释说，对于他们来说，支持弟弟全家才是最重要的，来参加这个仪式，并不是我放弃了我的基督教信仰，而是说，我来到这里的意义是我来支持我弟弟全家。

这种情况也出现在一些其他场合，比如说葬礼上唱指路经，对于苗族传统仪式来说，这个是非常重要的环节。已经改宗的家人和朋友也来参加，他们也解释说，对于他们而言，我的朋友、我的亲人、我的家人处于悲伤之中，他们失去了一个家庭成员，我来到这里是对他们的一个支持，不管是心理上、还是经济上，还是各个方面上的支持。我在场的意义是为了支持他们。这也是我在我的博士论文当中展开分析的主要内容，不是聚焦个体认知，而是聚焦于在场的意义。

我还收到了另外的两个提问，苗族从东南亚到欧洲，他们族群认同发生了怎样的变化？他们在东南亚的时候是否认同东南亚国家？

这个问题也是非常敏锐的，他们认同的多层次化和多元性。

对于1.0代，他们在联合国难民署的档案当中，被明确记录为老挝国籍，他们被安置在欧洲以后，有一些难民归划为法国公民，但他们对老挝的认同感依然是非常强的，对故乡的思念，对仍然还留在老挝苗寨家乡亲人的思念，促使他们在20世纪80年代就选择回到老挝去探访老挝的家人，回到泰国去探访他们曾经待过的难民营等。尤其是在20世纪90年代以后，老挝逐渐放松对进入境内的限制以后，回去探访的人越来越多。1.0代对于老挝的认同是非常强的，有时候他们在一些重要场合，穿苗族服饰彰显苗族身份，穿老挝服或其他平地族群的服装，彰显他们对老挝的认同。

对于1.5代，尤其是对于在欧洲本土出生的2.0代来讲，老挝是一个遥远的祖国，有的时候他们会把中国放在一起，因为在欧洲的苗族一开始是从中国迁徙到老挝，老挝再迁徙到其他地方。他们经常说，希望攒钱了以后去老挝、中国，去看一下那个遥远的祖国，所以这还是有一个变迁和差异的。

比较有趣的是他们对泰国有一种认同，1.5代和2.0代对泰国都有一种认同，这是蛮有意思的现象。但是因为我的田野点主要在欧洲，我只是记录了他们的描述，并没有机会跟着他们去泰国或者老挝，我想以后有可能的情况下，跟着他们去看看他们回到老挝是怎样的情形。

线上朋友的另外一个问题是：海外苗族中有渔猎情况，迁徙路线与河流有关系？

欧洲苗族社群并没有以渔猎作为谋生的情况，但是在休闲生活当中有钓鱼，尤其是夏天有一个月的假期，他们去钓鱼的情况还蛮多的。迁徙路线与河流有无关系？如果我对这位朋友的提问把握准确的话，是指的历史上的迁徙吗？我的田野调查资料中没有这一部分的内容。

罗彩娟：我们线上线下的讨论都非常热烈，大家都提了很多问题，我来提最后一个小问题，刚才石博士提到苗族的教化，他们要求在德国建立自己的教堂，还有苗文《圣经》，这个挺有意思。在一个主流的文化当中，这样的教堂在他们的认同中发挥什么样的作用？跟周边那些当地的教堂有什么不同？从哪些方面来凝聚大家来做这个仪式？除了用苗语做这些礼拜仪式，还有哪些苗族独有的体现在这个教堂中？

石甜：谢谢罗教授的提问，非常精准地记住了我分享当中没有展开的内容。

德国苗族社群，他们自己要求租用一个公共空间作为他们的教堂。他们在泰国难民营，有很多社会工作者是有宗教背景的，这些社会工作者在协助难民时，也向他们进行宣传和布道，所以这些苗族难民在泰国难民营时就改宗为浸会派。但是他们被安置到德国时，当地的德国居民以为这些被安置的苗族难民以及其他越南难民是没有基督教信仰背景的。到后面接触中发现，这些苗族难民有苗文《圣经》，这在泰国难民营的时候就获得了。当地居民发现这些苗族难民是教徒以后，想要把这些苗族难民吸收进来，让他们参加当地教会的一些活动。当地的教派是圣灵派，据苗族同胞描述，不同派别在一些具体问题上的认识还是有差异的。

第二个方面是语言的差异。德国苗族社群解释说，他们想要一个自己的教堂，是因为之前当地的神父以及其他教徒在交流中都是用德语，他们觉得这不是他们想要的，他们想要用苗语进行布道、解释《圣经》。所以他们几次跟当地教会，跟当地其他市民，包括当地市政厅沟通，表达了这个诉求，他们也有经济能力租用一个公共空间来进行苗语布道和举行礼拜。我在做田野调查的时候，也跟着他们去参与他们的礼拜，他们用苗语唱赞美歌、解释《圣经》的具体内容，并阐释应该怎么样去理解等。他们看到我对苗文《圣经》很感兴趣，还说现在有苗文《圣经》APP。

第三个方面的差异就是他们举行一些相关的活动，在过苗年的时候，他们也去掉了传统苗年仪式中呼唤祖灵回来的部分，而是改成唱赞美歌。

这些方式能够让德国当地的居民理解、认可他们。因为我大部分时间跟苗族社群住在一起，我跟当地的德国居民交流不是太多，从比较有限的场合，比如过苗年，他们会邀请当地的德国白人朋友来参加，我也会跟这些德国白人们交流，问他们怎么看苗族社群这个群体、平时的交流是怎么样的？从他们的表达当中也是可以看到，德国苗族宗教方式是为当地居民所认可的。这是我回答的罗教授问题中提到的差异在哪里。

另外，我想到的是，也是我的田野调查中呈现的是，在德国苗族社群当中，现在有年轻人去当社会工作者，他解释说，苗族难民被安置到德国，是得到了社会工作者以及社会各界的帮助和支持，他想把这个帮助和支持传递下去。他现在的帮助对象也是被安置到德国的新的难民——叙利亚人、土耳其人、库尔德人。

在苗族的公共聚会上，包括过苗年的时候，他跟他帮助的叙利亚难民一起参加，他解释说想让这位叙利亚难民感受一下，我们曾经也是难民，我们被安置到这里，我们现在的生活是这样的，我们要把你包括进来，我们不想让你觉得你在这里是很孤单的。当然他也引用了宗教方面，说《圣经》对我们平时的教导，等等。

从这些方面都可以考量出，他们的差异是体现在日常生活、文化主义交往当中的。

罗彩娟：很好，谢谢。石甜博士刚才给我们做了非常精彩的讲座，花这么多时间跟大家互动，积极回答我们提出的问题。

讲座到这里结束，谢谢大家，感谢各位老师。

历史链条论：建构中华民族史的新思路

主讲人：徐杰舜（广西民族大学　教授）

主持人：罗彩娟（广西民族大学　教授）

时间：2020 年 10 月 16 日

　　罗彩娟：徐杰舜老师毕业于中央民族学院分院（现为中南民族学院）历史政治系，长期从事人类学、民族学研究，曾先后担任广西民族学院民族学人类学研究所教授、中央民族大学人类学博士生导师、兼任广西民族学院汉民族研究中心主任。同时也是中南民族大学特聘教授、民族学学科带头人、人类学研究所所长、中央民族大学人类学博士生导师。曾任中国人类学高级论坛秘书长、中国文学人类学研究会副会长、中国都市人类学会副秘书长、中国民俗学会副秘书长、中国人类学会理事、中国民族理论学会常务理事、中国期刊协会理事、中国百越史研究会理事、中国东方文化研究会理事，以及广西文史馆研究馆员等职务。

　　徐杰舜老师先后出版著作 30 余本，发表论文 200 余篇。主要著作有《汉民族历史和文化新探》《汉民族发展史》《中国民族史新编》《汉族风俗文化史纲》。主编《汉族民间风俗》、《雪球：汉民族的人类学分析》、《汉族风俗史》（5 卷本）、《汉民族史记》（9 卷本）等。在汉民族研究领域，以及人类学、民族学、民族史、民族理论、民俗学诸学科中均有开拓性、创造性的贡献，1994 年被广西壮族自治区人民政府授予"有突出贡献科技人员""自治区重点学科带头人"等称号。今天很荣幸邀请到徐杰舜老师为我们讲授"历史链条论：建构中华民族史的新思路"这一专题。

　　徐杰舜：很高兴又回到民族大学来跟大家交流。我本来是民族大学的教授，今年77岁。民社院是我们看着它诞生的，我不仅是广西民族大学的博导，还曾经从南方到中部的武汉，当中南民族大学博导、学科带头人；又到北方的北京，当中央民族大学的人类学博导、中央民族大学学报执行主编，人们开我的玩笑，说我是从南到北，民族大学的"一条龙"。所以我在60岁到70岁之间，是最忙碌的，在南宁、武汉、北京之间穿梭上课。

罗彩娟教授主持的这个讲座主题是学术前沿，我觉得这个题目非常好。前面两讲，第一位是浙江大学的王杰教授，第二位是我的学生石甜，她是苗族人，讲的是法国苗族。2000年的时候我就去过法国，她去见过我调查的对象——熊在，他号称"欧洲菜王"。

我今天给大家奉献的是"历史链条论：构建中华民族史的新思路"。

三年前，云南大学政治系邀请我去讲中华民族史，我就是讲的这个题目。那次我讲了十天，每天讲一讲，一共讲了十讲。讲完后，我就产生要把它写出来的想法，就写了《中华民族史纲》这本书，60万字。我今天要讲的，就是这本即将出版的书的最核心内容，它也回答了我为什么要提出历史链条论的原因。

我今天在这里要跟大家讲四个问题，我为今天的讲座整整准备了一个礼拜，这个PPT是我简单做的，所以请同学们原谅一下，徐老师做得这么简陋。

四个问题：

中国民族研究的战略前沿在哪里？

建构中华民族史努力的效果如何？

建构中华民族史的新思路在哪里？

如何运用链性论建构中华民族史？

一 中国民族研究的战略前沿在哪里？

我们讲中国民族研究的战略前沿，注意我讲的关键词是"战略前沿"。讲这个问题之前我先讲一个真实的故事，这个故事强调的是战略，我不知道你们有没有自己的战略。

有一次，普京到中国访问，李克强陪他到珠海的一家玩具厂参观，注意是玩具厂。这个玩具厂生产什么样的玩具呢？无人艇，水上无人艇。它的外观很精致、很好玩，可以在水里漂，李克强把这个无人艇作为礼品，送给普京，普京第一句话问的就是它可以挂几枚导弹？我们是一个玩具厂，而普京的战略思想就是可以挂几枚导弹？如果没有普京这句话的提醒，根本没人要把这个无人艇发展成为军事上可用的无人艇，就是像现在的无人飞机那样，所以有没有战略目标？有没有战略？相差太大了！普京不愧是战略家，他拿到这个玩具马上就想到可以挂几枚导弹。过去差不多十年了，现在这个玩具厂完全改变了，就是根据这个战略思想，现在这个无人艇是可以放导弹的，并且已经成批量的生产。为什么说它很厉害？因为它的体积很小、没有人、不怕牺牲！大型的巡洋舰来了、大型的航空母舰来了，派无数个无人艇把你包围起来，用导弹攻击你，而你太大了，存在盲区看不到我。所以，战略在这里体现得非常清楚。

我觉得你们现在非常幸福，你们是生活在世界百年大变局，甚至是千年大变局的伟大的时代，你们这么年轻，我快80岁了，我很幸运我还活在这里，我还能看到这个变局，还看到周围是怎么再变化，还看到台海局势，说不定我还能看到台湾回归，你们说不定还要到台湾去建设。所以你们太幸福了，你们要珍惜自己最宝贵的学习机会，你现在读的每一本书一定会刻在你的脑袋里，将来你都不用去翻书，你就知道我在这里讲的是什么问题。记不完整没关系，回头再查一下，把它标清楚第几页，就清楚了。所以你们真的要认真读书，你现在不读书，将来会很后悔，写文章都写不出内容，你们处在这样一个伟大的时代，有战略思想太重要了，那我们中国民族研究的战略前沿在哪儿？

第一个问题，中国民族研究的碎片化时间太长了。

请问中国民族研究的战略大方向究竟是什么？我刚刚已经讲了中国无人艇的故事，就是形象地告诉大家无人艇是有战略的，普京是有战略思想的，美国也是有战略思想的。你们想一下美国实际上为什么怕我们中国？就是因为看到中国的崛起对他的巨大影响。过去他的战略错了，他把所有的实体都搞到中国来，中国就变成了世界工厂。他们就是卖品牌，耐克一个钩，衣服卖得贵，那我们山寨版的东西便宜，但他就讲这是侵犯了版权，又跟我们打官司，又批评我们侵犯了他的知识产权，我们就只好打山寨、压山寨。

我们中国民族研究的战略思想长期缺乏，走了一条碎片化的道路，而且走的时间很长。那么我们话又说回来，1949 年以后，我们党面临着团结全国各族人民的状况，我们比较熟悉的就是五族共和，没想到长征的时候我们共产党的军队走到西南，发现不止五大民族，还有很多其他民族。而所谓碎片化的研究，就是只研究某一个民族，我举广西的例子讲，根据查证，研究广西的壮族有壮学会，我们学校曾经有一个壮族研究中心。壮学成为一门非常重要的学科，查知网发现研究壮族的论文有两万多篇，数量是惊人的，研究瑶族的知网论文有 7000 多篇，但是研究广西民族关系的论文，可能只有 40 篇左右，其中有 3 篇还是我写的。

为什么会这样？实际上，最近二三十年来，从中央到地方都认为广西是民族团结最好的地方，可是，广西民族团结这么好，至今没人研究广西的民族团结，没人研究广西的民族关系，那这就是一个前沿研究。壮族当然应该研究，因为我们是壮族自治区，这个研究第一次出了一本《壮族通史》，是黄现璠写的，第二次张声震主编，出了一套三卷的《壮族通史》，后来又投入了大量的经费和精力，主编一套多卷本的《壮族通史》，听说是八卷。写了十几年了，现在还没有出版，据说快要出版了。三个主编都在写作的过程中过世了，非常可惜，他们在壮族书写上贡献了自己的生命。

壮族出了那么多书，申请经费几百万，瑶族也出书，出了一套《瑶族通史》三卷，是我的师兄、我们民族研究所原来的老所长张有隽主编，参加主编的还有奉恒高，曾当过自治区副主席，是瑶族的瑶王。现在《瑶族通史》也拿了几百万又在进行第 2 轮编撰，据说也要搞多卷。所以，各个民族被碎片化的研究，就是我们给所有的民族都写了一本历史书，但汉族没有。汉族的书是我一个人主编的，不叫《汉族通史》，而叫《汉民族史记》，已经出版了，在我们民社院的大力支持下，共 9 卷 523 万字。到2020 年为止，我写的论文也是 523 篇。所以这个碎片化的时间太长了，费孝通先生早在 20 世纪 90 年代就提出来，研究少数民族却不研究汉族不行，他是在《〈盘村瑶族〉序》里说的，他说："你研究民族地区、研究少数民族、研究瑶族，你不研究瑶族地区的汉族，你怎么研究得清楚呢？"所以我们中国民族研究的碎片化时间太长了。

如果说是在 1966 年以前，为了实现民族区域自治，这样的研究还是很正常的，当时中央的政策是很好的。举个例子，那时候中央派慰问团到民族地区去慰问。费孝通就是慰问团的副团长，李维汉是团长，然后把少数民族请到北京来，叫作参观团，被请到北京的少数民族都高兴得不得了，荣誉得不得了。就像现在哪一个人被评为民族团结的先进个人，那也是很一件光荣的事情。所以这些民族团结的事情，做得越多越好，但是碎片化的研究严重影响到民族的团结，严重影响到民族研究战略大方向。

第二个问题是没有战略思想会有什么样的后果呢？

碎片化的后果是对中国民族团结的干扰。一时间，披着民族外衣的社会问题浮现。社会上逐渐出现了一些不恰当的看法，一些民众将多元民族当作包袱，把少数民族当作外人，把民族事务视作麻烦。这样，问题就大了，就是你研究的结果不是越来越团结、越来越和谐，而是越来越区分开来、区隔开来了，边界越来越明显。我们做民族研究的目的是要促进中华人民共和国各个民族团结起来，但是如果你搞来搞去，搞到最后分崩离析、南辕北辙、不团结了，那这个结果就是很糟糕的。

我们接着讲第三个问题，为什么会不团结？

这里就跟我们没有战略大方向有关系。在中华民族认同中，就是因为有人不认同中华民族。本来中华民族认同的逻辑是很清楚的。毛泽东同志曾经为中央民族慰问团提了一个词："中华人民共和国各族人民团结起来"。我在中南民族大学读书的时候，我们大礼堂上面的那一条横幅就是毛泽东亲笔写的，但事实上仍然存在认同还是不认同的问题。郝时远大家都应该知道，他是民族研究所的资深教授，也是社科院的资深研究员，他曾经说过，"在中国民族概念的理解方面，缺乏学理支持和民间自觉的认知"。所以当马戎提出对中国少数民族问题去政治化，要认同中华民族；后来胡鞍钢提出了第二代民族政策，他们建议：与时俱进的实现民族政策从第一代向第二代的转型，即实现从识别国内56个民族，把56个民族团结发展的第一代民族政策，到推动国内各民族交融一体，促进中华民族繁荣、发展到伟大复兴的第二代民族政策的转变，建构和凝聚力越来越强，你中有我，我中有你，永不分离的中华民族繁荣共同体之后，反对之声不绝于耳。有人曾经发表文章，是这样说的："中华民族一词存在太多的歧义和问题，它只有在指民族的总数、含义时才能无争议的使用，如果与生物性的、文化性的民族相联系，中华民族一词存在太多的歧义和误读，很难以此统一中国各民族的国家认同。"更麻烦的是这个词，容易引起少数民族成员的误读，以为中华民族就是指汉族，或者以为中华民族就是要同化少数民族。由于民族一词已被中国人普遍约定俗成地理解为生物性和文化性的人格共同体。用中华民族涵盖公民共同体存在太多的困难，所以提出，中华民族一词只在作为复数的中华各民族的含义时使用，而在其他场合放弃使用中华民族一词。这篇文章发表在《黑龙江民族论丛》2001 年第 1 期。类似的文章发表，曾经一时成为气候，2001 年到 2005 年以后，我写的有关中华民族的论文发表不了，我为此停止研究中华民族 12 年，一直到 2017 年才重新开始。所以有人现在统计了研究中华民族认同最多的，我是其中一个，我的文章引用是最多的。所以吉林大学的钟平教授，他很含蓄地说："中华民族的'多元'讲得多、讲得实，推进得卓有成效；中华民族的'一体'讲得少、讲得虚，缺乏推动的力量。"由于如此否定存在一个以中华民族为族称的民族实体的观点，反对构建以中华民族为族称的民族单位的主张越来越多样化、越来越强烈。而主张中华民族的观念、观点则日渐式微，党和国家的正式文件一般也不使用"中华民族"和"中华民族共同体"的提法。所以你看我们宪法从来不提，它都写"中国各民族"，采用"中国各族人民""中国各民族公民"的提法。由于如此，中华民族受到了严重的轻视而逐渐虚拟化，中华民族也逐渐成为中国各民族和中华各民族的代名词。概括起来看，合的因素和力量明显弱于分的因素和力量。这是 20 世纪 80 年代、20 世纪 90 年代到 21 世纪初，非常普遍的一种现象。所以"中华民族"在我们的宪法迟迟不能出现。于是认同"中华民族"这个大是大非的问题在民族学界长期争论不休，从而在审视我国民族事务治理和中华民族的建构中形成了两个主义：一个是一体主义，另一个是多元主义，形成这两个观点的争论和对峙。凭心而讲，对于一体主义和多元主义，相当长的一段时间里面，多元主义占了上风，他们的力量很强，控制了舆论，中华民族的研究也很少。

这个争论和对峙的危害在哪里呢？危害非常大，我举一个例子：2009 年，中央非常重视民族团结的问题。所以就联合中宣部、教育部、国家民委发布了一个关于在学校开展民族团结教育的通知，要求全国各大、中、小学广泛开展民族团结教育，并且要纳入课程并进行考试、评奖。这样就开始发行民族团结教材，有 4 个系列：第一个适用于小学三四年级，叫作《中华大家庭》；第二个适用于小学五六年级，叫作《民族常识》；第三个是《民族政策常识》，用于七八年级；第 4 个是《民族理论常识》，用于高中一二年级，这是一件很好的事情。这个教材在新疆应用的过程中就被发现有问题，因为这个教材不是讲团结的，而是讲区隔。它说桂林这个美丽的地方，是壮、侗、苗、瑶少数民族共建的，那汉族到哪里去了？这很不恰当，灌输的是桂林这个美丽的地方是壮、侗、苗、瑶少数民族建立的，而汉族没有了。这套书里边的每个系列都要问：你是哪个民族的？你的这个民族有什么特点？早期的时候是没有错的，但是现在我们的战略大方向是中华民族的伟大复兴，你一天到晚讲你是壮族、你是瑶族，你的特点是什么？你怎么样怎么样？都是讲自己、自我的意识，就很强烈地固化在大家的思想里，你的战略目标忘掉了，就适得其反、南辕北辙，结果就是这样。

我们的民族教育、民族政策教育、民族常识教育强调中华民族是一家，你怎么还是老一套、南辕北辙地去做呢？所以教育部很重视这个问题，经过批准，中央同意他们不再使用这个教材，因为用下去的副作用越来越大，后来新疆自己重新编写了。这个例子就很清楚地反映了南辕北辙的后果，这个结果不是我们想要的。因为他们这样写的东西，看到的不是五十六个民族的中华民族大家庭，而是五十五个民族的小家。在他们整个教材的体系里，你们看不到大家，只能看到小家。这种片面的倾向不利于形成中华民族的凝聚力和向心力，偏离了真正的民族团结思想，这就很可悲。

第四个问题讲顶层的定音号：铸牢中华民族共同体意识。

2014 年产生了一个重大的变化，就是顶层吹响了定音号，习近平总书记开始关注这个问题。习总书记关注这个问题并不是所有人尤其是学者能够敏感到，所以我就提出来，2014 年是铸牢中华民族共同体意识的理论元年。为什么这样说？2014 年 5 月 28 日，习近平总书记在第二次中央新疆工作座谈会上，首次提出铸牢中华民族共同体意识理论的最初概念。他的这个最初概念是说，在各民族中牢固树立国家意识和中华民族共同体意识，最大限度团结依靠各族群众。同年 9 月 30 日，习近平总书记在中央民族工作会议上提出，加强中华民族大团结，长远的根本的是增强文化认同，建设各民族共同共有精神家园，积极培养中华民族共同体意识。我把这个脉络给大家梳理一下，2014 年 12 月 22 日，这个时候以文件的形式固定了，中共中央国务院印发了《关于加强和改变新形势下民族工作的意见》，将铸牢中华民族共同体意识提到一个前所未有的新高度，这个意见要求积极培育中华民族共同体意识，2014 年铸牢中华民族共同体意识理论初始样态基本形成。2015 年 8 月 24 日到 25 日，习近平总书记在第六次中央西藏工作座谈会上又一次强调，要大力培育中华民族共同体意识，我讲这个过程使大家能够看到习近平总书记的这个理论脉络的形成过程，供我们的同学们去思考。

此后，经过 4 年的思考和斟酌，2017 年 10 月，在党的十九大报告中，习近平总书记铿锵有力地承诺：深化民族团结进步教育，铸牢中华民族共同体意识，加强各民族交往、交流、交融，促进各民族像石榴籽一样紧紧地抱在一起，共同团结奋斗、共同繁荣发展。铸牢中华民族共同体的意识被敲定下来了，稳定下来了，这个"铸牢"很多人都写成建筑的"筑"，不是建筑的"筑"，而是钢铁铸就的"铸"，意思是牢不可破。

此后，习近平总书记举棋定下中华民族共同体意识与铸牢中华民族共同体意识。铸牢中华民族共同体意识理论到正式形成有两个标志：第一个标志是第一次写入党的代表大会的正式报告，并正式写入新修改的党章之中，意味着中华民族写入党章了；第二个标志是中华民族的入宪，2018 年 3 月 11 日十三届全国人大一次会议第三次全体会议，表决通过了《中华人民共和国宪法修正案》，将实现中华民族的伟大复兴作为宪法任务和国家目标写入宪法。这两个标志很了不起，党的任务也写进去了，国家建设任务也写进去了。你们要知道，中华民族的入宪从 20 世纪 30 年代开始，就是革命人士奋斗的一个诉求、一个目标。这个理论的形成还有一次发展，2019 年 9 月 27 日，习近平总书记在全国民族团结进步表彰大会上再次强调，"要以铸牢中华民族共同体意识为主线"。接着 10 月 23 日，中办、国办专门印发《关于全面深入持久开展民族团结进步创建工作铸牢中华民族共同体的意见》，这个文件指出中华民族共同体意识是国家统一之基、民族团结之本、精神力量之魄，这三个词太精彩了，把中央的要求都说清楚了。关键是我们能不能认识到？会不会去执行？从而宣告了铸牢中华民族共同体意识理论建构的完成。

理论已经非常完整地建构出来了，能否认识到这个问题太重要了，对你们做学问也太重要了。我举个例子，四川有个大学教授写了一篇文章，专门研究 1956 年的民族大调查。但是刚开始写的文章是就民族大调查写民族大调查，我看了以后说："你这个没有超过 1956 年写的，你现在应该提出来 1956 年的民族调查是铸牢中华民族共同体意识的民族志基础。"一句话提醒了他，开始他投稿都被退回来，他改了以后，被《广西民族研究》发表，这样写为什么能够发？主编为什么喜欢？因为扣牢了主题，把 1956 年的大调查提升到了铸牢中华民族共同体意识的基础民族志调查。

还有荔波县为什么要选我作为民族团结的先进个人呢？因为他们的民族团结做得很好，我到那里去调查，满眼满街到处都是写的绿宝石，有没有去过荔波的人？去过荔波就知道了。荔波市小七孔大七孔，是风景很美的地方，因为在北纬 24 度这条地球的这个圈圈上，到处都是沙漠，只有荔波这个地方是喀斯特地貌，但它是绿色的，所以它是绿宝石。我去看了以后就跟县委书记说，"你们这里还有一颗宝石你们没有发现，你们的绿宝石是满街都看得到，你们还有一个红宝石，它们是中国共产党一大代表邓恩铭的家乡，那不是红宝石吗？一大代表少数民族代表就他一个水族。所以说你们是红宝石、绿宝石都有，所以你们民族团结工作做得很好。"我觉得这个县委书记很敏感，当天晚上，他对宣传部长说："你今天晚上就要跟徐教授落实，叫他给我们做课题，总结民族团结的经验。"当晚，民宗委的主任、宣传部长、主管财政的副县长都来跟我谈，最后敲定，签了课题委托书。当年的春节前夕我就到他那里去做调研，我和徐桂兰两个人调查了全县 8 个乡镇，摸清了每个乡镇的特点。然后暑假再同我的学生——我的学生也都是教授了，他们听了我的招呼，一呼而来在那里调查了半个月，我写了三个半月之后，出版了《磐石荔波：中国民族团结县域样本研究》，有 67 万字，印了两万册，所以，荔波县要选我为民族团结的先进个人。

你能够把铸牢中华民族共同体意识作为主线、作为民族团结之本、作为国家统一之基、作为精神力量之魄，你就有了学术高度。高度决定了你的视野，有了视野才能看清你的战略方向。我们很清楚，要把中华民族共同体意识根植心灵深处，要把中华民族共同体意识融进血液和灵魂很不容易，如果能做到这一点，那就是中国民族学界学术的战略前沿，甚至是整个学术界的战略的大前方，第一个问题讲到这里。

二 建构中华民族史努力的效果如何？

认同从历史始。

司马迁的《史记》为什么可以成为千古之绝唱？是因为它完成了中华民族的重要阶段——汉民族历史的建构，它把汉民族文化和华夏历史文化统一成为一条历史链条。所以，司马迁了不起，秦始皇也了不得。如果没有秦始皇的统一，我们中国可能就跟欧洲一样，秦始皇 2000 多年前就统一了货币，欧洲什么时候统一了货币啊？你到法国去用法郎，到德国是用马克，一路走一路换钱，后来才有了欧元，欧洲是政治先统一，金融再统一！现在英国要脱欧，看来他们还很麻烦。我们秦始皇统一了，其他的统统废掉，所以秦始皇是了不起，非常厉害的。没有文字，广东话说的"作么耶？"普通话就成"做梦"，他写出来你觉得做什么？针对秦始皇的伟大工程，我这本书是从新的角度，从铸牢中华民族共同体的角度去讲秦始皇的贡献。那么中华民族的历史如何建构、如何书写、如何呈现，就是一个很大的问题。

第一个问题讲常乃惪的《中华民族小史》是中华民族历史的开山之作。

大家知道梁启超是提出中华民族概念的先表，可惜梁启超并没有像司马迁那样挑起建构、书写和重建中华民族国史的重担，这就被常乃惪捷足先登。他的书叫"小史"，小小的一本历史书，是中华民族历史的开山之作，于 1928 年在上海爱文书局出版。这本书是最早的自觉地以中华民族命名的民族史之作，之后就再没有出版了，我很荣幸地买到一本影印本，在孔夫子旧书网，花了 300 块钱，是薄薄的一本，反正我们做研究的要把资料搜集到不容易。我举个例子，1949 年以后写中华民族发展史的范文澜，1950 年在《学习》杂志上发表了一篇文章，名为"中华民族发展"，这篇文章看到了题目却看不到原文，我就到处找，因为范文澜也太了不起了，最早写的"中华民族发展"是在 1950 年，后来我终于在孔夫子书店里面找到，很薄很薄，又旧又破，买一本 80 块钱。我咬着牙齿买了下来，用塑料袋专门把它保存起来，别人很难再找到了，因为很多店早关掉了。这本书还是在桂林的一个小书店买的。

第二个问题讲 20 世纪 30—40 年代中华民族史研究的勃兴。

有了常乃惪《中华民族小史》的基奠，20 世纪 30—40 年代，中华民族史研究借此得以勃兴。

1933 年曹松叶出版了《中华人民史》，1936 年郭维屏出版了《中华民族发展史》，1941 年李广平出版了《中华民族发展史》，1942 年张旭光出版了《中华民族发展史纲》、李震同出版了《中华民族的来源》、马精武出版了《中华民族的形成》，1944 年，俞剑华出版了《中华民族史》，1945 年臧渤鲸出版了《中华民族新论》。

这些书都有一个特点，都以中华民族的起源、构成成分、具体分布和历史发展，包括几大民族的混合时期以及民族文化的特征，民族性格以及精神等为研究内容。尽管他们各自的观点不尽相同，但都不约而同地围绕树立和传播中华民族整体意识展开而描述，目的是叙述中华民族历史之悠久与光荣，激发团结抗战的力量，这时候的代表作有两本，一本是郭维屏的《中华民族发展史》；另一本是俞剑华的《中华民族史》。郭维屏的《中华民族发展史》于 1936 年出版，有两大特点：一是研究中华民族发展的整个历程；二是对中华民族的理解跳出了仅仅是汉族的范畴，他已经自觉地把少数民族纳入中华民族之列。

郭维屏的《中华民族发展史》把常乃惪开拓的中华民族的历史研究大大地向前推进了。俞剑华的《中华民族史》于 1948 年出版，他有两个写作的特点，一是一反过去的学者将中华民族视为多元集合体加以研究的传统，首次将中华民族视为一体的整体概念。二是首次运用了考古材料，初步地复原了中华民族的前世，这是 20 世纪三四十年代的一个大概状况，说明当时的学者比较关注这些问题，并取得了一些初步的成果。要说明的是，这批 20 世纪 30—40 年代关于中国民族史的研究，虽然取得相当的成果，但终因历史的局限，大都成了蒋介石对中华民族历史的解释。蒋介石提出一个中国民族的宗支论，各民族是它的宗支，所以这些著作大部分都成了他的解释，并没有人反映出中华民族历史的真实论。

第三个问题讲 20 世纪 50—70 年代中华民族史研究的台湾一枝花。

从目前的材料所知，台湾在这个时期出版了两本书，一本是王寒生的《中华民族新论》，另一本是陈致平的《中华通史》，共有 12 册。王寒生《中华民族新论》号称是新的东西，但其实并不新，他还是对蒋介石的宗支论做出了一些新的解读，也就是增加了对民族意识的解释，有一点民族学的色彩。最令人惊奇的是，陈致平的《中华通史》，全书有 12 册的规模，我很荣幸地在广州中山大学旁边的书店买到了，他写的不是中华民族史，而是中国通史，他第一个讲的是中华民族，但后边是根据通史的格局来写的，由此看来，陈致平并没有弄清楚民族史和国家史的区别在哪里，所以拜读了陈致平的《中华通史》后，留有极大遗憾。《中华通史》虽然是台湾中华民族研究的一枝花，却没有秀起来，对此很可惜。尽管如此，台湾对中华民族史的研究贡献仍然是巨大的，因为它使中国对中华民族史的研究没有中断。相比中国大陆中华民族史研究的冰点状态，台湾在中华民族史研究上开的这一朵花还是娇艳的，中国的研究历史没有中断，他们确实做出了贡献。

第四个问题讲 20 世纪 80 年代以后中华民族史研究的新勃兴。

进入 20 世纪 80 年代后，在改革开放的新背景下，中国对中华民族史的研究迎来了春天，开始了新的革新。这次的革新是史式带的头，历史的史，公式的式。史式这个人是重庆师范大学的一名教授，1990 年 11 月 1 日在《社会科学报》发表了名为"一个振奋当代中国人精神的构想——尽快编撰一部《中华民族史》"的文章，报道了史式提出的编撰一部中华民族史的倡议。这个倡议很好，一石激起千层浪，他的倡议得到了海峡两岸学者的热烈回应。所以那一段时间，史式本人一下子成了中国 20 世纪 90 年代初期的明星，到处演讲，频频在媒体亮相，广西人民出版社还帮他出了一本《中华民族研究集刊》，就是把他在各地的报道、发言放在一起，他打电话给我，邀请我参加他的编写，因为我当时已经出版了《中国民族史新编》《汉民族发展史》，他一邀请我参加，我就答应了，非常的热闹。中华民族史一下子成为新闻的热点，但我到现在都不知道是什么原因，打了那么大一个响雷，27 年过去了，还没有见下文。那位老先生现在已经可能八九十岁了，如果那时候乘势而上，说不定还会出一些成果。

但是西方不下雨东方下，进入 21 世纪以后，中华民族史的研究就开始勃兴了。2001 年萧君和主编的《中华民族史》和田晓岫个人写的《中华民族发展史》几乎同时出版。2007 年，尤中的《中华民族发展史》出版，浩浩烟海的皇皇大作，共 500 万字 3 大卷，每一卷都是一块砖头，那套书我有，现在送给我们图书馆，标志着中华民族史研究迎来了第一个春天。

　　首先是萧君和主编的《中华民族史》，全书分为上下两卷，100 万字左右，这本书是自改革开放以来出版的第一部《中华民族史》，他写了中华民族起源、形成和发展的历史，给人以耳目一新之感，萧君和这套书最重要的贡献在哪里？其贡献不在于它的结构，而在于它对中华民族定义所做的质疑，因为当时的《辞海》《新华词典》对中华民族的解释都是：中华民族是我国各民族的总称，那这个总称是什么意思？意思就是没有把它看作一种实体。萧君和认为中华民族是主要生活于中华地域里以中华文化为主要纽带而构成的 56 个民族，以及世界华人在内的民族共同体，尽管这个关于中华民族的定义还大有商榷之处，但对中华民族是我国各民族总称的所谓权威观点，提出了否定性的意见，这应该是一大进步。

　　其次是田晓岫的《中华民族发展史》。田晓岫个人所作的这本书，篇幅不太大，共有 36 万字，从体例上来说，他主要是从远古写到明清，一共有 6 篇。但从他篇幅的安排来看，重点关注的是秦汉之前，占了 2/3 的篇幅，秦汉以后仅占了 1/3 的篇幅，这显然是不平衡的。那么这本书最大的价值在哪里？是提出整个中华民族的发展具有搅拌性，但是这种搅拌式的说法并没有流行开来，这一搅拌运动的总的趋势是中华大地上出现了分散主体，不断汇聚，不断在深层次上反复契合，促使中华民族内部各族文化内核更为趋同，中华民族的凝聚力更加牢固，就像这个水泥搅拌机一样，这个说法还是有创意的。

　　不管怎么说，田晓岫的这本书和萧君和的《中华民族史》一样，对中华民族史的研究有着承前启后的意义。最有意思的是尤中的《中华民族发展史》。对于这一套书，我是怀着敬佩的心情来读的，但粗粗泛读之后，发现他的《中华民族发展史》与陈致平的《中华民族通史》有得一比，一是两者都是个人制定、完成的大篇；二是两者规模都巨大，前者 500 万字，后者 340 万字；三是两者都以历代王朝为坐标，但更确切地说，前者说的是中华民族史，后者说的是中国国家史。看尤中的《中华民族发展史》，他非常详细地，几乎把中国历史文献当中所有有关各个历史时期不同民族的情况都展示了出来，这点很了不起。你们将来要查每个历史朝代各民族的状况，可以看看这本书。当然写来写去，他只写的是中国民族史，写的是关于各历史时期的民族状况，不是一部完整的中华民族史。陈致平的《中华通史》写来写去写成了中国王朝史、国家史。不管人们如何评价尤中的《中华民族发展史》，它还是与大家一起迎来了中华民族史研究的春天，我很敬佩，他是1927年出生的人，现在应该93岁了。

最后是我自己主编的《中华民族史记》，于2014年出版，比他们都晚一些，我这本书也是天上掉下来的一块馅饼。出版社要做，找我做，这样主编的这一套书，我花了差不多八年的时间，一共六卷，我自己写了一、二、三卷。这六卷的特点是图文并茂的、通俗性的，全面展现了中华民族史上从多元走向一体的历史过程，这套书每一卷的题目都体现了这一历史时期的特点。第一卷《根的记忆》；第二卷《天下万邦》；第三卷《从华夏到汉族》；第四卷《华胡混血》；第五卷《激荡融合》；第六卷《九九归一》，即中华人民共和国成立。这套书的故事写了很多，作为一个脚印，记录在这儿。

第五个问题讲百年总结，中华民族史的研究走了一个马鞍形。

我们总结一下，这一百年来，人们对中华民族史的建构并不完整，中华民族史的研究走了近百年的历程，总体上形成了一个马鞍形，到20世纪二三四十年代形成了一个高峰，到20世纪50年代跌入了一个低谷，再到20世纪80年代，又形成一个高峰，真可谓蜿蜒曲折，直到取得今天的成果，实属不易。但我对中华民族史的建构并不满意。迄今为止，没有一部中华民族史得到学术界的认可，人们没有从学理上弄明白，华夏民族如何成了汉民族？没有搞清楚，也没有人回答这个问题，那么汉民族是如何可以成为中华民族的？也没有人做出具体的、令人信服的回答。最近两年有人提出这个问题，但是没有从学理上加以认识，所以中华民族的历史，一般都呈现出三阶段：华夏一段、汉民族一段和中华民族一段。但华夏民族是如何到汉民族一段的？汉民族过渡到中华民族又是如何的？为什么会出现这样的态势呢？由于学理不清，所以现在写中华民族史，写着写着，不是写成了中国国家史，就是写成了中国民族史。

为什么会这样？我研究中华民族史近20年，思考的结果是，由于历史的线性论，包括单线论与多线论的影响。历史线性论要讲老祖宗，可能就是摩尔根。摩尔根的《古代社会》就是说人类社会是从愚昧到野蛮，从野蛮到文明这三阶段。马克思他们就提出了一个社会主义，特别是到斯大林那里，他提出了历史唯物主义的五个阶段：原始社会、奴隶社会、封建社会、资本主义社会、社会主义社会（包括共产主义社会），最后形成了一条线。所谓的单线论就是这样子，简言之，就是认为人类只有原始社会、奴隶社会、封建社会、资本主义社会、社会主义社会五种形态，此外不存在其他的社会形态。第二个是在地球上，由于海洋、沙漠而隔离开的各个文明，人类社会先后产生，各自都沿着原始社会到奴隶社会到封建社会、资本主义社会直到共产主义社会，统一且迅速地继续单向发展，这种现象是不可逆的。

讲到这里就逐渐要接近我的主题——历史链条论，单线的是这样的，那多线的是怎么样呢？多线则是指在上述五种社会形态发展的同时，在地球上某一时期、某一地区还存在着不能归结于上述五种社会形态的任何一种的社会形态，马克思讲的亚细亚型就是这五种形态以外的"偶然"。无论是单线还是多线，都强调历史线性论。那么对历史线性论的讨论，在20世纪80年代就被学术界广泛认可，对于学术界特别是对历史学界的影响甚为深远，致使中国史的建构大多遵循单线进化论，这就必然影响到对中华民族史的建构。

我自己亲身体会到的一点，1988年的时候，在云南大学开展"中国民族史第二届年会"的时候，我在会上提交了一篇论文，我提出来按民族发展的规律去建构民族史，不少人反对："你怎么可以按民族发展的规律建构呢？王朝坐标还要不要？王朝的框架就是坐标啊！"有些老先生就是这样教训我的。所以我就讲不按民族发展的规律去建构民族史，在他们眼里就是套用单线进化论里的王朝模式来呈现民族史，不胜枚举，你们去看55个少数民族的简史，大多数是按王朝框架去建构他们的历史，而不是按民族发展的规律、民族的起源、民族的形成、民族的发展、民族的融合等去建构，没有按照民族本身的规律去写，所以写来写去就写成了民族史，或者写成了国家史。这也就是为什么中国的历史学家们不愿意去写民族史，因为他们知道一写就写成了国家史，所以国家史多如牛毛，范文澜的《中国通史简编》、郭沫若的《中国通史简编》、翦伯赞的《中国史纲要》，等等。我之所以提出来不按民族发展规律去建构中国史有很重要的一个原因，是因为他们套用单线进化论的王朝来呈现民族史最终不可能成功。

34年前，李延明写了名为"怎样看待历史发展的单线论和多线论"的一篇文章，他的文章发表在了《社会科学研究》1986年第2期，他说："对于描述人类发展、人类社会发展现状来说，无论是单线还是多线，都不够准确，最好能找出另外的概念。"这给了我很大的启发。因此，当我们回顾中华民族史近百年的历程后，深感为中华民族的复兴、为中华民族、中华民族史的研究任务而需任重道远。

三 建构中华民族史的新思路在哪里？

那么，建构中华民族史的新思路在哪里呢？历史是一条大河，弯弯曲曲、川流不息，而创新不是一蹴而就的，需要长期的学术积累，来建构中华民族史的新思路，这就要从一个结构论到过程论，再到链性论的价值释放和转化的渐进过程。

我们首先来看结构论、"多元一体"理论最鲜明的内涵。费孝通先生的"多元一体"理论，它的内涵是什么？人们很容易地把这个问题的本质、焦点聚集到结构上来。华中科技大学的孙秋云（原来是中南民族大学的），就直言费孝通"中华民族多元一体"的格局理论是通过当代各民族关系现状的大局和建构中国各民族的相处和联系的历史过程，为如何理解和实现国内各民族的关系和互动情况构建了一个极富有创见性的结构图，关于结构图一语中的。

费孝通为他的多元一体格局理论的结构内涵做了专门的论述。费孝通的多元一体理论思想，一共讲了三个论点。第一个论点是，中华民族是包含中国56个民族的民族实体；第二个论点是，形成多元一体格局有一个从分散到多元结合成一体的过程；第三个论点是，高层次的认同不一定会取代和排斥低层次的认同，不同层次可以并存，甚至在不同层次的基础上，可以各自发展，形成多元多文化的整体，这仅仅是一个回应。你讲多元一体，那么56个民族中有55个少数民族，怎么说？中华民族是高层次的，56个民族是低层次上的？它们可以同时存在，一个结构本质体现在他的理论内涵的本质，所以他用"格局"，格局就是结构，这就是为什么我们现在认识费孝通的多元一体理论，基本上是从整体这个角度，对中华民族的结构所做的静态的观察。

30多年来，一些人从动态上把握，造成了对中华民族多元一体的不理解，甚至提出质疑。为什么一直有人质疑呢？一直有人反对呢？那么又要怎么解决这个问题？

　　其次我们要进一步思考，第二个问题就是过程论。多元一体理论最关键的是什么？在多元一体理论的研究中，结构论是一目了然的，就是题中之意，而过程论则需要透过结构现象才能把握。由结构论转化为考察社会结构在历史进程中的永恒并互动的过程，就为整个中华民族史提供了一把钥匙。事实上，我们细读费孝通先生的著作，他对多元一体的历史维度和变迁过程不是没有思考。例如他在《中华民族多元一体格局》一书中，就曾十分生动形象地论述了民族流传的过程和中华民族大家庭的特点，针对这一点，我们看费先生的著作可以看得很清楚。

　　跟随费先生的指引，将思考的目光投到数千年的、长时段的历史之中，我就提出了中华从多元走向一体的过程论。

　　2008 年，广西师范大学出版的《从多元走向一体：中华民族论》，全面系统地阐述了过程论，这本书的出版和写作缘起很有意思。当年我在中央民族大学做博导，课余的时候和关凯一起吃饭、喝茶，我们就一起讨论他的《族群政治》一书。他在《族群政治》里讲到费先生的《中华民族多元一体格局》，我说："你讲 20 年来质疑未断，但没有人能提出新的观点，你写这本书的时候，为什么不写你的看法呢？"他说："我当时还没有想好。"他很聪明，反问了我一句："徐老师你的看法是什么？"我这人心直口快，这种交谈中思想的碰撞非常有意思，我说："我认为因为费孝通强调了多元格局是一个结构性的东西，如果你不强调，不讨论从多元走向一体这个过程，问题就解决不了。"他很赞同我的观点，我回到广西，一口气就写了一本 15 万字的书——《从多元走向一体：中华民族论》。所以过程论，恰恰破解了、点到了，把费孝通静态的把握，发展成为动态的把握，又为整个整合中华民族史提供了一个思路：在总过程中，从此具体过程中到彼过程中，再到另一个过程中，正因为这样，我认为过程论是多元一体理论的最关键的内容，中华民族正是在各个民族长期地互动、生长中产生的，或者说其正是中国各民族进化的必然结果。

　　其实，这个过程并没有终结，从中华民族形成的意义上来说，这是一个具体过程的终结，但从中华民族认同的意义上来说，这个具体过程才刚刚开始，中华民族复兴之路任重道远，所以我觉得这是中华民族多元一体最重要的一点，你看不到这点，就看不到现在我们还处在这个过程当中。

最后到我们的主题了——链性论，这在多元一体理论里是最有价值的一点。为什么要在结构论和过程论之后，今天我又提出一个链性论或者历史链条论呢？要回答这个问题，有必要对过程论的考察进行反思。过程论是我提出来的，但并不是完整、完美的、没有发展的、不可以发展的。纵观 30 年来中华民族多元一体格局，它完成了从学术理论到价值释放再到思想形成的过程，现在讲到多元理论，费孝通的这个理论让很多的学者、很多学科，包括中央都接受了，但同时也亟待在自己真正的框架下，进一步发展出更为深入有效的分析框架的方法论，说到底，建构一部完整而合乎逻辑的中华民族史仍然是困难重重，难倒了很多英雄汉。

怎么走出困境？解铃还须系铃人。1996 年，费先生在日本国立民族学博物馆举办的"中华民族多元一体论"学术讨论会上作了题为"简述我的民族研究经历和思考"的报告，后来发表在《北京大学学报》1997 年第 2 期，这是他在 1988 年之后对多元一体格局所做的又一次阐述，他引用了他的老师史禄国关于"ethnos"（民族）理论为参照，弥补了自己有关中华民族多元一体格局理论研究的遗憾和不足。他说："如果我联系了史老师的'ethnos 论'来看我这篇'多元一体论'，就可以看出我这个学生对老师的理论并没有学到家，我只从中国境内各民族在历史上的分合处着眼，粗枝大叶地勾画出了一个前后变化的轮廓，一张简易的示意草图，并没深入史老师在'ethnos 理论'中指出在这分合历史过程中各个民族单位是怎样分、怎样合以及为什么分、为什么合的道理。现在重读史老师的著作，发觉这是由于我并没有抓住他在'ethnos 论'中提出的，一直在民族单位中起凝聚力和离心力作用的概念。更没有注意到从民族单位之间相互冲击的场合中发生和引起的有关单位本身的变化。这些变化事实上就表现为民族的兴衰存亡和分裂融合的历史。"

费孝通的这个反思非常重要，他给我们展示了他博大的胸怀，同时也潜在地深化拓展了未来研究方向，并给出了几点重要的启示。第一，在史禄国那里，难以翻译的"ethnos"一词是指"一个形成民族的过程，一个个民族只是在这个历史过程一定时间空间的场合里呈现的一种人们共同体"，因此，应该像史禄国那样，以"这过程的本身"为研究对象，强调过程论；第二，不能满足于勾勒出中华民族"分合"的宏观轮廓和示意草图，还应该探究"怎么分、怎么合以及为什么分、为什么合的道理"，这就是我的《中华民族史纲》要回答的问题；第三，不能仅以"各民族"为考察单位，还应该看到"从民族单位之间相互冲击的场合中发生和引起的有关单位本身的变化"。

遗憾的是，费先生的这几点重要启示尚未引起学术界的重视和充分的阐述，把民族研究和民族学的对象限于少数民族自有它的缺点。缺点就在于把应包括在民族这个整体概念中的局部过分突出，甚至把它从整体中割裂了出来。中国的民族研究仅限于少数民族，势必不容易看到这些少数民族在中华民族整体中的地位以及它们和汉族的关系。而且如果将这些少数民族分开来，对个别加以研究，甚至各民族间的关系也不易掌握，民族学这个学科也同样受到局限。从严格理论上来说，中国少数民族的研究只能是民族学范围内的一个部分，而不能在两者之间画等号。这是我在前面一开始就讲过的碎片化，碎片化的研究导致根本看不到少数民族在中华民族形成过程中的地位。汉族的关系之所以重要，是因为它是凝聚核心，汉族也不是从天上掉下来的，也是从多元走向一体的一个过程，它吸收了大量少数民族的文化，所以毛泽东讲它是混血形成的。1988 年，我在广西厅局领导干部的讲座上，就把毛泽东讲的混血讲说了，说汉族也是一个杂种，那些人对我的意见很大，说："你把汉族讲成一个杂种！"我说："这是学术性，不是骂人的，骂你是杂种，那就很不好了。"所以我觉得讲到这里，你们就应该理解中华民族史要用历史链条论来书写了。

事实上，如果我们仔细品味，就会发现费孝通在建构"中华民族多元一体格局"理论中对链性论是有某种程度提示的。如："中华民族多元一体格局的形成有它的特色：在相当早的时期，距今 3000 年前，在黄河中游出现了一个由若干民族集团汇集和逐步融合的核心，被称为华夏，它像滚雪球一般地越滚越大，把周围的异族吸收进入这个核心。在它拥有黄河和长江中下游的东亚平原之后，被其他民族称为汉族。汉族通过不断吸收其他民族的成分而日益壮大，而且渗入其他民族的聚居区，构成起着凝聚和联系作用的网络，并奠定了以这个疆域内许多民族联合成的不可分割的统一体的基础，成为一个自在的民族实体，经过民族自觉而称为中华民族。""而夏商周三代正是汉族前身华夏这个民族集团从多元形成一体的历史过程。""汉族的形成是中华民族形成中的一个重要阶段，在多元一体的格局中产生了一个凝聚的核心作用。""汉族的壮大并不是单纯靠人口的自然增长，更重要的是靠吸收进入农业地区的非汉人，所以说是像滚雪球那样越滚越大。"所有这些论述，仔细品味，难道不是具有链性论的启示吗？

1990年5月17日，费先生在民族研究国际学术讨论会上的讲话中还说："我明白要从中华民族整体出发来研究这个民族的形成、发展的历史和规律绝不是一件轻而易举的事。由于我自己的知识容量过小、思维宽度有限，要把民族研究或民族学推前一步，总觉得心有余而力不足。我记得1953年我在中央民族学院负教务上的责任时，为了给学生提供有关中国各民族的基本情况，曾四处求人讲授，最后只能自己担任，利用有限的历史资料和中央访问团的调查资料，编出了一本讲义。在编写时就深切体会到中国的各少数民族在族源上、在发展中都是密切相关联的。我们中华民族就是由这密切相关的各部分在复杂的历史过程中结合成的。但是怎样以这个过程为纲，把中华民族这个民族实体讲清楚，我没有把握。这门功课我只试讲了一年就停止了。但是我的愿望并没有熄灭。"在此，费先生特别强调说："我们这个中华民族就是由这密切相关的各部分在复杂的历史过程中结合成的。但是怎样以这个过程为纲，把中华民族这个民族实体讲清楚？"他认为，这是人们对他提出"中华民族多元一体格局"理论的支持，"不是来自我说明了中华民族形成的经过，而是提出了对中华民族形成的整体观点"。所以，他希望"得到许多比我年轻一代学者热烈的评论和补充"，这就为链性论的提出埋下了种子。

是种子总是要发芽。今天看来，我过去对中华民族"从多元走向一体"历史进程的有关论述，以及在吸纳深化费孝通理论基础上提出的汉民族研究的雪球理论，是初步借鉴了"过程论"的反思方法，目的在于揭示"中华民族多元一体格局"内在固有的"结构论"特征，从而转向动态的"过程论"研究。然而，现在反思起来，这些论述还是过于强调了由"多元"走向"一体"这样一种单维、单线的历史演进理想模式，而尚未充分展开对多线历史、辩证历史和互动历史榫接的考察。同样，在后者汉民族人类学分析的"滚雪球"论述中，笔者继承发展了费孝通"多元一体"认同凝聚的历史动力理论，但也同样过分着力塑造一种"单核""单向度"的聚合与扩展的理想认同模型，很遗憾未能将中华民族的"多元起源""多元交融"与历史进程中可能发生的"多核"凝聚与"多向度"互动历史联系起来，进行更具辩证性、实证性的讨论。因此，笔者更愿意将以上研究成果归为初级的"过程论"研究，即自发运用"过程论"方法以改造"多元一体"的"结构论"。

基于此，我力图反思 30 年来"中华民族多元一体格局"由学术理论向价值释放转换的总体趋势，在总结和反思的基础上升级"过程论"方法论探索，即以理论自觉的"过程论"为指导，给"中华民族多元一体格局"理论一个新的定位，为整合和建构中华民族史的来龙去脉寻找新思路、新路径。这就是"链性论"提出的学术背景。

四 如何运用链性论建构中华民族史？

什么是链性论？要把它向大家介绍一下，在《中华民族史纲》绪论当中有专门的论述，在这里简述一下。

链性论是历史链条论的简称，所谓历史链条论，就是一个历史过程在相当长的时间段内有重大事件所链接的历史现象，以及由不同阶段环环相扣所构成的历史轨迹贯穿的历史链条，这就是历史链条论。其实，梁启超一百年前就在《中国历史研究法》中说过："历史好像一条长链、环环相接，继续不断。"

那么，链性论的内涵是什么？链性论的内涵有五个，第一是长时段性，这是链性论非常重要的一个内涵和特点，长时段性有两个方面：一方面是它的节奏；另一方面是它的时间，所以中华民族史的构成长达5000年，甚至6000年，如果把黄帝时代算上，就是上下6000年。长时段性是观察链性论非常重要的特点。第二是过程性。第三是阶段性，由于它是长时段的，它一定会有一个不同的阶段。第四是连贯性，如果没有连贯性，也就没有可能变成一个历史链条，我们举个例子，在中国历史上一以贯之的有哪些东西？其一，大一统，有时候有分解，但最后还是走向统一，这是没有办法的，三国的时候，曹操要统一、孙权要统一、刘备要统一，都想统一。夏辽宋金的时候也都想统一，都想自己代表中国，辽也想代表中国、西夏也想代表中国、宋就想你们代表什么中国？我才是代表中国。夏辽金他们都有自己的说法，所以，具有连贯性。其二，郡县制就不用多说了，一以贯之的，到现在我们还是县。其三，集权制，过去我们对集权制不理解，现在这次疫情你们就可以懂得了，要是没有中央的集权，怎么调集三万多医疗人员到武汉去？全体在家自行隔离，没人跑出来。像美国、意大利，他们的民众大喊"我要自由，我不戴口罩！"没人听他的，是不是？集权，这就是一以贯之的，要统一，搞分裂不行。其四，一以贯之的是二十四史，哪个国家有这样的历史？一个朝代一个朝代的历史接下去，这不就是一以贯之吗？所以，有这个连贯性才有可能形成一个历史链条。第五是认同性，要不要认同？秦始皇认同华夏，先秦以夏商周三代以来的所有融合的东西定天下，秦始皇是千古一帝。习近平总书记提出"铸牢中华民族共同体意识"也是一锤定音。从整个历史长时段的立场去看，华夏变作汉，没有秦始皇一锤定音，中国就是欧洲那样分散的状态；现在从汉民族到中华民族的过渡，习近平同志一锤定音。所以认同性就是因为有这些一以贯之的东西，我们才认同，现在最大的问题就是要认同中华民族、铸牢中华民族共同体、认同中华文化、认同社会主义文化、认同党的领导，也就是强调认同。我是谁？我从哪里来？我要到哪里去？中华民族要回答这三个古老的哲学永恒命题，要铸牢中华民族共同体意识，就必须告诉人们，中华民族是如何从历史深处走来，如何使自己的生命连绵不绝，如何走向伟大复兴的未来。只有历史才会做出最可靠、最精彩、最鼓舞人心的答案，所以要铸牢中华民族共同体意识，就要从认同中华民族史开始。

我今天就讲到这里，两个钟头，谢谢。

罗彩娟：感谢徐老师精彩的讲述，我想大家也同样受益匪浅，我今天收到《中国民族报》10月10日这一期的理论周刊，里面有三篇论文跟我们今天所讲的主题非常地契合，其中一篇是中国社科院所作的名为"以习近平总书记重要讲话为引领，编一部新时代中华民族历史"，所以我想说徐老师给大家带来这样一个很前沿的讲座，尤其是他从几个方面高屋建瓴，非常的精彩，徐老师结合了他的学术经历，这些成果让我们大开视野，首先点明中国民族研究在前沿，如他所说是要有一个战略的思想，我们很多同学在这方面并没有这样的一个高度，要突破学术界的局限，也需要我们长期的积累。可以说这个传统一直到徐老师所说的以铸牢中华民族共同体意识这个理论的一锤定音，又让我们重新看到了一种新的、开创性的机遇，所以我们这个理论周刊还有其他的刊物现在都是关于中华民族的研究、关于铸牢中华民族共同体意识的研究，这些都是我们民族学专业的同学，不管博士也好、硕士也好，还是我们本科生都必须关注的一个前沿热点、一个话题。

徐老师还给我们完整地梳理了近 100 年来学术界在建构中华民族史方面做出的努力，有很多的成果。从 1928 年开始一系列有关中华民族史研究的成果，但是这近 100 年的努力对我们来说是否足够满意呢？其实并不是这样，我们还没有能够找到令大家非常满意的中华民族史的书写。所以如何来建构？中华民族史的新思路到底在哪里？这也是徐老师今天要讲的重点，也是他多年以来研究的一个方面。我们看到一系列的成果，对中华民族多元一体格局的解释，很多人并不是把它当成结构论，而徐老师创新性地提出这是过程论，而且出版的《从多元走向一体》一书在广西师范大学出版社出版，针对过程论的提出，他仍然不满足于这样的一个结论，最后提出我们今天的主题，也就是链性论——历史链条论。我们非常期待，也更加希望能看到他的深入研究。我们所看到的《中华民族史纲》是徐老师带来的新思路，我想大家都有很大的收获，可以说对于我们做研究都会有很大的一个启发，要站得高看得远，这一点也就是徐老师所说的要有战略思想。第二个就是要有深厚的积淀，徐老师常常教导我们要深挖一口井，所以从他如何深挖这一口井的过程：从早期的《汉民族发展史》，到去年出版的《汉民族史记》（九卷本），并获得广西社会科学优秀成果奖一等奖，再到对通史理论研究就可以看出。他之前出版过《中华民族史记》，是通史的、图文并茂的成果，但他仍不满足，接下来就是他所说的《中华民族史纲》，我们也很期待这本书的出版，他不断地超越，不断地站在学术的前沿，并发掘很多新的成果。所以我们要有长期的努力和积淀，还有对文献的全面把握。第三个就是要有学术的对话，我们的研究无论是以哪种方式审批，我想自言自语的话是不行的，我们要结合党中央的高度来看我们有关民族工作这一系列的战略性政策，将新的思想融入我们的研究当中，我想这也是我们的研究应该对我们整个民族工作的现实价值所在。我希望大家能充分利用这样一个机会，多多地跟徐老师请教，提出问题也是很重要的能力，所以接下来把时间交给大家。

提问：面对当前的对外开放，很多外国人来我们中国，但现状是我们从心理上仍然有点排斥外国人。那么应该怎样看待外国人和我们中国人组建家庭后民族认同上的困惑?

徐杰舜:你的问题好像不太明确,你的问题是谁认同?我觉得是很有意思的问题。我在武汉大学共青团中学读高一的时候,当时武汉大学有一批参加朝鲜战争的美国俘虏兵不愿意回美国,后来有的就在武汉大学读书,有的美国兵和中国人结婚了,生了孩子,我们当时比较年轻,就很想看一看他们生的孩子是什么样子。我们共青团中学就在武汉大学旁边,现在就更加开放了,关于你生下的孩子是什么族群,他如果在中国入籍了,肯定是中国籍的。如果将来到美国结婚生子了,那孩子就是美国籍的。这存在什么问题?都没问题,各个国家都有法律规定。

这个问题其实很有意思,就是现在中国人和外国人结婚的很多,你可以去做个田野,我没做过关于这方面田野,对他们不是很了解。但是,现在相当一部分人反过来认为还是中国好,因为这一次的疫情,体现了中国政府对中国人民非常重视,青岛两个晚上检测 900 万人,我一个学生在那里,连夜去排队检测。

所以,我为什么强调那五大特点,长时段性非常重要,在长时段看你的记录;过程论,在这个过程中是会变化的;阶段性、可连性、认同性这些东西你综合起来去看。所以我觉得你这个问题要做调查,具体问题具体分析,具体的人有个人不同,有的人他可能要到中国,不想再离开中国了。反正在这次大变局当中,中国的国际地位、历史地位将是以什么新的变化出现,你们还可以看,注意观察。

提问:徐老师,您好,我是民族学专业的学生,想问您关于不同时期海外华人对中国的认同会有怎样的变化?

徐杰舜:海外华人从族群性质上来讲,到美国去也是华裔,成为美籍华人了,所以认同是天生的血缘所致,不认同不行,不可能不认同,你到美国去也是美籍华人,你到澳大利亚去也一样,也是澳籍华人。每个国家都有自己的政策和法律规定,认同有时候是存在多层次的。他认同美国,加入美国的国籍是要宣誓,他在国籍上是认同了,但在民族上他也有族群认同,他可以认同华人,不认同也没有人去管他,但是有事情出来以后,认同的意义就有价值了。对族群的认同是一个动态的,重要的是自己心里的认同,想一想这次疫情一开始的时候,为什么海外华人、留学生把全世界的口罩都买回来呢?为什么?就是认同自己的国家呀,特别是海外华人，把全世界的口罩都买了寄到中国来。对于族群的认同，你们不要看得太神圣，它是一个动态的、永恒的动态。族群认同在一定的历史条件下、一定的对比下，会产生感情，抗日战争的时候为什么中华民族觉醒了呢？在这以前老百姓哪里管什么是中华民族不中华民族，但是抗日战争时，你成了亡国奴了，中华民族到了最危险的时刻，才知道我们是中国人，那个时候中华民族能不认同吗？太强调这种认同了。五四运动的兴起，抗日战争是在外国高压下才认同中华民族，现在是美国人在压我们，中华民族的伟大复兴是必然的，是没有办法阻挡的，所以我觉得对于这个认同论，一是不要看得太神圣；二是它是你自己心里的一个认同，你要认同，就是认同，你要不认同，谁也不能强迫你。

提问：老师，我想提问一下中华民族研究现在特别热门，我感觉有点偏"左"的倾向，会不会形成一种新的偏差了？在过去多元统一中强调多元，但现在过多中强调一体。另一个问题，现在民族研究中，大家都有一种普遍的困惑，现在研究的很多议题很复杂，但是我自己在漫长的过程当中被这些敏感的议题所束缚，大家都对民族议题很敏感，选择回避，但有很多关键的争议是不能被绕过去的，比如新疆民族关系研究，包括一些涉及宗教的问题，我想知道您如何看待这种研究的现状？

徐杰舜：你的第一个问题，我与你的判断是不同的。你仔细体会习总书记的"铸牢论"，因为我们现在没有真正地实现，你这个判断对你很危险，就我们现在的研究，在中国目前的状态下是有政策规定、有纪律的，不是说你想研究什么就可以随便研究，因为它可能涉及一些我们国家的重要情报。以美国为首的拿着大棒——人权，想要新疆和西藏独立，这和政治有关系。我做了一辈子学问，凡是这样和政治有关系的，一定要听中央的，你不能自己想研究什么就研究什么。我做国家课题去新疆的时候是2000 年，很多人都说徐老师很危险不要去，但我并没有因为危险就不去了。那你能不能在党的纪律规定下来做课题的研究调查呢？你提出的问题是不是恰当？就得看你自己的水平了，不是回避，我到现在都没有回避。你是哪的人呀？河北。现在有个问题，就是你对研究选题阐述、叙述、表达的问题。我曾经给我们学报主编投稿了中华民族研究，其中有一篇以国族为主题，因为国族问题太敏感，审稿时就毙了。他后来又拿到《中国社会科学》发表。你可以站得更高一点，就不同一点。所以写论文选题非常重要，你的能力和你的水平怎么样就看选题，就看你知识的积累程度，多读书才能把你的知识转化为智慧。

提问：徐老师您好，我在做田野的时候，其实发现一些现象，在当代社会，很多民族技艺经过交流、融合已经没有办法清晰地分辨出哪个是苗绣，哪个是壮绣了，这种技艺的传承与发展是否也能够从广西的民族关系、铸牢中华民族共同体意识的维度去挖掘研究？第二个问题是新加坡的民族政策是不强调少数民族的，它会尽量用多元民族来代替少数民族的称谓，回避民族差别，以实现民族融合，这是否对我们有所启示与借鉴？

徐杰舜：你讲广西刺绣的故事，在历史上通过刺绣铸牢中华民族共同体意识非常好。你以广西的故事来讲非常好。

第二个问题我的回答是应该有的，我们现在在政治制度上好像在学新加坡，新加坡的李光耀非常出名，新加坡的国语不是汉语，而是英语，方便国际交流。

提问：请徐老师给我们讲一讲大一统思想的演变和中华民族共同体发展的关系问题，或者有什么内在联系，其发展有什么样的阶段性历史特点。

徐杰舜：这个问题问得很好，但是太大了，看看我的书吧，我在书里专门讲了这个问题了，我现在补充一下，因为时间的关系，我准备了第四个问题没有讲，所以有很多的问题，你们一定会产生很多的想法，预知后事如何，请看即将出版的《中华民族史纲》。

罗彩娟：非常感谢徐老师带给我们的这场讲座，希望大家回去后可以好好地阅读一下徐老师的著作，今天的讲座就到这里，再次感谢徐老师。

从文化转型看民族关系

——从徐杰舜教授主编《汉民族史记》九卷本谈起

主讲人：赵旭东（中国人民大学　教授）

主持人：罗彩娟（广西民族大学　教授）

时间：2020 年 11 月 26 日

罗彩娟： 尊敬的赵老师，各位在座的老师、同学们，以及线上的朋友们，大家下午好！今天非常荣幸邀请到赵旭东教授莅临我们这个会场，给我们做"民族学研究前沿"系列讲座的第七讲。赵老师今天所讲的主题就是对徐杰舜教授主编的《汉民族史记》系列九卷本丛书中的"从文化转型看民族关系"。下面我来对赵教授做一个介绍。大家对他应该都有所了解，他是我们全国知名的人类学家，在人类学、民族学（领域）有很多丰硕的成果，现任中国人民大学社会与人口学院教授、博士生导师、人类学研究所所长，同时兼任中国社会学会、法律社会学专业委员会会长、中国艺术人类学会副会长。师从著名的社会学家费孝通先生，在 2010 年获得"教育部新世纪人才"称号，研究领域包括文化转型研究、城乡社会学、法律社会学、政治人类学等。先后发表的中英文论文有一百多篇，有很大的影响力。如果大家关注的话，会看到他非常多的成果，可以说著作等身。代表性的著作主要有《权力与公正——乡土社会的纠纷解决与权威多元》《否定的逻辑——反思中国乡村社会研究》《文化的表达——人类学的视野》《法律与文化——法律人类学研究与中国经验》《费孝通与乡土社会研究》，等等。赵旭东教授在这些领域著作非常的丰富。今天很荣幸邀请到他来到线下，来到广西民族大学的会场，给我们带来这场"民族学研究前沿"的讲座。下面让我们用热烈的掌声欢迎赵教授！

赵旭东： 我上次来，好像是"相思湖畔大讲堂"，没有这个屏幕，这个屏幕把我们隔开了。为了让虚拟的世界看到我们今天的讲座，所以我们共享一下屏幕！很高兴有这个机会，受罗彩娟教授的邀请。我们去年在美国就一直说要来这里看瑶山，看费先生的瑶山调查故地。所以我们相约，因为疫情的原因就到现在才来。今天有这个机会跟同人们、年轻的老师、同学有一个交流，找一个话题，就是从这里头冉冉升起的、现在已经是年迈的徐杰舜教授，可惜他今天没来，他跑到成都去开会了。关于他的《汉民族史记》九卷本，是我的学生王莎莎在中国社会科学出版社编辑的，所以我会了解，她也寄给了我一套，而且我也写了很长的关于这本书的书评，最近也要在《贵州民族研究》发表。这本书是以一个民族为脉络，去把整个汉民族的一个历史分不同的卷来写，每人一卷，罗老师也是参与其中的。

好多学术就是从一个点慢慢去不断往外扩展，人这一辈子，从黑发变成白发，我看徐老师也是，最早的起家就是关于汉民族研究，我有他最早的一个小册子，应该也有三十几万字，最后扩成九卷，很有贡献。今天的研究生也好，年轻的老师也好，并不是说要掌握谁的知识多少，更重要的是有一种新的、思考社会问题的、文化问题的、民族关系的角度，或者是新的视角，这样你的研究也好，你的所有书写也好，都会上一个台阶。尤其是在读的博士生，需要有一个思维上的提升。所以我会以他的书做引子，最后会提到他的几本书的核心，更重要的还是我想跟大家交流我自己比较喜欢谈的一个概念，叫"文化转型"。

实际上，我大概 2011 年从中国农业大学转到中国人民大学去任教，就开始从农村研究转到文化转型的研究方向上，所以一直在研究"变化"的问题。关于世界变化，大家有没有感觉到？如果你们读书没有感觉到这个世界的变化，那么就比较沉闷，就容易从一些课本的既有概念陷进去。实际上要更多地从"变化"的角度去看，变化到什么程度呢？变化到连书本里都没有的东西，我们怎么去看？这个要动脑子。我觉得这个时代脑子比知识更重要。知识随处可见，知识一百度就来，但是脑子很重要。同样是百度的东西，有人可以拿来、用来写很重要的论文，有的人就仅仅把它作为一个吐槽的工具，就是看一看热闹而已。所以我们今天要从这个角度来思考，一个很简单的起点就是，如果你研究人类学，应该追踪一个叫联合国教科文组织的《人类发展报告》，每年都有一个报告，它会把往年的主题都罗列在上面。我们为什么没有追 2020 年的呢？因为还没有出来。2019 年的出了，我们也没有追它。2013 年可能是中国的一个变化年，中国跟世界连在一起，这一年的《人类发展报告》也很有意思，2013 年到现在，正好是七年之前的事情，这不是我们的预测，是世界的预测，它的主题就叫"南方的崛起：多元化世界中的人类进步"。为什么要用这个主题？就是说所谓的"北方的西方世界"面临一个"南方的非西方世界"这样一个挑战，也就是崛起的挑战。当然，中国虽然也在北半球的范围内，但是"南方"在很大意义上是"发展中国家"的含义。所以七年过去了，今天我们越来越感受到这种判断还是有价值的。联合国的报告不是随便作出来的，它是有价值的。我们来看这个图表就很清楚。从 1990 年，叫"人类发展的概念与衡量"，1991 年就叫"资助人类发展"，1992 年叫"人类发展全球观"，1993 年叫"民众的参与"，2000 年是"人权与人类发展"，2001 年是"让新技术为人类发展服务"，2006 年是"透视贫水：权力、贫穷与全球水危机"，2007 年、2008 年是最重要的"气候变化"，到 2013 年就是"南方的崛起：多元化世界中的人类进步"，你们要有兴趣，还可以继续追 2013 年以后的报告，你会看到这个世界关心的主题是什么。这里面对的是一个不断增长、发展及贸易的问题，在全世界开始成为一个大的问题。那么它预测说，到 2020 年，也就是今年，三大领先的发展中经济体，也就是巴西、中国、印度经济产量将超过加拿大、法国、德国等六个国家。现在大家去看这几个国家的发展趋势，绝对呈现上升趋势，绝对有这样的可能性。当然是不是真的超过了，就看怎么算了。当然这个趋势是明显的此消彼长。美国的选举也好，欧洲的衰落也好，实际上你会看到中国虽然受到疫情影响这么大，但是活力好像没减，现在憋着一口劲儿要往上冲。但是整个西方也好，或者美国也好，它有点抵不住的这样攻势。所以这个报告意识到，它是从全球来说的，就是整个活力还是在发展中国家，也是后发展中国家。这些发展中国家有一个非常重要的特点：都是非西方世界，都是原来西方人作为一个"他者"去研究的、人类学要去研究的那个所谓的"他者"。巴西——列维－施特劳斯就是在做巴西研究；中国就不用说了；印度也出了很多民族志，最有名的就是《阶序人》。你会发现，整个西方一下子面对这样一个经济的、南方的崛起，必然也要面对巴西、中国、印度等发展中国家的崛起，他们的文化将面临怎样的变化？我们今天讲文化转型就是因为这个。当我们的文化不再成为一个被别人观察的对象，或者说我们有自觉的自我发展、自我选择的时候，这个文化将走向哪里？这个文明将走向哪里？我认为这已经成为人类学最重要的主题。人类学包括民族学已经从原来的关心事情发生之前的历史，追溯到既往、回到一个既往，发展到关心未来人类会怎么样。今天我们哲学家也在讨论人类，刚开完这样一些会，都在讨论新人类的问题。而如果假设机器能替代人类的话，人在这个世界中的位置将是怎么样的？这不会是一个很遥远的问题。

这个时候大家要有一个想问题的前瞻性。大家不要认为知识是逻辑演进的，很多时候它是想象性的直觉演进。很多时候不一定A＋B＋C就一定等于D，它可能完全就是从0开始，但是你可能进入前沿，这就需要一个跳跃性的思考。我们要关注这样一个大的背景，和我们微观的文化研究之间是什么关系。这实际上是"如何基于文化可持续性发展"，它在未来变得非常重要，这个报告最后归结到了四点，实际上就是说经济发展并不能自动转化为人类发展的进步，这一点很明显地说明了，经济不是决定性的，不是人有钱了或者富裕了，他的生活就愉快了、舒适了，就感觉幸福了，还有别的营养、健康、工作、技能等这些。最后落实到四个方面。一是公平的问题、性别平等的问题；二是公民话语权的问题；三是参与权的问题；四是环境压力的问题、人口变化的问题。关于这几方面，你说哪个没有文化的意思在里面？谁的公平？是西方人的公平还是我们地方文化的公平？怎么看待男女关系、性别平等的问题？是文化起作用吗？对于公民话语权问题，什么叫公民？对于环境问题、人口压力等这些问题，我认为都促进我们去思考原来人类学的文化。我觉得原来人类学的文化是西方看西方以外的世界去界定的文化。反而凡是西方所没有的，都可能成为西方所认为的那个文化，作为西方工业化的一个补充。实际上今天已经不是这样了，每个文化都有自身的价值，所以我们要作一个总结，那就是世界文化的格局在变。

这一点用非洲人的谚语来说，就是"当音乐变化时，舞步也要随之改变"，即一变带万变。换言之，用到我们生活中，当我们在使用网络这个变化的时候，其他方面也都跟着改变了，在逐渐地替代它。我们现在支付用网络，书写用网络。慢慢地，很多东西我们都要像音乐主旋律变化一样，舞步也要随着改变。但是这样一个文化的改变，就像甘地所说的：

"我不希望生活在高墙环围、门窗紧锁的家中，我希望各地的文化之风都尽量吹到我的家中，但是我不能让他把我连根带走。"实际上这是两个矛盾的方面，一个是开放，另一个是封闭，我们不希望自己是没有根地生活，完全活在别人羡慕的符号当中，但是我们又不能关上门，自我封闭起来。这个世界现在就变成这样了，实际上既有你原来的传统文化的东西，同时又有一些所谓新加上来的外部的影响。那么怎么处理这个问题？这不是一个文化最现实的问题吗？原来人类学也处理这个问题，但是没有放在世界的格局上，完全是一个西方以外的世界，他们面临西方影响产生的变化。今天的全球化是我们面临的问题，也是美国面临的问题，美国的问题我们也同样会碰到，对不对？美国的这个嬉皮士的问题，到今天中国宅男宅女这一代，不是类似 Cosplay 吗？不是一代人吗？原来叫他们"垮掉的一代"，我们虽然没有垮掉，但是我们几千万人一下子都被马保国吸引了，你说他是垮了还是没垮？大家因他"好自为之"的正常发音变成奇怪的发音而乐此不疲，这里面的变化是什么呢？第一个，言语是最重要的，当音乐变化的时候，舞步也要随之改变。你想想是不是我们在变？所以在这个意义上，我们要真正思考文化的变异。原来不谈文化的变异，很多西方人不愿意看到文化的变异，因为他认为去研究西方以外的世界，就是静止的、不动的世界，怎么可能变化呢？它可能有多样性，但不会变。但实际上，今天的变异和多样性是连在一起的，多样性实际上是由变异引起的，这并不是说自然的多样性。我们原来研究文化的人，无论是研究民族学，还是人类学，文化观念被认为是自然多样性，好像壮族文化、苗族文化、侗族文化，自然就是不一样的。这是变化当中产生的不一样，也可能是合并以后再产生的不一样，所以我们要注意到文化就是一个不断被复制出来的新副本，这个副本本身也像基因的改变一样，在一定条件下是会改变的，它有稳定性，但更重要的是它在改变。

那么将文化的变异用到我们自己研究方法的反省上，即我们用"变异"的概念，其核心是要处理方法的问题，处理我们原来陈旧的方法。这个方法就是文明之间的联系，以前很少有人去关注它，我们很愿意去研究一个民族在某一个地点上的事物，但是很少会看到它们之间的联系。我们原来很少研究道路、跨民族、跨境、跨文化，这些东西我们不太去注意。但今天实际上比这些"跨"还要超越，即大家在一个平台上，为什么说平台很重要？因为平台已经变成一个现实了。我昨天在参加硕士论文开题时还在讲，有的同学还在谈文化的传播，大家去想想，今天还有传播吗？传播学还是个学问吗？实际上未来新闻学是会死掉的。首先传播是这样，从A地方传到B地方，从一个甲的世界传到乙的世界，对不对？从欧洲传到中国，从明清传到民国，这叫传播，慢慢传过来。今天是瞬间的，美国发生什么？我们瞬间世界就知道了，大家都在一个平台上。Globalization是一个平台了，你谈什么传播？你跟父母在一个家里，这叫传播吗？你说一句话，你母亲听见了，这叫传播吗？文化也是这样，在一个平台上，怎么传播？只能说是表述方式的变异，前后之间的一个变异。当然我想这还可以讨论，但是我觉得脑子一定要活。费先生在晚年的时候一直在批评我们年轻的老师，包括我自己，说脑子不活，这个不活的原因是我们太容易被一些概念束缚住。你敢挑战传播学吗？你敢挑战文化的概念吗？你敢挑战民族学的概念吗？你都不敢，但是你眼前的事实改变了，为什么不可以去挑战？因为这个概念是应对着社会事物的改变才有意义；如果已经不那样去做了，或者说人们已经不那样去称谓了，那它就没有意义，所以我觉得应该注意到这个变化。

包括结构主义的一些概念，没法去解决这样的变化。结构主义把这个世界看成是结构性的世界，认为是不可改变的。但是恰恰在所有看来不可改变的地方，都可以改变。因为没有固定的结构，没有所谓的稳定的结构。男女结构可不可以改变呢？我认为已经都改变了。现在你去研究男女关系，那挑战结构的底线太多了，同性恋、借腹生育、试管婴儿……你说男女关系到底是什么呢？完全混乱了，但是混乱并不是因为没有秩序，这也是一种秩序。说明现在的结构主义本身就是有问题的。

我们现在反倒要重回达尔文的一些思考。好多人即便是知道达尔文，但是有谁真正去读达尔文呢？这就是我们好多研究者的问题，就知道进化论，就把他批倒了、忘记了，然后偶尔再用他，说到底你是文明的还是我是文明的。但是实际上你去看《动物与植物在家养下的变异》这本书，属于非常动物民族志的，有非常清晰的描写。他就是在说太平洋的加拉巴哥群岛的多样性生物，他突然看到离美洲还有500海里的这个地方，动物的特征竟然是相似的，所以它们之间是有联系的。这个就叫传播，说明它的特征在传播，就是传自共同的祖先，而在这个相传的过程中发生了一些变异，这就是需要我们重用传播论的一种办法；这个传播就不是我们传播学里说的那个传播，而是要找这个跨区域的共同性，所以这个东西变得重要。

你看今天我们民族学的研究，在你们读书这个阶段已经转成不是各民族的研究，而是一个中华民族共同体研究。大家不要认为这是一个纯粹政治性的话题，它是一个时代的变化主题，大家开始更关心一个共同性的东西，在共同性的话语下人民怎样生活？不再是分，因为分不了，对不对？壮族也可以在侗族的环境里生活，汉族也可以在彝族的环境里生活。比如说在城市里，大家谁跟谁挨着，怎么能分成什么汉民族、少数民族啊？所以说一个国家里面的公民，他的共同民族性怎么来表现？不就是这样吗？这不就出来了吗？！

所以在这个意义上我们要学会这样的分析方式。从"分"如何到"合"，当然还有一个趋势，就是从"合"又怎么样到"分"，后面也会讲到这个问题。最重要的是变异当中有一个"人"的作用，这是一个很重要的判断，大家也要记在心里。这看起来是个常识，但是如果大家不记在心里，不成为一个反省的对象，你就到老也学不会脑子灵活这一点。实际上，这个世界就是人的世界，"人"如果不去体验，这个世界就没有什么意义。任何东西都是通过人的大脑给他赋予概念、赋予经验、赋予体验，然后才获得的，我跟你说吃"蛋花汤"，北方人最熟悉，北京人可以把鸡蛋说出来无数个名称，因为北京人特别爱吃鸡蛋。煎饼果子里得有鸡蛋吧？荷包蛋是什么呢？现在你们也不吃这个，吃的时候也偶尔加白糖。当然这是很简单的案例，我一说大家就清楚。但是如果有一个外国人在这儿，他根本不懂汉语，他能知道我说的是什么吗？根本不知道。但是东西摆在那儿，你把蛋一拿出来，他知道是那个东西。概念和体验经过大脑这么一个过程，就会跟语言连在一起。

这里跟大家介绍一本书，也是我比较喜欢读的一本书，也介绍给学界过，就是《解释文化》。原来我们解读格尔兹的《解释文化》，格尔兹之后就是丹·司波博（Dan Sperber）解释文化的模式，叫《一个自然论者的研究》，差不多后来的本体论转向也都是以讨论这本书为起点的。实际上什么叫文化？什么叫文化的传递？这就是他说的"流行病学"，就是我们所谓的文化被细菌感染上了，我们大家看起来好像很害怕细菌、病毒，但是文化就是像这个东西。

比如说侗族大歌，听一回你感觉非常有吸引力，慢慢地你就受到它的影响，记住了它的特征、它的表现方式，这就表明你接受了这个文化。文化不是外在的，即便是博物馆化的文化，你也要去看它、体验它、转化它，重要的是转化它。有这么一个图，也是我们经常用的一个分析图，说明我们的文化就是一个公共表征的文化。我们所说的、所做的、所写的这些东西，都是公共表征，象征也好，符号也好，这些东西如果不经过大脑的心理表征去理解它、转化它，它就不会成为公共表征，我们不说荷包蛋，别人不说荷包蛋，大家就永远不知道这个东西是什么，正是因为天天说，所以我们有日常语言。这些都是通过人加工以后变成的一个公共的东西。

这个分析图有什么好处呢？它跟格尔兹的观点不太一样，格尔兹的观点基本就是表明文化是一种解释，文化的解释就是人解释它，好像每个人的解释都一样。比方说，一个对蛋白质过敏的人，和一个生来就要吃荷包蛋的人，他俩看到荷包蛋的感觉会一样么？不一样，会完全不一样。你就站在红旗下，有的人想的是另外一件事，有的人是想的是怎么跟国家认同有关系，对不对？这也不一样。那么这个图要解释的就是个体差异性。文化既有公共性的一面，又有个体感受的一面。我们在研究的时候一定要注意个体的感受是怎么样被塑造成公共性的一个集体表征的，或者说公共表征的，这一点非常重要。为什么这一点重要呢？因为我们接触的是每一个人的感受，但是这个个人的感受是如何在它那里面、如何证明它是公共性的呢？是因为它在这个转化成为公共性的过程当中，被赋予了一定的价值、权威和力量。不是谁说话都能够影响别人，一定是那些权威人物在这个社会中说的话变成公共性的表达时才会如此，因此我们就分出了最高一层的表达、最低一层的表达和普通人的表达。同样是一个食品，在上层怎么说、在中层怎么说、在下层怎么说，表达方式都是不一样的，那么这个时候我们就说"表征不一样"。

实际上大家去看这两幅图，我们就用这个来告诉大家文化的流变性。你会看到，原来我们认为的文化就是跟一个民族、一个群体连在一起的，甚至跟一个空间联系在一起的。我们要找苗族，就跑到贵州山里去找，找瑶族也是在我们广西的山里找，这些是没有问题的。但是我们也没办法避开这个图片的问题，比如说一个外国人他在用筷子，逻辑上筷子是属于这个文化的，但是外国人也可以用筷子，就意味着这个文化不是实质性的，不是必然跟时间、空间、地点连在一起的，它可以流动起来，因为不是实质性的，所以是可以表现的。表现的意识就是它可以漂浮在一定的事物上，这个事物可以流动。那么外国人用筷子和中国人用筷子，它的意义是一样的吗？答案是不一样。你在用筷子，你就认为你是在实质性地用筷子；而外国人他是在体验一种文化。但实际上你自己在用筷子不也是在体验一种文化吗？你只是自认为是中国人，所以你认为筷子和中国人连在一起，对他们（外国人）而言就不是这样。包括汉字印刻在这个人的身体上或者刺在上面，叫"刺青"，对他（外国人）而言，他觉得是一个有趣的符号；但对我们就有实际的意义。皮尔布就把他名字的发音刻在上面。

这个时候文化就突破了人类学的"文化与人格学派"。文化不是染缸，并不是把一个人放在那里他就染上了，对别的文化都不接受。虽然我们喜欢吃中国饭，因为中国人吃中国饭，但是换到美国，你照样吃别的。慢慢两种文化你就都喜欢了，那就是说明它不是实质性的。从这样的例子我们就能看出来，文化可以流动、文化可以解释、文化可以个体化地接受，这让文化的理解比较具体化。

第二幅图是西方人在算命，算一次大概2.5欧元，这是我20年前在荷兰的时候拍下来的。当年就2.5欧元，还是很贵的，换算下来好像要二十几块钱。实际上他是用电脑来算。我们中国人后来也接受这个东西，这个知识就变成了一个文化的表征，它就是 hand analysis，我们叫手相，国外叫 hand analysis。从这两个名字就能看到，即便是文化被转用，在不同区域文化的理解也不一样。我们的手相，直接翻译成"手的翻译"，这个就完全体现出中国文化和西方文化的不同。我们是接受整体观的，手相它不是分析，是整体的一个印象或者感受，而国外人就要把它分成一块一块地去分析，他能理解的是分析，他理解不了"相"的含义，这就是细节。但是在一个世俗层面上，这个东西又变成文化，是可以交流的一个基础，大家都至少能在这个意义上有一个理解。

具体到我自己研究的一个例子，也跟大家分享一下。你看，这是我研究的河北龙牌会的庙宇的牌子。好多老师也都在研究这个区域，我们就看这个龙的变异。龙是全中国人都认同的，中华民族是龙的传人，大家都认同这个说法，但是实际上每个地方也不一样。即便到范庄镇这个小村子，你会发现有一个地方龙，叫"勾龙"的传说，认为全中国的龙的始祖就在这儿。当然我们讲这是建构的，每个人都把自己当成中心，这并不是重要的，重要的是你再往下看，这是在清朝，这个祈雨的仪式叫作"龙井庙祈雨祭"，你会看到这段话大概的含义，祈雨就变成全村落的公共性的事务，一旦是公共事务，就不存在违反儒家（不语）"怪力乱神"的规定，就变成为大家共同谋福利的事务。所以乡村庙宇在明清时期，很多意义上是跟公共系统连在一起，是用"建庙"来管理乡村，用对神的崇拜来控制乡村的公共性。大家捐款、修路修桥，都以这个为名义。所以那个时候村落的共同体的共同性是真实存在的，从这个例子也能分析出来，祈雨基本上都是这样的含义。

我们现在反过来看信念的变形，因为它在变。换到今天这个时代我们再去研究，见不到"祈雨"了，因为雨不被要了，也就是雨下不下跟它没关系了，只要有一个机井就可以了。这个时候你就会发现，当原来的公共性不能被保证的时候，其他的功能就出现了，也就是从公共性事务转到了个人性事务，即从原来的"祈雨"到"祈福"，这时候个人的幸福、家庭的幸福就变得很重要，至于祈雨就不重要了。这个仪式现在你再去看，大家更关心的是我家里的那些病灾怎么解决的问题，不再是"祈雨"的一个公共性的表达。村子里的公共性跟它没关系了，大家去那儿就是为解决自己的问题。这里的变化，从这些表情里，完全是个人的。左边的这幅图也是，他问自己的儿子杀了人是不是能不判死刑，他在考虑的这个问题也是个人的问题。这些人没有一个人关心村里的道路坑坑洼洼，能不能借神的力量修一修，大家关心的是个人问题。这个应对的是任何的宗教，大家不要认为宗教是不变的，它一定是应对着此时此刻的、当下的生活状况。分产到户以后，大家开始各家各户地生活，私人生活的重要性一样能从庙宇中反映出来。"从集体的公共性到个人的私密性"开始出现了。过去的庙早上8点钟的那个仪式一定最盛大。但现在看庙可不是，可能是后半夜，清静的时候去问一下非常私密的事变得更重要。所以你要想去做研究，你得在那个庙里熬到后半夜，然后才能问出真东西，白天就是按照过去的传统装个样子，动真格儿的是后半夜。所以我们带着相机，熬地打瞌睡了，突然铃铛鼓一响，一看表是晚上一点了，那才是动真格儿的时候了。私密性一定要在这个时候体现，跟我们这个大的时代，所谓"私人定制"时代这种"私"的观念出现连在一起了。所以我觉得这里面，在变化当中真实、虚假的这些东西，未来都需要去讨论。所谓"经验的真实"和"事实的真实"不是一回事，你看徐旭生研究神话，用美国人的实验，心理学都知道"从众实验"，第一个人说了一个事情以后，他说了假话，别人就跟着说，怕自己说错，实际上这就是"经验的真实"。他觉得那个人那样说了，我也要那样，这才是真实，那他的"体验"是真实的，但"事实"不一定是真实的，就跟我们现在互联网的状况是一样的。

在我们谈论了半天"文化的变异"的同时，还有一个"文化的固化"。文化总是变的话，大家一天都活不了，比如早上吃的是煎饼果子，中午就变成了"果子鸡蛋"，告诉你不能吃了，总变也不行，某种食品吃个几年是可以的，对不对？这个过程就是一个固化的过程，文化是有固化的，文化的固化靠文字、器皿、塑像、图腾、象征等。一旦有了"煎饼果子"这个概念，这个"煎饼果子"就不变了，你今天早上去一看，昨天吃的是一个鸡蛋夹一根油条，明天去了给你放点虾酱，再抹点乱七八糟的酱，他说不行，那就不叫煎饼果子了，因为脑子里已经形成了什么叫"煎饼果子"的概念。为什么我们说，研究麦当劳的人就总研究"文化的固化"这个概念呢？这就是西方的东西到中国以后，怎么样固化到小孩子的脑子里。小孩子第一次吃麦当劳的时候，他什么感觉也没有。他奶奶之前给他做的那个鸡蛋羹很好吃，但突然他要过生日，就带他到麦当劳里去，吃了这一顿以后，他那个概念就被强化了，因为环境、口味让他记住了，再加上他的生日很重要，这几个要素放在一起，就把西方的食品固化到他的观念里，这就是"文化固化"。

我们很多的东西都是文化固化的结果。所谓的文化固化，以后大家多注意当地的文化，就可注意到这个固化的过程——从一个个人体验的心理表征怎么样变成了公共性表征。这个演员一说什么东西好吃，这个东西就容易被固化，别人也就跟着去吃，这里就有一个"影响"的问题，过去我们使用"文化影响力"，实际上就是一个个人体验的心理表征如何变成公共表征这样的一个过程。

这是一个吉祥的雕刻品，背后有一个花瓶、梅花、瓶搭，代表平平安安。你看这个雕刻，本来是一个物质的东西，它把我们观念的、对未来幸福平安的期望固化在这个物品上，如果没有这个物品，我们的文化就还在流变，固定不下来。我们选别的用于表达平安的东西，但为什么拿瓶子来代表平安呢？比如我们现在发个红包，不也是表示平安的吗？因为媒体改变了。当时雕刻在花瓶上面，塑造了那个人对平安的期许，就会导致大家不断去复制这个东西。过去钱上也是这样龟鹤齐寿，龟和鹤都是长寿、幸福、成仙的代表，把它们印在钱上，就是把流动的符号刻画在每天日常的使用物上，让他成为文化的一部分，还有这些福禄寿，在剪纸上也是这样，直接把文字变成了一个象征。

但是在这个固化之外，还有一个字就是"乱"。"乱"就是变、就是拆。实际上还有一个"变乱"的隐喻，就是文化不可能保持永远。要是有人说文化是不变的，就不要相信他，文化是在变的，永远处于变化当中。这个"变"，就靠这个"乱"字，这个"乱"就是"变乱"。什么叫"变乱"？就是使原来不乱的变成乱的。换言之，也不是说这个"乱"是价值观，就是谁看是"乱"的，你父母看你的生活一定是乱的，但是你看你父母的生活是不是乱的呢？很多时候其实也是乱的，就是相互都看不上，这叫"乱。""乱"是你富有价值观，不是说从朝廷看下面，就是乱；从老百姓看朝廷，有的时候也乱，宫廷那些事民间总爱写，为什么呢？因为民间总觉得宫廷里是乱的，实际上也没想象得那么"乱"。用"变乱"的隐喻来理解文化的改变是很有意思的，你看我们现在叫"乱中取胜"的文化转型，因为有这个"乱"，文化转型才能体现，如果说世界不乱的话，我们人类学也没法发展。我们原来总去研究努尔人，去苏格兰岛那样的地方做研究，我们没法研究自己身边的现象。

实际上这样一个概念又跟整个西方的理解连在一起，跟我们的理解也相似。当然西方的世界叫变乱，我们为什么不沟通？不沟通就变成"乱"了，你讲你的话，我讲我的话；你拿你的价值观，我拿我的价值观；为什么就不能沟通在一起，为什么不能"美美与共"呢？西方人认为上帝在起作用。我们一直要追求"美美与共"，大家叫它"人类命运共同体"，但是西方不是在这个意义上理解的，西方有一个耶和华的概念，西方人认为耶和华本来就是创造大家，让大家不安于现状的、不安于既有秩序的。我们要在这里分析文化的所谓变化的含义，你看文字语言，放在西方诗歌里是变乱的观念，但是放在中国可能是"文以载道"这样一个逻辑，如果是文以载道的话，就不存在一个变化。所以应对着中国两千多年的农业传统，"文以载道"的逻辑是非常重要的，因为它可以保证文化固化成为两千年不变的传统。我们现在还在接受孔子这套逻辑观念对不对？实际上世界已经不按这套来了，已经遵从另外一套了。但是西方的上帝就是要让大家不安定的、就是乱的，所以他们就在不断寻求变化中获得一个创新的东西。

"文以载道，修其辞以明其道，为文为人并重，文者以明道"，这就像父母跟你们说的话，对不对？一旦有了这个观念以后，你会想着变化吗？文字就把你定住了，你就不会再改变了，这个时候我们要注意到文化，所以就有后来的变化。你看书法，这是中国美院的书法家的作品，如果说这张字卖给你 30 万元，你会买吗？当然我觉得穷学生是不可能买的，我甚至觉得好多学生比他写得还好，但是他写的就有人买啊，为什么呢？他们认为他代表着潮流。那么他是什么意思呢？他说他要把兰亭序写上一千遍，大家想，写兰亭序一千遍，最后是个什么东西呢？答案就是一个黑疙瘩！但是大家想，为什么会有这样一个思维？就是要变乱原来的那套写作方式，原来固化了我们文化的那套东西，现在要改变，不改变就没法应对现在新的潮流。你看这个书法作品天天挂在那儿，不论是普通干部、退休职工还是书法家，都长得一模一样，大家弄个长条儿裱上，写着"春江水暖鸭先知"，词都差不多，挂在那儿，就成为书法家了。他自己专门研究书法的就开始反省，特别是跟西方的艺术相接触的时候，我们借这样一个所谓的现代艺术去思考我们自己，我们在塑造书写圣人的时候、塑造王羲之的时候，无形地加上了文化固化的概念，让它保持不变。但实际上，面对今天的状况，它就是在不断地变化，所以我们在这个过程中来反省西方文明的文化底色。了解这个变的原因在哪里，其根本就在哪里。然后你才能理解我们今天所谓民族也好，观念也好，都是文化的问题。

所以在这里，我们是在追求自然的回归，西方是寻求自然的脱离，这里就有一个叫"分离技术"的概念。我们一直用这个概念来分析文化为什么会转，这个转的核心就源于笛卡尔，他是一个很重要的近代哲学家，他强调"我思故我在"，而且这个观念被固化成西方近代文明的、文化的一个核心概念，"我思"和"我在"这两个说法是非常有意思的角度。就是说唯有"我思考"这件事是正确的，其他的都可以怀疑，那就意味着整个自然世界的不存在，是需要我去思考一番的。但是在我们其他的文化里面，是后者，我们所有的民族志都看到了，就是我存在，因此我思考。因为我生活在中国的这样一个文化里，所以我吃米饭、吃馒头是理所当然的。但是对西方人而言，我吃米饭、吃馒头是一个需要去思考的事情。你需要去思考、怀疑，你怀疑半天、思考半天，就发现唯有你的思考是真切的，你就会发现这个馒头是有问题的，对糖尿病人而言，馒头是不能吃的，对北方人而言，米是不能吃的，然后我们要换别的东西来吃，那面包牛奶这些都来了。你只有怀疑，如果说不怀疑，当然不怀疑就是我存在了，然后我思考，就顺从它了，对不对？你父母给你做的东西，你都是不怀疑的，但是在笛卡尔那儿，一切都是怀疑的。他把这个标准定下以后，才有创新的可能性，那么文化也是这么被创造出来的。这样创造的一个结果就是，我们今天只是一个开题性的，希望对这些问题有兴趣的同学可以多做研究。文明的风险和幸福，就是你不断地去怀疑，对所有东西都怀疑，唯独自己不怀疑的话，这个时候风险和幸福的联系就出现了问题。

这是一个学生要做的硕士论文，本来是大庆这样一个城市，大庆有油田，非常有钱，那个时候是在 2008 年左右，原来是窄路，大家的车挤在一起，反倒好像没有什么磕磕绊绊的事情，没有什么大的问题。但是当地把整个路扩充了四倍，就是双向八车道的这种。原来是窄路的时候，反倒没有大型的交通事故，但是路拓宽了以后反倒是交通事故不断，他研究的就是路跟生活的关系。你会发现实际上人们修了一条看起来是未来的、宽阔的路，但是它陷入一个风险和焦虑中，你看这样一些访谈的例子，还有像在一种文明下的世界也是这样，因为车祸，他就研究这条路每年发生的车祸是怎么一回事。那么你会看到在传统时代不会发生的现象，因为这条路，因为这样一个新修的项目，出现了这样一个现象，觉得这样的研究还是很有意思的，很能典型地代表文化的变异，就是修路之前、修路之后，恰好就在这个时间段观察到了，那么这也是一个很好的案例。

反过来看我们现在的这些路也是。左图这个路就是现在的高速公路，它的特点和传统的山间小道之间有什么区别呢？就是这个道路是抽象的。我们希望是从 A 到 B，中间什么也不发生，例如从贵州的贵阳到上海，四个小时就到了，中间不要发生任何事情，就快速地抵达，中间的景色也好、人物也好、村庄也好，都不在我们的视野当中。而这边这个道路呢，你会发现它是弯弯曲曲的，人要走好长时间，所以要歇下来，跟当地人打交道，也许就要住在那里一晚。那这个时候，这就成了一个有意义的空间——人们可以交流，也就是所谓的抽离的空间。我们原来有一个博士生研究传统道路和现代道路的区别，我觉得很有意思。

所以这里有一个转型之中的文化人类学，就是看这个世界正在悄然发生的形态上的变化，这个是转型。转型就是一种从甲状态变到乙状态的两种不同的过程。所以这在我们生活里是很容易被发现的，例如原来支付用的是现金，现在变成微信支付，这就是一个转型，所以也不要把转型理解得那么神秘，它就是两个状态之间的一个变化。转型是一波强似一波，从经济到政治、政治到社会、社会到文化生活的方面都在转。人类学家的田野在这个意义上转变成变化中的田野，这也是很有意思的。原来的田野，大家可以很优哉地坐在那儿，就是像个三脚架架在那儿，非常准确地描摹到生活。但是现在不是，去的时候大家还没用"快手"，等你出来的时候大家已经改成用"快手"了，那这个时候你突然发现一大半材料都没有了。人家说我没工夫跟你聊，你看我的"快手"吧，但是你已经快做完田野了。变化竟然就能这么快，对不对？你出来前，大家还不知道那个"耗子尾汁"是怎么一回事，你出来后大家开始用这个词了。进去前马拉多纳还没死呢，出来后老百姓开始谈马拉多纳了。你怎么办？你这田野怎么办？我觉得要跟上时代变化的节奏，所以要不断追溯，从一个场所的民族志转化到一个线索的民族志。大家也知道，我的这个词叫"线索民族志"，就是要追上这个变化，跟踪这个变化，不是三脚架架在那儿的一个描记，而是要追溯这样一个轨迹的、痕迹的变化。

如果简单说转型，中国就是四种转型，最后落到文化转型。所以说人类学现在有什么用处呢？实际上触到文化的话，人类学一定有说话的空间，民族学也是一样。第一个转型就是经济转型，1978年经济改革开放的这个转型实际上到现在还在进行，没有问题。但是经济解决不了问题，第一个出现的问题就是政治问题，也就是制度问题。倒爷、腐败，这个怎么办？那就要制度变革。这个时候社会又出问题——社会不和谐，比如子不养老，老不育子，这样的事情还非常多。还有很多社会的激化现象，例如贫富差距、男女不平等，这些社会的、城市的问题发生后，社会和谐又出来了，2005年前后就讲社会和谐，社会学有作用；到了2010年左右文化大发展，开始讲中国的文化。实际上今天我们的领导人不断去博物馆，不断去考古现场，不断去非遗这些地方，他的目的是什么呢？因为他知道未来跟世界能交流的就是这种文化的东西，而中国如果不在这方面下功夫，可能就会失去这样的机会。而且新的技术，特别是互联网和人工智能，越来越包容文化的项目，而不是包容经济的项目，大家完全可以通过新的技术变成文化再生产的形态。过去你要是想找一本书，比如罗老师的著作，是一件多么困难的事，我们得邮寄，现在都在网上了。现在你自己不做，别人都帮你扫描到网上去了，尤其好多英文书，现在找起来很容易了。你想听一首歌，过去你得到电影院，或者剧场，现在随时都可以。我们现在叫 3D 打印，这个打印出来是什么？是文化的东西，不再是过去的经济了。过去的经济，钱转来转去，现在没钱也照样能享受文化，给你分享一个红包不就完了嘛，甚至你去抢红包啊，"抢"变成一个合理合法的事了，这在过去是不被允许的。

费孝通在 1997 年写《开创学术新风纪》这篇文章的时候，他就讲到这个，所以你看费先生很早就意识到了这个，我们在 1997 年还没人谈文化转变的时候，他已经在考虑文化转型了。他说："通过我这 60 年的经历，我深深体会到我们生活在有悠久历史的中国文化中，而对中国文化本身还缺乏实事求是的系统知识。我们处在'由之'的状态而没有达到'知之'的状态。所谓'知之'就是自觉。而同时我们的生活本身却已进入一个世界性的文化转型期。换言之我们这个实践是世界性的，但是我们的认识、我们的理解还停留在一个小地方的（格局），没有变成是一个世界性的。这一点，如何面对 21 世纪的世界人类共同的危机，在多元文化中生活的人们还未能找到一个和平共处的共同之需。"2013 年我们最开始提人类共同发展目标，讲多元文化，他已经很早就在提了。未来就是这样，他那时已经意识到了，大家去想，你们刚出生的时候费先生已经在谈这个问题了，到今天，慢慢地都出来了。如果你不去碰这个问题，未来你就会被这样一些知识体系甩掉。我觉得上层建筑还是意识到了这些问题，无论是中国也好，西方也好，由于中国的现代民族国家的模式是从西方过来的，是民族国家体制，而不是皇权体制，所以就要让人民、主权还有领土变成均质化，也就是没有中心、边缘，没有族群之间、没有城乡之间、没有男女之间，大家都是平等的，都是均质化的，目标就是这个，无非是过程长短的问题。所以我们今天一看，中华民族共同体构建，在这个意义上也是要消除彼此间的差异，这是一个不说好坏的问题，而是全球的民族国家必然都是这样。因为所谓的福利也好，所谓的国家二次分配也好，都要变成均质化的，所以大家也都有这个需求。

有一个负面的影响，就是我们很多文化的差异性在这个过程中可能会消失。我们原来的牌匾，大家都可以自己做，做出来也不一样，但是现在都变成机器打印以后，大家都一模一样，我们不认为这个是行政命令的结果，而是因为这个技术太方便了。你怎么可能还请一个书法家给你写这个？现在这样做的人也少了，再者，我请你写完了，还要把它铺在木头上，还要雕刻，那打印出来就完了嘛，最方便了，当然他也不是自己做。所以在无形当中，技术的改变影响差异性的消除，所以差异性的消除也带来一个转型的发展，这个转型跟所谓的现代理性的成长有关系，就是消除差异化、消除神秘化，也就是韦伯说的祛魅，就是把我们建立在个人神秘性上的信仰，变成大家都可理解的一个东西。好多女孩子过去晚上都不敢走黑道，现在半夜在外晃悠的人太多了，为什么呀？因为她已经破除迷信了，女孩子已经被教化得说："不会的，晚上没有鬼呀，什么都没有。"只要有电灯就行了，我们什么也不怕，所以你就会发现，大家的生活也开始改变了。

理性代替了原来的非理性，当然也就没有费孝通说的那一套鬼的文化了，费孝通一直在批判美国没有鬼的文化。所谓鬼的文化，就是不祭祖，不对年老的人有信仰，那么这个时候当然是非理性的，非理性并不一定是坏的，它就是文化产生的一个来源。人有的时候太理性，实际上就没有趣味了，没有趣味，文化的特性也就没有了。比如说，一个语言的问题也是这样，我们问学生说你现在忙不忙？学生肯定说忙，他要是用非常理性的话会怎么回答你呢？他会说："老师我现在太忙了，我有三门课，每天有6小时，要写6小时作业，然后还要写2000字的读书笔记。"那你觉得这人有趣吗？我就觉得这样特别理性的结果就是他没有趣味了。但是一个学生说："老师我现在忙得不行，我连上厕所的时间都没有。"这个人是非理性的，对吧？但是你觉得这个人很好玩儿，就说明他很有情感。

我们现在转到徐老这三本书上，前面讲那些东西都是很漫长的引子，实际上你慢慢去体会这些，一定是相互联系在一起的，《汉民族史记》也是在这样一个语境下产生的。什么是中国？中国和他者的关系，许倬云原来也写过《我者与他者》，葛兆光写的《宅兹中国》都是很有名的。我把徐杰舜这九本也放在这个系列里，就是探究在这样一个变化里，我们民族的问题、民族认同的问题是怎么样的。此关系将会有哪些特指性的东西呢？这些会成为我们未来分析的一些基础性的东西。民族关系的问题，也必然是一个文化人类学要讨论的问题。费孝通花了很大精力，万年就是在讨论这个问题。中华民族多元一体格局几乎是他一辈子想的问题，因为他最早关心的是多元问题，后来才加上"一体"，为什么加上"一体"就完满了呢？这并不是一个实用主义的完满，把这两方面一包容，谁的话都对，不是这样的，这是一个自我体认的过程、一个人的人生体验过程。对比1988年的民族政策，和我们今天的中华民族共同体意识，实际上你会发现，它们有内在的联系。民族关系里实际上是有一个辩证关系的，大家要理解。徐老原来有一本书叫《从多元到一体》，当时他出那本书，我就当面批评了他，我说你只揭示了一面，就是从多元到一体，当然他也很高兴地接受了这一点，但是他还是注意到了多元到一体这一面，但是费孝通在说这个的时候，如果你熟悉人类学，人类学还会注意到一体到多元的那一面，因为语言和思想不是一一对应的，语言如果说了多元，它就不能说一体，只能说从多元到一体，你不能说从多元到一体，没说的涵盖在里面了。只有用第二个表述，就是从一体到多元，才是一体两面。也就是说，这个社会，当它成为一体的时候，比方说我们中华人民共和国已经成立了，这个一体已经是不可撼动的时候，所关心的问题，应该是当下的多元，各个少数民族他们是怎么认同自己的？怎么相互来往的？怎么相互形成新的群体的？我觉得这样的话才有意义。

因为纯粹的一体是空的，没有一个东西拿出来是纯粹的一体，这个空，并不是说它真的空、真的一无所有，而是要用那个多元去填塞。这个填塞，后面我们也会讲到其关系。实际上你要再理解，就是两面，一个是从多元到一体，一个是从一体到多元，这两个东西紧密地连在一起。我们说，只有整体论的、功能论的方法，才会想到这一点，才能厘清这两者的关系。

从文化反省到文化自觉，这是费孝通晚年提出来的一个"文化自觉"的概念。就是我们开始注意到自己的文化，他讲"由之"到"知之"，"由之"就是被动的，"知之"是自己要参与到其中的。那么中国这样一种文化，当改革开放以后，这种文化的反省就变得突然强烈。并不是说你原来的文化有问题，而是因为你面对着另外一个文化的时候怎样相处，这个才是"文化需要反省"。大家不要把文化反省看成对过去传统的反省，它是原来有一套文化，面对另外一个文化的时候才开始反省我自己的文化是什么。所以说对于中国文化，大家今天为什么要文化反省？是因为我们就是在面对一个日益增长的、西方的、全球化的影响。网络来了，什么东西都来了，这个时候你的文化怎么搭接到上面去，怎么样跟它构成一个拼图关系，到底二者是什么关系？这里就是费孝通讲的人类学基本问题，就是一和多。哲学也是这个问题，哲学就变成"一就是上帝"，所有的现象都是过眼云烟。但是人类学，研究的是"文化是一还是多呢"？文化要是"一"，那人类就有共同性；文化要是"多"，那人类的共同性就不会存在，就变成各说各话了。当然，列维－施特劳斯肯定是强调"文化就是一"的，大家有共同性。米德和本尼迪克特这些人肯定是强调文化是多样的、相对的。那么到底世界是一个真理呢，还是多个真理呢？是一种表述呢，还是多种表述呢？费孝通是通过他的人生历史，把这些东西整理了，最早他是赞同多元的，他肯定是文化人类学那套，认为文化是多元的。但是顾颉刚是历史学家，历史学家往往容易接受一元，好像中华民族到今天就是一个线路发展来的，顾颉刚也是走了那么一个极端。费孝通早年也走极端，但是他到晚年把这两个东西合到一起，是一个巧妙的结合。原先找不到出路，但是这么一结合，偶然就有了出路，这也是一个实用主义的成功。

过去学者怎么可能有迈向人民的人类学呢？那不是太掉价了？为艺术而艺术，为学术而学术，你想想顾颉刚那个"独立之思想"，现在还影响了很多人，实际上在中国的社会乃至西方的世界，不是这样的。可能很多真理就是在中间的道路上寻找，所以我认为费孝通就是晚年悄悄地改变了自己单方面去强调"多"的立场，暗中将顾颉刚所主张的部分观点吸收进来。

这个心路历程是没法写成文章的，我们只能揣测。所以我说得是对还是错，大家不要太在意，但是你们也去合理揣测，没有这样一个体认，这些学者都是学富五车的人，都是在国外跑，为什么原来从反对顾颉刚到包容顾颉刚？这就是他自己体认了，这也是年龄的重要性。如果费孝通像王同惠一样很早就不在了，他就仅仅是多元论者，不会是包容论者。在这个意义上，我们说人的思想是会改变的，人的认识也会改变的，尤其是对这样一个所谓的基本问题、多元一体的基本问题，实际上是可以找到解决的出路的。如果单单谈一体，问题解决不了，只能变成冲突；单单谈多元，也只能是一个碎片化的事物，统在一起的多元，就是费孝通的理想，就是一体之下多样性存在。我们现在看很多的研究都在这个路子上，我觉得未来民族学的研究机会就在这里，就是如何在一个一体之下进行多样性的表述，和它关联在一起。不是说各自表述，而是关照着一体的多样性表述，包括藏族的、凉山彝族的这些研究，你会看到国家的影响也在其中，他们自己的认同也在不断创造。人都是这样的，既有一个"公心"，也有一个"私心"，"私心"是自己的小算盘，"公心"是为了自己在社会里很好地生活。

这一点，我们叫现实的多元，而非历史的多元。我们真正能了解的就是现实中存在的多元。历史是一个建构的过程，而且历史是由人建构的。老百姓能写历史吗？当然，人民的历史是可以写的。但是你去看看，有多少历史学家是可以真正代表人民的？直接把人民的话变成历史学家的表述？没有啊，他一定是带"春秋大义"价值观的。为什么后来的社会史学会重视老百姓的生活，吃喝拉撒睡都可以研究、都可以做？人类学要注意到多元是我们可以去把握的，在这个意义上，我们可以构造一个多元的、融合的人类学或者民族学。要注意这个多元存在的意义。因为一体性的存在，在现在实际上是一个必然的、民族国家承认的东西。所以没有必要去否认这一点。但是对于真实、多元的存在，大家还是不太了解的，人类学要在这儿提升，所以它跟传统人类学并没有矛盾。也就是说，从一个多元一体真正变成一个主体多元，大家不仅是多元的，而且要有一个意识上的多元。我能够真正地在一个中华民族共同体意识下自我发展，我觉得这个可能是怎么样来协调的问题。很多时候存在着一种历史主义的谬误，就是说把历史的书写变成了历史真实的一部分，很多经由历史的编纂者、历史的书写而进入当下的社会中来。本来这个村子里没有一个苏东坡的坟，但是大家传说，说这个就是苏东坡的衣冠冢，所以就花了好多钱去修它，然后招商引资，这就属于历史的谬误。实际上历史本来应该追求当时的真实，历史主义就是说要追求的东西是好的，比方说追求过去的人是什么样的，生活是什么样的，但是它一旦成为历史主义，就变成了问题，因为只要文字一描述，它就不可能反映真实。语言不是用来反映真实，而是用来反映真实的体验的。

所谓的在一体多元当中的包容性，徐杰舜先生这套书就是在这个框架下写的。汉民族和其他民族的这种关系，如何应对民族塑造的要求。费孝通讲的多元一体的文章，大家要是回头细读，还能读出很多很有意思的东西。我们就要不断重新阅读，去猜测他是怎么想的。他在结尾的时候讲，中华民族将是一个百花争艳的大园圃，你看到这句话的含义了吗？如果要是不去分析这个语义，你是得不到一个新的理解，就是仅仅知道概念。实际上你看，中华民族就是一体，百花争艳的大园圃就是多元，你看这样一个形象的表述，给这样的一个民族关系提供了一个范式。你不要单单谈中华民族，中华民族放在一个什么样的容器里面很重要，这个容器里啥也没有不行，它必须是什么东西都放一点；容器里不放东西，这就是空的，不是说空的就是什么也没有，空的是有容器，容器里没有东西，也是没有用的，就像一张白纸是一体，但是它上面一个字都没有，这就是空的。所以在这个时候，我们要这样去理解费孝通的这句话。中国语境中，人类学理论就是要回归到人类学"一"和"多"的基本问题上，我们现在还没解决。当时费孝通用1988年的那篇文章解决了30年的民族关系问题，现在看起来好像多元的力量更强了，这个时候又要往回拉，拉到这个"一"的问题上来，但是拉久了之后，又变成了一个怎么样分的问题，所以这是中国文化的一个特点。另外就是"中国意识"的问题也很重要，中国意识可以塑造不同民族共同性的认同。实际上"中华民族"这个概念，就必须塑造大家都认可的共同性认同，那这个时候怎么去塑造这个共同性认同？就是中央—地方和中心—边缘这样的关系，回归到一种"一体"的中国意识，以及多元地方差异的一种"共存"的问题。这个怎么来做？我认为做政策也好，做研究也好，就一定要注意到地方的"地方性"和整体的"一体性"之间是什么样的纽带关系。所以你不要到一个少数民族地方去，就认为那个仪式是他自己的仪式。认为吃宴的仪式、山头的仪式，就是他自己的，他可能是跟更大的语境和环境连在一起的。这个时候要注意到远距离与近距离、宏观与微观的联系。所以我讲中国意识铺陈在三个世界上的研究，未来是很重要的。

　　原来我在人民大学就想开这样三个会，实际上开了一些，当然也都不是这个主题了，但是大部分都围绕着这个主题。第一个就是我要关注到中国意识和地方社会，作为一体的中华认同也好，中国意识也好，它跟地方表述之间有什么差别？第二个就是中国意识和周边的文化，不是一个地方，是地方以外更远的；第三个就是和世界体系的关系。我觉得这样就把中国放在一个不断放大出去的世界里，这个背后解决了费孝通原来说利奇的那个问题，就是一个村子怎么能代表中国。现在我们不是说一个村子，我们是一个地方社会、周边世界，和世界体系这样的一些东西连在一起。

　　这是我们在香港做的一个田野，香港科技大学山下的一个村子。香港现在已经完全是世界化的都市了，全世界都有人住在这里，但是三十年以后一定要到这个地方举办一个"安东大醮"，因为这个姓郑的家族在这儿，你看里面这个汉字的认同，都是中国的认同，虽然他已经永远在外面了，或者说真正的汉字可能已经都不使用了，但是在一些标志物上，你看这些龙，这些文字——"上下一心"，还在讲这个。实际上他在地方社会也灌输了这样一些概念，通过这种吃饭、宴请的方式，大家能够聚在一起，这不就是塑造共同性的机会吗？我们总说现在缺少共同性意识，那我们设想一下一个特大的宴席，所有中国人都可以坐在一个桌子上吃饭，那这个意识不比开全国会还重要吗？开会不也是在培养共同性意识吗？这个村子就有这样的智慧。三十年后每个人都想着回来，因为一个人一辈子最多参加两次，参加三次的都很少。一岁出生的时候没赶上，三十岁参加一次；再三十岁，六十岁了；再三十岁，就九十岁了，一般活不到九十岁。就两次，所以特珍惜这个机会。这个过程中也把村落的凝聚力加强了。

　　再简单说一下，这套书就是很厚重的九本书，我觉得徐老是从广西民大出来的，所以我在这儿来讲，就是一个很好的契机，罗老师又是跟徐老师读书，所以我们也算是交流，我认为这几本书还是非常不错的。当然就是太多了，实际上这本书导论的部分我还是有好好看的，第一卷也看了，写了这样的内容，我认为他处理的问题就是"一"和"多"的辩证，就是汉民族怎么样对待跟其他民族的关系，它和自身的多样性的融合、塑造，我认为这是很突出的一个特点。

　　另外，我认为研究民族史的时候一定要注意，很多民族史、民族关系史学家会把人类放到民族后面，好像民族是唯一的，而人类不存在，实际上是人类先在，民族是后来才出现的、是晚进的，所以我们考虑今天的民族问题，一定要考虑人类前面共同性的东西，或者人类的一些共同特性。徐老也注意到了"一"和"多"的辩证，这个辩证是很基本的，凡是民族的问题，都会处理"一"和"多"的问题，或者族群的问题，或者社会形态的问题。以前我们不是这样去想的，我们以前认为就是"一"，或者就是"多"。"一"就是比方说我是壮族，就是唯一的，壮族就可以有历史，壮族历史就像刀切的一样，跟别人都没关系。实际上不是，谁也说不清楚，处于模糊地带，我们要重点研究模糊地带，这就是"一"，多个民族之间相互交融交往的模糊、说不清的、既有你的又有我的这个东西是什么？这个时候就变得很有意思了。我刚才也跟大家讲了很多模糊性的东西，比清晰性的东西更有趣味。你要是拿数据一测，测完就没啥意思了。当然这个人说"我忙得脚都不沾地了"，大家会想这个人忙成脚都不沾地了，是什么样的状态啊？实际上他也是完全错误的描写，根本不可能不沾地，不沾地他就成了飞人了。但是大家都能理解，就到此为止，你要是非要用数据，说他忙到离地五公分，这有意思吗？我觉得人类学不要涩成那样，不要变成数据化。

再一个，徐老有一个概念叫"雪球"，"雪球"的隐喻我觉得还是很有意思的，就是民族的很多特征不是一朝一夕形成的，是逐渐滚出来的。这个"滚雪球"的理论就是不断地扩充，不断地丰富，不断地积淀，从而形成的民族特色。当然大家想在这里再去创新，就有几个方面还可以思考。如果你想去打击这个"雪球理论"的话，在你未来的研究里，一个就是这个雪球会不会化掉？我想这是很简单的问题；再一个，雪球之外是不是会像树枝一样地往外扩？因为我觉得不一定是滚的，也可能是向外扩张的模式；这个时候我认为都可以讨论，它仅仅是一个我们研究未来民族的线索，那么族群的分合这样一些东西，我觉得也很重要。

实际上，族群的分分合合，族群的互动，在书里也讲到很多，特别是在历史上的一些互动，当然我认为，今天我们很多民族研究缺少这个东西，要么就是分，要么就是合，要么就是没有族群互动。我认为这些可能不妥。另外在谈到汉民族的时候，一定要注意到汉民族的农业特点，固守于农的这个乡土中国很重要。费孝通为什么可以从乡土中国研究，一下子跳到民族研究，然后形成多元一体的模式？就是因为他对乡土中国的这个汉民族的农业特性了解至深，也就是他跟土地的关系非常密切，所有意识形态都为了这个土地，把这些人牢固地束缚在这个土地。他跟游牧民族完全不一样，农民被束缚在土地上做工作。人不能随便抛开土地，父母在，不远游，你看看这是多么深的束缚。实际上，为啥不可以远游？现在你们不都远游了？你们都不是孝子吗？按道理都不应该离开家上学的，但是传统希望你衣锦还乡、落叶归根是不是？你想想，入土为安，入哪儿的土？不能是随便的土，总得回到家乡里去。这些东西现在看来都是一个固有的方式，是意识形态的一些东西，但是它很重要，使得成千上万的人可以安安稳稳地于此土地之上。当然现在好多人还有乡愁，就是说他受这一套东西的影响，你看，我们今天这个东西也没有了。那我们的生活不会改变吗？现在男女都在刷屏，哪儿还有那套生活。

所以用这个模式怎样理解新的乡土？我们有一篇文章，就讲乡村旅游和城乡互动，现在不单单是一个"农"的问题，也不单单是一个"工"的问题，是城乡之间、工农之间重新开始触碰的问题。什么叫触碰呢？如果大家都不吃饭了，这个"农"也就没有了，对不对？吃饭的东西从哪儿来？你吃的大米从哪儿来？地里长得嘛。这个时候农和工就碰在一起了，我们叫作"触碰理论"。"触碰理论"发表在《原生态文化学刊》上，可以找到。我们理解城乡，叫"城乡互动"，今年我们看"十四五"课题里也包括城乡，现在越来越多的人开始关注城乡，原来单的乡村研究已经落伍了，要两个连在一起，因为现在谁也离不开谁。我们用这样一个图来表示，就像摆动一样，人就是这样摆动的，从城摆到乡，从乡摆到城，这样才有一个工农互惠、城乡互助、共同繁荣的概念出来。如果没有接触点，大家就完全分离开了，像西方世界，完全把农村从城市的、从工业化的路径里去除掉。所以西方没有工农问题，没有农村问题。但是我们今天，中国还有农村问题，是跟城乡、城市连在一起的，这连带又跟中国土地有关系。所以在理解中国的汉族也好，少数民族也好，或者说中国整体的概念也好，要注意"动"和"不动"的辩证。"不动"是静止地看民族关系，好像一个民族就永远不变，如果它叫作汉族它就永远是汉族，好像汉族的特征从汉代就形成了，到现在都不变，这是不对的，实际上都是在变化，你中有我，我中有你，每个民族都是这样，每个民族都是在交融。我们无非用我们的概念、形成的语义与概念去框定那个状态，但实际状态绝对不是这样的，它就在一个"动"和"不动"之间。

"动"就是变化，"不动"就是固化。文化的变化和文化的固化之间是在不断辩证地往前走。所以应该重新应对实际去思考民族，不要应对书本去思考民族，也不要应对历史去思考民族，要应对时局，从我们当下对民族关系的感受当中获得对民族关系的理解，而不要用传统书本上说的民族关系来套今天的，刻舟求剑地来套今天的民族，那就不对了。因为所有新发展出来的东西必然会代替一些旧的东西。所以我在这里有个比喻，这个比喻还是挺重要的，供大家去思考，就是"一张纸写满字，用手去轻轻一撕，这张纸便会轻易地被分成两张纸，如果这样的姿势得到一种鼓励，可以让人无数次地撕扯下去，一张写满字的纸便会一时间成为一堆碎片。但是我们也着实无法去否认，这一堆的碎片本身就构成一张曾经满是文字纸张的全部要素。但是若能够再去细想，如果这些碎片能够相互粘连在一起，它就不再是一张完整无缺的、跟之前那张未曾撕扯的纸的状态一模一样。显然谁也没有这份信心敢打包票，即便在一个巧夺天工的修补匠那里，也无法真正完成这百分之百的修复"。

这段话是要说明什么呢？实际上"一体"就像这张纸，如果在这上面写满字以后，我们撕扯它的时候，一撕扯开，就是否定了它原来的含义，它就在变。人过去不可能复原，一旦撕扯了，就不能复原，民族关系也是，一旦你动它了，它也就改成另外一种形态了。你加上一个东西，它就会变成别的形态，就像万花筒一样。所以大家有空可以把书撕几页，感受一下，你看你能把它复原成和原来一模一样的吗？当不能复原的时候，我们究竟是撕扯还是不撕扯？未来不论是民族关系问题还是人群关系问题，都是很重要的，就是干预还是不干预、变化还是不变化的这样一个东西。所以我觉得应该创造一个真正有文化纽带的民族关系，而不是一个不可撕扯的文化、不可触碰的文化。实际上，任何文化都可以改变，不能说非要文化变成博物馆那样的一个文化。它不断在撕扯当中又形成新的组合。

"在一起"这个概念是我一直讲的概念，从 2012 年就讲，今天又拿出来，把旧概念新炒一下。我认为民族学的研究是这样，最后要回到人的融合状态。因为我们现代社会的很多途径都是分离开的。你说疫情让大家分离开，我们所有的东西——制度、银行卡、手机，人手一卡，人手一部，这些东西都让人无法融合在一起形成社会。我们原来可以在一起的聚会，现在也都变成网络了；原来上课大家还可以在一个空间里，现在用网络也分开了，说是在一起，实际上大家是分开的。这个时候，当越来越多的机制被分开以后，它会带来什么样的后果？这是我们要去思考的，在我们传统的文化里，在实践着的往往是如何让很多东西、不相关的东西在一起，这个时候它就没有一个分离，没有一个糟蹋，没有一个对于文化彻底的毁灭。所以它是一种口号，也是一种实践，是大家在一起的融合状态。

讲几个有意思的例子。我们田野就是一种"在一起"的方式，不仅仅是看书本，还要下去跟老百姓生活在一起，参与观察，这个时候，人类学最能理解什么叫"在一起"。不在一起，你根本就没法体验别人的感受，就是通过这样的一个方式。你看吃饭的方式，东方西方吃饭不一样，但是他们的理念都一样，要坐在一起。彝族吃饭的方式要把鸡呀，牛呀，鸭呀什么都放在一起，代表着一种幸福，代表了一个美满。

香港人传承着中原文化这样的传统，用一盆菜体现了"融合在一起"，所以我认为，现在年轻人要是想吃在一起也是不容易的。就是我们做的那个本科的调查也能看出来，四个人在一起吃饭的时候，各自看自己的手机，评价菜的好坏的时候，也用手机来交流，手机也把坐在一起的大家分离开了。我们现在随便找个地方，大家只要是聚在一起的，都是在玩手机，地铁里、火车上、飞机上都是。

你看贵州的古藏节，鱼和苗王在一起。鱼是一种有沟通性的、神灵的神物，所以我用这个来讲法律。一个法官，他戴上帽子后就是一个法官，谁家的事他都要审判，有帽子大家才信任他，这不是自然和人的一种融合吗？靠这个，老百姓获得了一种权威感。你再想想，英国那些法官，有戴假发的习俗，为什么要戴上假发呢？因为他自己对自己没有信心。戴上个假发，好像跟神通灵了。你看西方的节日，他们过这个节就像我们过杀猪节一样，把奶酪做成大块儿的，大家在这一天用奶酪互相打来打去，人同此心，所以在这个意义上大家是一样的。

所以，如何打造一个有情有义的社会文化？是人类学的理想和它要研究的初衷。我认为要发现一个人和人之间可以有情义的社会文化，而不是说希望那样理性化，把好多东西都抽离出去。我觉得应该避开一个过度地分离理性的状态，对我们的生活有一个益处，所以我有一个口号，也不一定对，但是供大家思考，就是告别、拒绝和消解。一个是告别反思，当然我们不是反对反思，我们是反对那种把反思或纯粹的怀疑当成一个无限度的追求，不包容任何东西，就是把笛卡尔发展到极端，一切都是假的，唯有我的思考是真的。这个时候你带的包袱就非常沉重，你就不能宽容任何所谓看起来存在的一切。第二点就是拒绝批评，我们也不是说大家不可批评，而是对那种挖空心思、建立在我对你错、唯一真理的批评要小心。第三个就是消解权力，实际上权力的消解是一个趋势，在我们人类社会，我们越来越消解权力的支配。在未来，可能权力会退出历史舞台，我们需要注意新的支配形式，也就是在消解权力过程当中，会出现新的支配形式。这在无形当中体现了人类学文化的包容性，也许我们给予更多不一样的文化以生长的机会，也可以通过这样告别反思、批评和消解权力的模式来获得包容性。所以一种自觉的、融合性的文化，也就是一种切身的融入，如果你总是看什么都不顺眼，就融入不了，所以是迎合而不是反抗，是欣赏而不是批评，是愉快而不是犹豫，是积极而不是消极，是和平而不是战争，是消费而不是积累。你用这个去理解西方现代性的成长，它往往都是后者。今天我们经济的富裕、财富的积累、家庭生活的富足，带来的是什么呢？带来的是很多人心情的不愉快，这难道不是因为你不迎合而反抗吗？不是因为你的批判而不欣赏吗？父母如果欣赏你，你们的关系就不会那么差，当然你要是欣赏父母，你们的关系也不会那么差，我想这是一个口号，也是一个理想。我觉得人类要是能够继续生存下去，可能这种姿态是东方人所擅长的，而不是西方人的那种真理观、宗教观所擅长的，所以我觉得我们是对世界的一个补充。人文的回归，就是一种"Being together"的概念。大家怎样能够实现一种"在一起"的生活？不是在于把别人置于死地的批判，我觉得可能是给每个人发展的空间。一个乞丐，依然有乞丐生活的乐趣；一个富人，一样有富人生活的痛苦，如何让他们有交流，各自还能保持各自的特性？这就是我们需要注意的人文性，因为人首先是有差异性的人，同时人又是活在社会当中的、各自不一样的、可以联系在一起的人，所以路有很多，选择当然也有很多。如果大家记住这一点，可能就会无形当中把人类学变成一个生活价值的辅导，或者咨询，也许不仅有一条路，写文章不是一条路、做学问不是一条路、找工作也不是一条路，有各种的路，每个人的路都不一样。如果你千篇一律地去追求某一条路，最后困住的可能是自己而不是别人，这一点，我想我们很多人类学的例子都可以提供，每个人都有不一样的生活。

最后，我们需要在一起。我们人类学家坐在一起，我们在那个寨子里，实际上挺无趣的。在这个照片里，大家都还在相互批判，所以都很沉重；这个照片之后，大家去喝酒了，就很愉快，所以我想，到夜深的时候，喝酒就是在一起的一种方式。我们就不要用一条法律来确定所有人的生活，喝酒也不是坏事，它既有坏也有好的一面，各得所需。

谢谢大家！我正好讲了两个小时，完成任务了。

罗彩娟：非常感谢赵老师，用我们身边很生动的例子，阐述我们误以为的一些理论、概念，包括我自己的一些理解。我想先做一个小小的总结，然后我们再讨论。

一个是怎么去理解文化，与过去我们很多固有的看法可能都很不一样。然后就讨论到我们中国经历了这四个转型，尤其是进入文化转型这样一个时期，所以对于文化转型的人类学，赵老师是专门出版了这方面的著作的，写了大量的文章，大家感兴趣可以去看看。接下来就是进入一个背景之下的讨论，从文化转型的视角来探讨民族关系的议题，尤其是结合费先生"中华民族多元一体格局"理论，以及多元与一体他们之间的关系，怎么来看待、来思考我们今天所讨论的民族关系的研究，还结合徐老师的《汉民族史记》这套书的一些解读，特别注意到其中有关于"一"与"多"的辩证关系，在这套书里，也注意到了这样的关照，并没有把它看作单一的、独立的汉民族自成一体的过程。尤其是赵老师还提到我们应该回归到中国语境中的人类学理论，要有两种回归，我觉得这个对我们有很大的启发，一个是"一"与"多"的回归，我们要重新去讨论"一"与"多"这样的一个问题；另一个是回归作为一体的中国意识以及作为多元的地方性差异。所以今天我们来讨论民族关系，还有人类学很多相关研究的议题，其实都可以从赵老师最后提出的"在一起"这样一个生动的概念出发。他用非常富有人情味的、生动形象的比喻来阐释他怎么样来看待"一"与"多"的一个关系。我觉得这个"在一起"就讨论了"一体"包含"多元"这种兼容的关怀，对我们今天的研究有很大的帮助。应该说，通过赵老师给我们做的这场生动的讲座，我想大家跟我一样，也会有很多收获。

提问：老师，向您提出一个问题，我蛮困惑的。在看很多民族志过程中，我发现大家都有一个共性，就是论点都立足于寻找解决当地的一个问题，最后都落实到要回归到它的地方性知识去寻找。我挺好奇这样的一种现状，老师您刚才也说，时代也是一直在变化的，村落也不再是我们之前面对的封闭环境，它不管是在和自己周围的互动，还是和国家的互动，甚至是在和世界格局的这样一种互动中，它有很多的变性。地方性知识本身也是一种流变的过程，但是问题就是，大家现在一号召解决问题，就是要回归到它的地方性知识去解决，那么他们号召的这种地方性知识到底指的是哪种地方性知识？是这种流变的呢，还是那种历史性的地方性知识？应该怎么去认知这种地方性知识的流变呢？谢谢老师。

赵旭东： 地方性知识当然跟西方格尔兹的这个书有关系。本来人类学也去关注 local knowledge。但是实际上，这个时代变化就是在隔离的情况下才有所谓的地方性知识的，就是传播不过去。当然，现在越来越多的网络化影响，地方性知识越来越难以保持它的固化性，就是容易被新的一些信息、概念、知识所冲淡。所以在这个时候，我们一般不去谈地方性知识的这个概念，因为它的边界很难去确定。如果你要硬谈也可以，但它经不起推敲。你说哪些是地方的？如果放到历史上，它都是外面传过来的，所以在这个意义上只能受一定的时间限制，你说明清时期，或者现在这个时期是地方性知识，例如一种食品、一种服饰，但是它要是放久远来看，它又是外面来的。所以我觉得，你要是硬盯着地方性知识去研究也没有什么问题，就把编筐、编织这些东西说成是地方性知识，那它就是。但是你要是换个角度呢？这些地方性的东西如何跟外面连在一起的？如何流动起来的？这又是一个视角。这个时候你的眼界就打开了，所以它就不是地方性的了，它就变成流动性、流变性的了。所以我觉得主要是辩证的方式，而不是把它固化。当时提"地方性"知识，还没有互联网的影响，但是今天好多概念都需要重新去定义，文化也好，地方性知识也好，解释也好，乃至于很多概念，过去我们说"文化的解释"，那肯定就是人类学家的解释对不对？这个解释，那个解释，你想想能是老百姓的解释吗？实际上你是通过人类学家来解释的，但是现在不是，现在一个电影上有那么多评论，再加上弹幕，那你说到底是谁的解释呢？这个东西都可以重新再定义，可以所有人都参与，对不对呀？我觉得换个角度看世界，世界就不一样了。就像万花筒一样，你转一下是这样，再转一下是另外一个样，那地方性知识不能转，就是这个万花筒不能转，那就完了，我认为你就掉在那里头了。

提问：中国本土的社会学、人类学理论很少，您认为构建的困境在哪里？

赵旭东：实际上也很难说它是一个本土的，我也不太承认这个概念。我觉得谁是本土呢？你要有本土，就要有异域，实际上，你要么就承认自己是本土的，那就是承认西方支配者的地位了。但是今天已经不是了，因为我们在一个平台上，我一直讲今天没有传播，在一个平台上重要的是开动你的脑子去想，同样是一个脑子，为什么别人能够想出来"文化的解释"这样的概念，我们就想不出来呢？是因为我们没有那一套去构建既有知识的一个标准、一个思路或者说哲学传统、知识传统。在这个意义上，我们就要不断地去直面这个现象，先做一个直面的观察，然后用自己的脑子去思考，用自己的概念去思考，我觉得这就可以了，也不要说有困境，之所以是困境，是自己就没明白，我不认为哪一个群体有困境，只有个人有困境。所谓的大彻大悟，都有自己的观察，同时又有自己的思考和提升。特别是对博士生，我认为这是非常重要的，不要被那些现成的东西限制住，要筚路蓝缕，要敢于去想自己的问题，你想想，你都已经活了二十多岁了，竟然连一本书都写不出来，博士论文都写不出来，但是这些大师都是在二十几岁出的成果。像索绪尔 21 岁就已经不得了了。再想想我们，你不觉得是打击吗？我觉得自卑还是要有的，自卑产生一个冲动，实际上是可以的。我还是跟博士生交流比较多，所以我就觉得，一个是要有自卑，但是另一方面也要有自信，就是敢于写，敢于把自己的想法固化成文字，用我自己的语言，敢于把自己絮絮叨叨的、在饭桌上跟同学聊天的那些话写成文字，那么这个时候你就会逐渐建构出自己的一套看法。我也在看别人的东西，但是我也在想我自己的问题，好多概念我都乐意自己去想，很多也是我自己慢慢参悟出来的。人不要把自己变成一个逻辑的机器，认为我必须读费孝通的书，必须读林耀华，必须读谁，读了十本以后我必然就是博士，不是，你一本不读，你照样是博士。看你的水平、直觉。好多东西要直觉，你说你一个对吃饭都不感兴趣的人，你让他去研究食品，那不是把他害死了吗，对不对？一个对权力一点欲望都没有的人，你让他研究权力，那不对他是个讽刺吗？所以老师也很重要，挖掘学生各得其所，尤其是人类学，有这个要求。身心倾向很重要，你得有这个倾向性，总之我认为没有困境，也不知道困境在哪里。

提问：老师您好！我是民族艺术方向的，所以我是艺术人类学这边的。我今年的博士论文选题是广西少数民族织绣艺术的再生产研究，我最后有一个点想去探讨，就是通过织绣有一个互相交融、互相谈话的过程，那这种交往、交流、交融和文化多样性并不矛盾。其实织绣艺术的核心元素、变动元素在它的再生产过程中还是比较清晰的，我是想通过这个角度去说明这个问题，就是它的交融、跟多样性不矛盾。但是我对自己有一点怀疑，就是这样子到底能不能说明这个问题，通过分析它的核心元素跟变动元素，当然，不同民族的织绣艺术是有核心元素的，但是变动元素之间是会交融的，核心元素相对来说保持得是稳定的。

赵旭东：对呀，没有问题。但是你能解决什么问题呢？

提问：它就算是一个证明？

赵旭东：这个需要你证明吗？我已经讲完了，讲课是可以的，但是做研究这就完了，你就陷入 common sense 了，那你说什么东西不是再生产？人都是再生产出来的，更不要说这些东西了，他要用它干嘛？能不能想想别的新题目？还有很多很有意思的论题。再生产见不着人在哪？人在那里起什么作用呢？

提问：就是我想说它再生产的过程，它主导的，其实是社会、人和艺术本体共同主导的。中间有制作的人，他肯定是在其中起作用的。

赵旭东：我只是问你，老百姓认为它是艺术吗？是你们老师认为它是艺术，是艺术人类学认为它是艺术，对吧？

提问：您是说织绣本身是吗？

赵旭东：对呀。他怎么说这个东西？就是织的人怎么说？他称这个东西是什么？

提问：它原来应该是服饰，或者是生活当中的一部分，因为它的图案是它的一部分，现在慢慢地会有一些收藏家去收藏它，就像我们墙上挂着的这些，它从服饰当中脱离了，有一种独立性了。

赵旭东：从它原来的生活实用品脱离出来了，作为一个装饰品，作为一个礼物，作为一个交换的东西。那还有什么可研究的呢？再生产这个东西，实际上我觉得没什么意思啊，再生产本来就是个常识，社会再生产、文化再生产，都已经成为一个常识了，那也就没什么问题了，你还不如研究它觉悟的过程，就是"自觉"的过程，因为原来它没有文化的这个东西，没有审视它，现在要审视它，要加一些要素进去。那为什么要审视它？就跟我在山东研究那个饽饽榼子一样，用来做馒头，发的那个东西是木头的，原来上面不写名字、不写作者，后面民俗学家说你得把名字刻在上面，归版权所有。他开始设计他的名字，他在不断地把这些现代的、知识的、价值的、文化的概念输入他的生产当中去，然后让它改变，无形当中也成为一个被控制的对象，是这样吧？所以这里还有很多可以去讨论的，实践者、支配者、知识拥有者、知识使用者之间的关系实际上是很有意思的，这些是更实在的。我觉得，博士生的选题一定要有新意，不要落入俗套，一旦落入俗套，费的力气差不多，你还得查那些文献，你还得写20万字，最后白费了，一定开始要巧，要突破一下俗套，我认为社会科学和人文科学，要把自己的人生体验融在里头，活了二十多岁，你最烦恼的事情是什么？你认为最不满意的东西是什么？然后你要把这些东西投射到你的研究里，变成可解决的问题。什么都可以变成可解决的，对不对？你看我们自己的研究都有一些背后隐藏，你说费孝通先生背后有没有隐藏的这些东西？否则出不来。我刚才讲多元变成多元一体，那是有一个人生历练的过程加进来，看起来平淡，实际上很深刻，一般人提不出来，只有他提出了。

罗彩娟：我们再次感谢赵老师带来这场精彩的讲座，尤其是给我们博士生同学们提出的一些研究建议，我觉得对大家都非常有帮助。最后让我们再次感谢赵老师！

从《汉民族史记》到"链性论":"多元一体格局"的理论新定位与路径再思考

主讲人:李　菲(四川大学　副教授)

主持人:罗彩娟(广西民族大学　教授)

时间:2020 年 12 月 25 日

罗彩娟:今天我们非常荣幸地邀请到来自四川大学的李菲老师为我们作学术报告。下面我先介绍一下李菲老师。李菲老师是四川大学文学人类学专业博士,厦门大学历史学博士后流动站博士后,台湾"中研院"民族学研究所访问学者,美国加州大学伯克利分校中国研究中心访问学者,现为教育部人文社科重点研究基地四川大学中国民俗文化研究所副所长,四川大学文学与新闻学院副教授、博士生导师,中国比较文学学会文学人类学研究会副会长。主要研究领域为人类学与遗产研究、文学人类学、西南族群文化研究等。发表论文 50 余篇,出版学术专著《嘉绒跳锅庄:墨尔多神山下的舞蹈、仪式与族群表述》《身体的隐匿:非物质文化遗产知识反思》《乔健口述史》等四部,还主持多项课题研究。曾获"第十七届四川省社科优秀成果奖三等奖"。因为疫情原因,我们今天采取的是线上讲座的方式。今天她给我们带来的是"从《汉民族史记》到'链性论':'多元一体格局'的理论新定位与路径再思考"。下面我们把时间交给李老师,欢迎李老师为我们作报告。

李菲:首先非常感谢广西民大邀请我进行线上讲座,感谢罗老师的热情邀请和介绍,感谢线上各位老师和同学来参加今天的活动。今天这个讲题重点是从徐杰舜先生的整个研究脉络来看他怎么从汉民族研究的深耕领域,慢慢地与费孝通先生进行学术对话,并形成"链性论"的新思考。也就是说,在介绍相关理论和观点的同时,我们今天主要是从学习方法和研究方法的角度，把徐教授作为一个榜样、一个例子来加以剖析。徐教授文章内容的一些观点可能不被所有人所接受，但是作为个案研究的整个过程是非常值得大家借鉴的。接下来的讲题主要围绕领域深耕、理论对话、问题意识、学术创新四个部分展开。

引言：超越"汉族"的汉民族研究

正如徐教授所强调的，他的《汉民族史记》在学术上旨在达成三项创新与超越：其一，兼汇两"汉"即汉民族与汉人社会的研究，同时具有汉民族史，和人类学研究的两个脉络；其二，填补中国民族史研究空白，过去汉族研究常常湮没在国史研究当中；其三，超越汉民族思考中华民族。

那么，如何自我超越呢？——这三项创新的背后是有关学术研究方法的讨论。

徐教授认为，汉民族研究是中国民族史和中国通史研究不可或缺的部分，是汉族认识自我的需要；也是研究少数民族和认识中华民族的需要；更是发展人类学的需要，同时可以窥见中华民族的未来将如何在发展中实现"多元一体"。他对过去学术界有关汉民族研究的总体情况有一个基本的评述，即"我们过去把汉族仅仅作为汉族去研究，学术的境界较低，等于就汉族研究汉族"，因此，需要"从汉民族本身提升到一个新的高度，是从整个国家、整个中华民族的高度去看待汉族，能够看得更清楚，汉民族提供了一个样本，它不单单是自身民族发展的过程，也是中华民族从多元走向一体的一个典型的案例，它恰恰是中华民族共同体、民族过程最基本规律的体现，这个规律就是从多元走向一体"。去年徐杰舜教授和我共同撰写的两篇论文——《"中华民族多元一体格局"理论定位研究》和《链性论："中华民族多元一体格局"的理论新定位》先后发表，代表了我们的最新思考成果，即在理论自觉的"过程论"指引下，尝试以"链性论"的考察框架、概念和方法为整合和建构中华民族史的来龙去脉探索新路径。

从今天将要讨论的四个部分，可以看到徐老师自我超越的四个支柱：第一个是需要有一个持续深耕的领域——汉民族的研究在过去的研究当中，我们往往只研究少数民族的历史，反而将汉族的历史融合在了国史的研究当中,这本书带我们从中超脱,去思考中华民族的问题;第二个是有一个萦绕于怀的对话对象;第三个,也是最重要的一个,即如何确定自己理论意识的生成,要从方法论的层面去找到新的问题;第四个是学术创新。这就是我归纳的对大家特别有用的几个点。

一 领域深耕:汉民族研究

翻开《汉民族史记》,可以看到两点特别引人注目的地方:第一点是新"史记":跨学科视野下的史料整合;第二点是以"侧卷"入"正史":文化与民俗史料的价值重估。在《汉民族史记》的编纂过程中,徐教授始终对如何"记史"保持学术自觉和反思的态度,不仅在总体上重新思考如何构建"史记"的框架,在具体研究展开过程中,他对浩若烟海的汉民族历史文献资料更是进行细致耙梳、整理和重新提炼。

首先在民族史视野中,徐教授认为近代以来"通史"的范式是问题的症结所在。"通史"范式往往导致中国民族史的撰写以王朝更迭为坐标,容易无视民族发展的历史规律,写着写着就写成了政治史、帝王将相的大历史,这样一来,民族史往往只能成为中国通史的附庸。① 因此,从中国的历史和现实语境出发,重估本土史学范式的当代意义就显得尤为重要。面对这一问题,徐教授突破近代"通史"范式,往前接续本土汉民族史学的"史记"传统,在跨学科框架中大胆进行了新"史记"的当代探索。

近代"通史"范式还存在一个问题,就是由于以王朝史为核心,往往把历史拆解成政治、经济、文化三大块,而且重政治轻文化。在政治经济社会发展的主线叙述之余,只用很少的篇幅或章节对文化、风俗等做一笼统概述。这样的做法,以最低限度确保了"历史"一词内嵌的全观视野,而实质上则深刻反映了文化、民俗等内容在历史撰述中的边缘地位。20 世纪 70 年代"新史学""微观史学""口述历史"等的兴起,正是反映出对传统史学发起的挑战。因此,《汉民族史记》在史料的运用上也有所创新。徐教授对传统政治经济史中的文化内容进行理论重新定位,将传统历史撰述中长期被视为"侧卷""末章"的文化内容抬升到与"历史卷"和"族

---

① 徐杰舜:《中国民族史新编》,广西教育出版社 1989 年版,第 4 页。

群卷"同等重要的位置，同时设立了侧重"大传统"的"文化卷"，与侧重"小传统"的"风俗卷"，从而使"文化"相关专题在整套九卷本中占据了将近半数体量，秉持了知识精英和草根民间兼蓄并重的立场。

二 理论对话："中华民族多元一体格局"

在这一部分，可以看到徐老师对于中华民族多元一体格局对话的理论雄心和野心。

首先，在学术史的回顾中，从"中华民族"概念到"中华民族多元一体格局"理论的提出，贯穿了整个中国近现代民族史和国家历史。

1902 年，梁启超先生在《论中国学术思想变迁之大势》等一系列文章当中使用"中华民族"一词，与"中华"观念有直接关联，并通过与"中华"四千余年历史的关联论述，将"中华民族"的历史与"上古"时期融合在一起。在此意义上，"中华民族"就完成了对"中华""华夏"观念的转换性生成。接下来发生的一件关键事件就是顾颉刚与费孝通 1930年代围绕"中华民族是一个"展开的论争。顾颉刚先生从内外危机来强调"中华民族是一个"，而费孝通先生从实际调查出发，认为各个民族是不一样的。两个人观点的差异其实源于立论立场的差异。1988 年 8 月 22 日，费孝通在香港中文大学"特纳讲座"中发表了著名的"中华民族多元一体格局"演讲，重新开启了停滞了近 40 年的中华民族的研究，将其进一步提升为当代民族理论的核心议题。

以 1988 年"特纳讲座"为节点，往后再看，从费孝通先生第一次提出"中华民族多元一体格局"已经大约过去了三十年。这过去三十年来学术界围绕此理论展开了大量的讨论和研究，这些研究总体上呈现出以下三种主要的取向：

其一，梳理思想史脉络，锚定"中华民族多元一体格局"理论发展的历史坐标。将该理论重置于近代民族政治社会实践和思想发展的整体脉络中，不再固持意识形态对抗、差异的立场，重新思考其与晚清民国相关思想成果的融会、承继和关联，由此在近代思想史脉络中锁定了该理论的历史坐标——"中华民族"认同建构理论的集大成者和最高理论地位。

其二，学术界对"中华民族多元一体格局"从民族学到其他学科进行了大量的跨学科理论移用,使之超出民族研究领域,在更为深远的社会文化领域产生了巨大影响。1989 年之后的十余年间,国内外学术界曾围绕这一概念进行过多次激烈的争议。但近年来该理论的重大贡献成为广泛共识,受到相关人文学科的普遍吸纳、追随和竞相援引,形成了"多元一体"理论应用与移用的普遍态势。

其三,"中华民族多元一体格局"理论的当代价值意义得到持续阐发和提升,并进入国家话语层面。学术界越来越注重将该理论与当代民族政策、社会治理、中华民族共同体建设、构筑共有精神家园、实现中华民族伟大复兴的全新历史任务和国家话语相联系,对其当代价值意义进行深入阐发,甚至成为党和国家正式场合的表述用语。

以上三种研究取向也大致勾勒出了"中华民族多元一体格局"理论三十年来发生理论价值转换的演进轨迹,即:从近现代中华民族认同建构思想史的理论新坐标,到搅动学术界引发论争纷说的焦点议题,再到奠定当前整个人文社科研究话语基调的理论基石,最后成为影响当前民族国家治理的政策思想导引。在近几年的文章中我们也可以经常看到"中华民族多元一体格局"理论的身影。

由"格局"的讨论到"主义"的倡导,表征着这一理论已基本完成了,从一种学术观点主张,到一种具有强烈意识形态正确性和普遍意义的价值论的转换。从学术理论到政治伦理,如何找到更有效的、深化讨论的路径?这就需要再次返回到"中华民族多元一体格局"这一理论的内部逻辑之中,在研究方法层面生成新的问题意识,以利于推进思考:"多元"如何"一体"?

三 问题意识:"过程论"的方法反思

面对经典理论如何生发出新问题意识,这是十分困难的一件事。徐教授问题意识的核心就在于对"过程论"的借鉴和重新思考。一方面,"中华民族多元一体格局"理论深刻地概括和勾勒了"中华民族"作为民族共同体的形成发展历史轨迹,对中国民族关系史做出了高屋建瓴的总结。但另一方面,正如徐教授早在 2008 年撰文指出的,"总体而言,这一理论在本质上仍显现出一种具有宏观性和共时性特征的结构论"。而在德国社会学家齐美尔看来，社会结构不仅显现出共时特征，而且其内部始终存在着"永恒的互动"。因此，徐教授对"多元一体格局"理论的反思就在于引入强调历史维度与动态辩证取向的过程论研究，将"多元一体"的理论框架由结构论转换为考察社会结构在历史进程如何"永恒互动"的过程论，这不仅有助于补充、丰富和完善"中华民族多元一体格局"的理论视野和学术内涵，也为重新整合中华民族史提供了一把关键的钥匙。

其实，关于何为"过程"的问题，费孝通先生在晚年的文章中就已经体现出了对于过程及过程性特征的一些思考。比如他描述中华民族形成过程的主流，"是由许许多多分散存在的民族单位，经过接触、混杂、联结和融合，同时也有分裂和消亡，形成一个你来我去、我来你去、我中有你、你中有我，而又各具个性的多元统一体"，有一个由"自在"到"自觉"的形成和发展过程。又比如，他对"汉人"从一种"他称"转变为"自称"的认同发展演变，也提出了要重视历史过程的重要看法。通过对费先生理论文本的细致研读，徐教授大胆反思了费先生论"过程"的重要理论贡献和不足。一方面，费孝通通过对中国历史的洞察完成了"多元一体格局"理论的创立，对于"过程"和"历史"维度当然没有忽视。而另一方面，其对过程理解的论述还存在一些不足和局限，比如其一，费孝通先生对多元一体历史过程的论证和分析仅是粗线条的勾勒，或者说是一种浅描和浅叙，没有达到深描的效果；其二，虽然有对历史过程的描述，但是立足点更多的还是一种从当下民族国家历程出发的现实关怀；其三，这一理论模型描述更多的是对于"过程"现象本身的论说，而不是一种在学术视野和考察方法层面的作为方法论的"过程论"。

沿着费先生所开创的道路，学术界对于多元一体的历史"过程"也衍生和关联了很多的讨论，以下三个研究方向尤其具有代表性：

第一，延续"分合治乱"和"大一统"的历史叙事，以本土传统史观为框架建构中华民族"多元/一体"历史演进的模型。比如岑家梧先生关于中华民族统一体构成过程中两种路径的归纳——"不同始而同终"和"同始而不同终"，即一种对"分合"叙事进行近代改造后的结果；又比如孙进己将中华民族多元一体格局的形成过程与中国王朝—国家历史相结合，认为此过程包括多民族国家各民族分离、融合、长时期联合三种现象，且往往交织，是一个"统一、分裂、再统一不断巩固发展的过程"。

第二,尝试对中华民族共同体形成的不同历史阶段进行划分的"阶段论",体现出隐性的"线性史观"色彩。费孝通将中华民族多元一体格局的形成过程划分为三步:"第一步是华夏族团的形成,第二步是汉族的形成……从华夏核心扩大而成汉族核心,第三步是两个统一体的汇合才是中华民族作为一个民族实体进一步的完成。"陈连开将中华民族的形成过程划分为三个阶段,在三个阶段中又细化为多个历史时期;马戎也主张三阶段划分,但对各阶段的起始时间和特征定位有不同理解;等等。

第三,以"凝聚力""向心力"为代表,整合中华民族史的"动力论"探索。费先生多次强调"汉族的形成是中华民族形成中的一个重要阶段,在多元一体的格局中产生了一个凝聚的核心","(汉族)发挥凝聚作用把多元结合成一体,这一体不再是汉族而成了中华民族"。此后,"中华民族凝聚力"研究成为一个持久不衰的理论热点。而需要注意的是,"融合""聚合""凝聚""向心"等词语,往往在"凝聚力""凝聚作用""向心力"研究中形成一系列表述的"套语"。它们既是对凝聚现象的描述性用语,也是对凝聚动因和过程的分析性用语,折射了"凝聚力"话语的集体意识/无意识,因而容易陷入"套语"表述的自我重复和语义循环之中。

通过上述总结和概括可以看到,三十年来"中华民族多元一体格局"理论引发了众多的学术研究与论争,但可以确定的是,此论一出再无出其右者。其结果导致,"中华民族多元一体格局"理论在学术界与社会公众话语的合力推动下逐渐完成了从学术理论到思想图腾的擢升,包括费先生本人也很难突破自身的思考。因此,学术界有关"多元一体"的讨论很难走出固有的讨论思路,对"多元如何走向一体"的问题难以提出具体有效的分析工具。

在此背景下,徐教授的反思和创新就体现在从人类学的视野出发,提出重视"过程论"的方法论意义,尝试将费先生作为对象来描述的"过程"加以改造,重新思考为作为方法的、理论自觉意义上的"过程"。这种理论自觉意义上的"过程论"思考,不仅帮助徐教授对自己此前提出的汉民族发展"雪球论"做出了反思和深化,同时也促使他进一步提出了探索"多元如何走向一体"路径与机制的"链性论"。

四 海外移民史：过程论激发"雪球"新思考

在"过程论"新视野和方法论的激发之下，徐教授回过头来重新审视自己多年来所从事的汉民族研究，就如何以"雪球"理论来阐释汉民族发展史的问题上，进行了反思、修正、深化和理论拓展。

首先要看到，徐教授有关汉民族起源、过程与结构研究的"雪球"理论，正是他通过对于费先生理论的学习和研究所提出来的看法，是对费先生理论的移用和深化。费孝通先生指出"距今三千年前，在黄河中游出现了一个由若干民族集团汇集和逐步融合的核心，被称为华夏，像滚雪球一般地越滚越大，把周围的异族吸收进入了这个核心。它在拥有黄河和长江中下游的东亚平原之后，被其他民族称为汉族"。徐老师十分擅长对理论文本的细读深挖，由此引申并且提出自己的理解。

"滚雪球"一词在费先生原文中的使用，其描述时间主要是"距今三千年前"的早期文化起源阶段，空间主要是"黄河中游"及周边区域，主体则主要是"一个由若干民族集团汇集和逐步融合的核心"，即"华夏"。徐杰舜教授敏锐地抓住了"滚雪球"一词所具有的高度形象性和概括力，将其化用到自己长期以来所进行的汉民族研究之中，发展为一套统摄其汉民族史研究的"雪球理论"。"雪球"不仅是一个比喻、一个修辞，而且是徐教授对汉民族进行人类学分析的高度概括："一方面汉民族的形成和发展如雪球一样，越滚越大，越滚越结实；另一方面汉民族'多元一体'的族群结构也像雪球一样，从整体上看是一个雪球，从局部上看又是许许多多雪花和雪籽……"这是徐老师对于雪球论进行结构与结构的分析，而且试图突破"滚雪球"所隐含的一个中心、一个聚合点的模式，结合人类学理论和田野方法，强调许多"雪花"和"雪籽"的多中心互动生成模式。也就是说，徐教授从费先生的只言片语中，将其对早期华夏集团形成过程的描述，扩展为从整体上把握汉民族形成历史过程和内在机制的一套具有高度概括性的理论话语。

而且，徐老师并没有将汉族视为一个不变的固化对象。他认为，汉民族这个"雪球"滚动形成和发展实际上是从多元走向一体的一个过程，而且是一个很长的历史过程。在这个历史过程中，汉民族本身又可以理解为一个"过程",是民族与民族之间交往互动形成的一个民族融合的"阶段性成果",充满各种未知的挑战。在他新近出版的《汉民族史记》中以"历史卷"(上、下)和"族群卷"(上、下)总计四卷的体量充分展现了汉民族的动态形成过程。后来又提出了理解汉民族和中华民族发展史之"多过程性"的看法,强调中华民族的形成过程不是一条从"多元"到"一体"的单向、单线,而是多向、多链的交织过程。

此外,在《汉民族史记》中,徐教授还将"海外移民"纳入讨论之中,对全球化时代的"雪球"理论做出了新的补充和拓展。在"过程论"史观和非线性史观的指引下,海外移民研究的相关成果对于"雪球"理论至少在以下三个方面做出了重要的反思和深化:其一,面对过去,辩证地描述了汉族既向内凝聚,又向外迁移、移民,乃至离散的历史事实,打破了"雪球"论过分强调单核、单向度聚合与扩展的理想认同模型,充分体现了"过程论"之"多过程性"。其二,面对当下和未来,回应全球化的挑战:汉民族如何在全球化进程和多元文明碰撞的世界史视野中实现凝聚的历史使命。汉民族走向世界的艰辛历程和历史事实,揭示了汉民族"雪球"与全球化体系碰撞时的必然张力和动态过程,也令人更清楚地认识到,在全球史视野中,今天的汉民族作为"民族融合阶段性成果"这一客观现实。因此我们必须思考:"雪球"未来如何凝聚,任重道远。其三,在凝聚机制上,揭示了"雪球"内核的文化向心力和包容力,有助于在全球化背景下重新认识"雪球"理论的价值意义:一方面,在外在的时间和空间尺度上,汉民族持续不断的海外移民事实上扩大了"雪球"的边界和范围;另一方面,在内在的文化尺度上,"唐人""华人"和"华侨"在不同移民地国家、社会、文化的融入过程中,始终以文化为牵引,体现出"雪球"的文化内核跨越时空的强大凝聚力。

五 学术创新:"链性论"的理论探索

2019 年 3 月下旬,在人类学高级论坛会议间隙,徐老师跟我谈及他正在忙于《汉民族史记》和《中华民族史纲》的编撰。他提出的"第一、第二、第三历史链条"引起了我的兴趣。当天会议结束后,徐老师就和我进行了深入的讨论,在后来不断的讨论和深化过程中,最终提出了以"过程论"为导向重新理解"多元如何走向一体"的"链性论"观点。

回顾"链性论"的酝酿和提出，其实包含了以下三个关联递进的阶段。

第一步，重返经典，吸纳费孝通先生晚年的学术思想启示。费孝通在《简述我的民族研究经历和思考》（1996）一文中说过，如果联系史（禄国）老师的 ethnos 论来看"多元一体论"，就可以看出他这个学生对老师的理论并没有学到家。因为史老师提出这个概念并不是作为一个族群单位进行使用的，这个概念本身是一个过程，描述的是一个交互融合的过程。费先生坦承这个学习"并没有到家"，正在于以下两点：其一，对"多元"之"元"的分析单位的理解不够深入。"元"在汉语语境中所关联的理解更像是一个静态的单位，很难对应作为动态过程的"ethnos"。虽然在"元"之前加上了个"多"而成为"多元"，依然不能很好地还原"儿童和浓缩"作为"过程"这一观点精髓。费先生将此问题又细分为两个维度：民族（族群）单位如何确定与民族（族群）单位本身如何的变化。其二，对于多元（各单位）"怎样分、怎样合和为什么分、为什么合的道理"，尚未能深入进行研究。

第二步，借鉴人类学视野，通过对人类社会发展"链"与"线"的知识谱系梳理，进行方法重塑，提出"链性论"。具体来说，"链性论"的提出基于以下三点总结和反思：其一，对人类学/历史学经典"演化论"线性历史观的观念反思；其二，对费孝通"中华民族多元一体格局"由静态结构论迈向动态过程论的方法论转换；其三，对学术界既有"历史链条"的概念谱系追溯和重构。与此同时，"链性论"的概念化过程也与徐教授在汉民族和中华民族研究中已经形成的"第一、第二、第三历史链条"的基本认识，即"华夏民族形成和发展的过程——汉民族形成和发展的过程——中华民族形成和发展的过程"有关。

接下来的第三步，就是要以"链性论"这一概念为基点，提出新的思考方向，真正使其成为一种新的方法视域，而不仅仅是一种新的说法而已。前面谈到费孝通先生晚年的自我学术反思，第一点就是对"多元"之"元"的分析单位的理解不够深入。沿着费先生自我反思的第一条路径，徐教授和我尝试以"链"，或者说"链环"，来指代历史进程中动态变迁的民族（族群/人群共同体）单位。也就是说，在历时性的、过程论的视野下,"链"(链环)是对"元"之结构论内核的补充,"链"即可视为历史进程中一个动态变迁之"元"。同时,还强调这个作为基本分析单位的"链"(链环)在"特定时间空间场合"中的历史具体性和特殊性,以及在多民族单位历史互动过程中不断引发的"链"(链环)本身单位规模、属性的动态建构特征。费先生自我反思的第二点,在于对多元(各单位)之"怎样分、怎样合和为什么分、为什么合的道理"未能深入进行研究。沿着费先生自我反思的这第二条路径,我们则强调突破"缀链成线"的惯性思维,恰恰以"可链性"问题着手,来讨论不同历史语境下多元复数的"链"(链环)与"链"(链环)之间交互链合的动力与机制,即费孝通所谓的"怎样分、怎样合和为什么分、为什么合的道理"。

那么,怎么来理解"可链性"呢?打个简单的比方来说,在中华民族形成过程中,各个族群共同体在往前走的过程中,有的走到一起,有的走掉队了,也有的掉队了一段时间又再重新链接上来。那么这里面的"可链性"问题就涉及可链性与不可链性,也涉及强可链性与弱可链性的区分,不同的社会历史情境都会导致多因、多线、多态和多过程的链接可能性。

因此,链合机制就涉及大量更为细致的个案考察和比较。具体来说,比如对链合机制的类型描述,就包括两方相互链合、多方交互链合、直接链合、交叉链合,还有暂时脱链后实现跨越式链合,等等。在中国历史上,链合的类型十分丰富,如两方相互链合的以华夏民族与汉民族的榫接为完美典范;直接链合则以汉与匈奴的互动交融为史家之赞例;等等。此外,又比如链合机制的动力分析,即探讨推动不同人群共同体彼此互动关联的历史动力。在早期,华夏认同的形成过程与秦始皇统一中国有很大关联,曾作为周王朝牧人的秦如何链接入华夏集团,靠的不仅是联姻的血缘链合机制,还在很大程度上和游牧与农耕两种生境策略、生计模式互补形成的链合机制有关。由此可见,链合机制可以细分为血缘/(拟)血缘链合、生计链合、语言链合、政治链合、信仰链合,等等。再比如链合机制的过程分析,具体包括多种不同的链合过程。比如先形成松散链接,再形成内在认同凝聚的紧密链合,这就是先秦时期的各民族从"链"到"合";此外,宋元时却由于分裂割据出现凝聚阻力而由"合"化"链";而有的始终维持着松散却不断裂的关联,如此之外,更为多见的是在一定历史情境中,相关族群共同体的"链环"彼此间既"链"又"合"。

　　以上种种思考，为将"多元一体"的静态格局转换为"多元如何一体"的动态过程，提供了深入追问的具体原则、方法、概念和路径。与此同时，有助于将从"多元"到"一体"的单线理想化模型重新拉回到历史的凹凸地表，也有助于在中华民族认同建构的人类学/民族学/民族史研究中，推动宏观理论与微观个案之间的打通与对话，从而形成从微观到中观到宏观考察中华民族多元一体历史进程的四个不同层次。第一层次：历史上不同地区、背景下的族群认同"链环"有各自内在的历史建构逻辑和路线；第二层次：不同族群共同体"链环"在链接入华夏—汉民族—中华民族的具体过程中，也有多元、多态的动力、方式、过程和效果；第三层次：不同族群共同体"链环"在链接入中华民族共同体的同时，相互之间同时发生着横向、纵向的交错链接关系；第四层次：当代中华民族共同体与海外华人共同体分处于文化认同的不同圈层，故而还应展开对多圈层链合机制异同比较的讨论。

　　也就是说，经过"概念化"和"再概念化"之后所提出的"链性论"，从起点上就不以缝补"断裂"、缀"链"为"线"为目的，而是旨在从"断裂"之处深入思考中华民族演化进程作为"复数历史"的可能。具体而言，我们关注的核心在于"链环"和"可链性"。"链环"的概念相当于对应的是"多元一体格局"当中的"元"，只不过在新的视野中，族群单位不再是静态的"元"，而是交互动态的"链环"。因而费先生所追寻的"分分合合"的道理也就不再是对于因果线性关系的研究，而是对于具体"可链性"的描述、归纳和分析，可以不断细化为围绕"可链性"展开的历史场景重塑、微观细节深描和提出新的问题。与此同时，从历史逻辑来看，"链性论"强调历史逻辑之"连贯性"，以此对"线性论"和"阶段论"长期执着于历史现象"连续性"的问题加以修正。传统历史撰述所具有的表象"连续性"也在新的视域下被引导和转化为对历史逻辑深层"连贯性"的把握。这里面又进一步涉及"链"起之源的"长时段性"、过程论之"多过程性"和历史演进之"非对称性"。总之，徐教授和我强调关注焦点的转向，重在内在历史逻辑"连贯性"，而非外在历史表象的"连续性"。这才是在立足当代，重新阐发"中华民族多元一体格局"理论最重要的价值内涵。

　　以上是我今天与大家分享的内容，欢迎大家批评。最后，我再结合自身的经验对年轻朋友们将要走下去的学术之路谈一点自己的感受:一个学者真正的快乐源于自己内心世界,从真正的思考中得到满足,并在自我修炼的过程中,不断地将外在的世界和内在的格局进行梳理,拓展自己的深度。如果每一个研究者都能做到先拓展内在深度,再来发文章,那么整个学术大气候就会很好。因此,研究者要学会沉下心,享受孤独。谢谢各位的聆听,也希望各位多多指导。

六　互动与回应

罗彩娟:感谢李老师给我们带来精彩的讲座。李老师对徐杰舜教授《汉民族史记》的解读非常到位,也非常透彻。徐教授的书规模宏大,其中也不乏理论的创新,有益于学者们的思考。徐教授"链性论"的提出开阔了我们的视野,也对我们老师和同学们都有很大的启发,知道将来如何从事超越"线性论"传统模式的思考方向。那么,除了民族史的研究之外,链性论还能在其他的研究领域之中去阐述吗?

李菲:民族史对我来说是一个新的领域,很荣幸能在这个领域中跟从徐老师学习,获得像"链性论"这样的一些新的思考。所以,对于"链性论"在其他领域是否适用以及如何阐述的问题,我的确还缺乏思考。不过,在读《汉民族史记》这本书的时候,我还要分享一个经验:不仅要读进去,还要读出来。面对九卷本的《汉民族史记》,一旦读进去,你就缺乏了一个从旁去远观的可能。陷入其中,你会觉得它就是"汉民族"书写,不过是增加了新内容。而如果你从稍远的视野来全观性地把握,把汉民族作为一个"阶段"、一个"过程",把它放在更广阔的背景里面来看它和它前后左右的关系,去看它和费孝通先生甚至同其他学者之间的对话和关联是什么,这样一来,这个"网"(思想网络)就出来了,也就更有利于我们清晰地看到徐老师关于"汉民族"的新思考和新书写在这个学术网络之间的位置。因此"链性论"这个理论你是否赞同是一回事,而今天分享的核心是要以徐教授的研究为例子,向大家展示一个完整的学术观点和思考框架是怎么被一步步建构起来的过程。这是值得大家去学习和借鉴的。

提问:雪球最初的"源"是什么?

李菲:这个问题提得非常好。其实所有关于"中华民族多元一体格局"的问题讨论，之所以很难深入讨论下去，其原因之一就在于这个"源"字。为什么这么说？因为"源"的背后是以一种历史本质主义的角度来看问题，而在动态历史中很难对"源"进行界定。源是一个空间吗？是一群人吗？是一个文化现象吗？这个"源"没有办法进行"本质主义"的追溯。当然，费先生和徐教授所提出的"雪球"理论似乎就包括中华民族凝聚的这个"源"的内涵。我觉得"滚雪球"的意义更多地在于提出问题的思考模型，而不是在于追寻"雪球"最初在起点上那个"源"是什么。

提问：谢谢李老师对"链性论"的讲解。请问这个"链"，不是一条单一的链，而是多个链条互相连接而成的一张网，可以这么理解吗？

李菲：对的，是对历史过程、交互关联、动态变迁和微观情境的强调。

提问：听完李老师的讲座很受益。个人觉得"链性论"这一理论还可以解决其他学科领域的一些相关问题，比如遗产研究中就常常涉及多地非遗传承发源地之争问题。以往的传承大多都认为传承是线性的，但事实上好多非遗项目都是多元因素影响的结果。能否请李老师解释一下多方交互链合的过程？

李菲：的确，既然是多方交互链合，或者说是断裂和再链的动态历史过程，那么它就是很难用"解释"这个反思去处理的。也就是说，很多时候可能我们首先还需要重返到更为基本的问题层面，去解决如何"描述"的问题。这个时候我觉得大家可以更多地借鉴人类学田野民族志的方法。比如用格尔茨的"深描"，在每一个具体的历史情境当中描述多方如何交互形成链环的过程。比如我曾经考察过的凉山彝族地区的安宁河谷地带，这就是一个特定的历史考察界面。在这里，我们能看到彝族、汉族以及傈僳族之间如何历史性、地方性地相互链合互动的情形。三个民族由于生计模式、历史源流、族群文化的复杂原因，三者之间的相处关系就显示出一个资源非平衡但又能嵌合共享的关系。那么，河谷作为比较容易耕作的地方，适合汉族农耕经济的，汉族就住在横断山系的河谷底部；中间是半高山的一些玉米、洋芋等作物种植的地区，主要是彝族聚居的村落；在高山，则是传统上善于打猎的傈僳族，到今天猎人和巫师都会把狩猎到的动物的下颌骨集聚在一起，挂在灶房的梁上。那么你来到这个区域，就会看到各民族形成了一种直观的生计链合模式。如果再联系到时下颇为流行的"多物种民族志",就发现生机链合的背后是稻作的世界观、块茎的世界观以及以动植物为中心进行捕猎的世界观的交织,彼此间形成了一个支撑起藏彝走廊多民族性的一个文化网络。这也就是一种地方性的"多物种民族志"——它不仅是彝族、汉族、傈僳族之间的世居共生,而且也变成了水稻、玉米和土豆怎么去共生以及季节性作物与兽类的多物种的自然和观念世界的共存。这样具体而微的讨论越来越多,慢慢累积,就会使得"多元一体"真正变得血肉丰满、生机勃勃,从而不仅可以去理解,更可以去感受、去体会它为什么必然是"多元一体"的。

同样,有关非遗的发源地之争,必然牵涉另外一个问题,那就是遗产的"真实性"问题。我在博士生课上也反复讲这个概念的跨文化转译本身就是非常容易误导。"真实性"在西方,比如在英文 authenticity 的构词法中,它的后缀是 – city,这就是非常典型的西方哲学思考的路数,就是对绝对理念的推崇——包括一系列以" – ity"为后缀的概念,比如物质性、永恒性、真实性等,都是类似的。那么,authenticity 转译为中文的"真实性",就容易使人们从文本的理解去望文生义,觉得非遗也会有一个类似"本质性"的东西,具体为历史现象,就形成了某种可追溯的原点。而事实上,民间非遗的传承往往是交互的。

所以正如这位提问的同学所言,针对非遗传承现象,恰恰用"链性"来描述和理解或许会比用"线性"来解释更恰当。比如热贡唐卡的传承,你只要画出某个传承人家族五代以上的族谱,往往就会看到唐卡的传承是三条链交织混合在一起,而不是一条线。表象上看,第一印象大家会觉得这是一条代际的亲属关系"线",但跟着这条"线"往下走的时候,你就会发现往往这不是"线",而是三条"链":第一条是亲属链,就是沿着代际关系形成的亲属的传承链;第二条是性别链,原来是只传男不传女,现在是男女两条传承链都有;第三条是区域链,比如有的经营得比较好的唐卡画师,已经把店开到深圳去了。那像从青海到深圳这样一个远距离的传承链,它就不是一个纯粹的地缘和血缘认同关系,而是一个混杂了交通网络、互联网技术以及商业逻辑等形成的一个远程的、一个既不像安德森所谓的想象共同体,也不纯粹是技术依附型的链合关系。以上这些现象都使得我们今天对非遗传承问题的讨论有了更多的可以反思和拓展的空间。

感谢这位同学的提问，把"链性论"跟遗产研究链合到了一起，的确带来了很多的启发。谢谢各位老师和同学的补充和拓展。

罗彩娟： 由于时间关系，我们今天的讲座要告一段落了。再次感谢李老师在百忙之中给我们带来这样一场讲座，让大家对"链性论"和徐杰舜教授的《汉民族史记》有了更深入的了解，为我们将来的研究也带来了新的启发。我们今天的讲座就到这里，感谢李老师。

李菲： 非常感谢罗老师的邀请，感谢今天在场的和在线的老师与同学的聆听和支持。